下一个倒下的会不会是华为

［终极版］

田涛　吴春波◎著

中信出版集团｜北京

图书在版编目（CIP）数据

下一个倒下的会不会是华为：终极版 / 田涛，吴春波著 . --4 版 . -- 北京：中信出版社，2017.9（2025. 10 重印）

ISBN 978-7-5086-7871-9

Ⅰ . ①下… Ⅱ . ①田… ②吴… Ⅲ . ①通信—邮电企业—企业管理—经验—深圳 Ⅳ . ① F632.765.3

中国版本图书馆 CIP 数据核字（2017）第 166485 号

下一个倒下的会不会是华为（终极版）

著　　者：田　涛　吴春波

出版发行：中信出版集团股份有限公司

（北京市朝阳区东三环北路 27 号嘉铭中心　邮编　100020）

承 印 者：河北鹏润印刷有限公司

开　　本：880mm×1230mm　1/32　　印　　张：13.25　　字　　数：235 千字

版　　次：2017 年 9 月第 4 版　　印　　次：2025 年 10月第 39 次印刷

书　　号：ISBN 978-7-5086-7871-9

定　　价：58.00 元

| 推荐语 |

这是我读过的最全面系统地了解华为的论著。

——柳传志

中国著名企业家

华为天地，斜为是，正乃非，任由评说；田涛书香，纵说史，横讲理，点到不止。

——冯　仑

万通控股董事长

历二十余年之努力，华为书写了一部在全球化背景下，从新兴市场起步到征战全球的壮阔史诗。这部史诗的深层密码是什么？本书提供了可靠的答案。

——秦　朔

中国商业文明促进联盟创始人

《下一个倒下的会不会是华为》这本书不仅是华为的创业史，也是任正非企业思想史。华为是中国企业人心中的珠穆朗玛峰，而任正非却像个山洞里的隐士，不立文字，不传真经。作为任正非身边多年的观察者，田涛和吴春波此书，可谓最接近任正非的真经。

——牛文文

《创业家》杂志社社长

华为是个民营企业，华为对技术的变化极其敏感依赖，华为是中国真正意义上的跨国公司，这三条解释了华为领导人任正非的警惕、权变与坚定。任正非的管理自成一派，从他流传坊间的数十篇讲话中能品味出哲学的快感。此书是一手猛料，岂能错过?

——刘洲伟

《21 世纪经济报道》创始人

神秘光环尽数剥离，看田涛、吴春波操刀大卸华为——块块有筋肉。《下一个倒下的会不会是华为》值得你读。

——刘　坚

《经济观察报》总编辑

华为，是中国国际化最成功的企业；任正非，称得上中国最神秘的企业家；而本书，是至今最能概括任正非企业哲学和华为企业文化的论著。

——陈　彤

小米公司副总裁

| 目录 |

第二章

常识·真理：以奋斗者为本

| 熵减，我们的活力之源（代序）|

般志峰

引言

没有正确的假设，就没有正确的方向；

没有正确的方向，就没有正确的思想；

没有正确的思想，就没有正确的理论；

没有正确的理论，就不会有正确的战略。

——《任正非与 Fellow① 座谈会上的讲话》(2016)

先分享一组数据。企业的寿命和人类的寿命在过去 50 年正好形成了一个剪刀差。与 50 年前相比，人类的寿命大大延长，平均寿命从 32 岁，到了现在的 55 岁。而企业恰恰相反，在过去 50 年里，企业的平均寿命从 55 岁变成了 32 岁。这里人类的平均寿命数据来自世界卫生组织，企业

① Fellow，院士。——编者注

寿命的数据来自美国证券交易所上市公司情况统计。

再来看华为所处的ICT（信息和通信技术）产业。我把成长达到领导地位的公司分成三代，爱立信、诺基亚都是100多岁，IBM（国际商业机器公司）是近100岁，惠普78岁，这些我们称之为爷爷辈的；大叔这一辈的主要是三个“70后”和两个“80后”，微软、苹果、甲骨文分别是1975、1976、1977年成立的，是三个“70后”，1984年成立的思科和1987年注册的华为，这两个是“80后”。还有一批就是小鲜肉，包括脸谱网、谷歌、亚马逊，以及中国的BAT（百度、阿里巴巴与腾讯），这些都是2000年以后成立的，到现在不到20岁。我们看这三代企业的市场价值，市场价值反映了对一个公司现在和未来为社会创造价值能力的预估，我们发现，小鲜肉普遍很值钱，大叔们是度过中年危机的值钱，爷爷们普遍不值钱。

通过这些数据可以看出，在这个快速发展的技术时代，大家普遍有一种不安全感。任总在《一江春水向东流》里说过一句话：“历史规律就是死亡，而我们的责任是要延长生命。”不管是个人，还是企业，最终都是要死的。我们的努力就是让死亡晚一点到来，不要过早地夭折。

我们今天讨论的熵减话题就是提供一个视角，让我们看看如何努力延长自己的寿命、企业的寿命，如何让熵减成为我们的活力根源。

这篇文章，内容主要来自任总讲话、公司文件，还有古今中外的材料汇编。这次整理是试图搭建一个结构，来帮助我们思考探讨熵减。全文分为三个部分（见图1）。

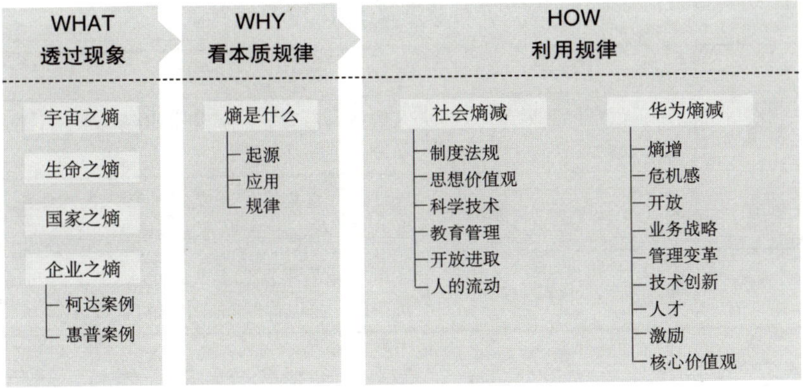

图 1　本文结构示意图

第一部分是展示一些与熵有关的现象，包括宇宙之熵、生命之熵、国家之熵和企业之熵。在企业之熵里面我们分析了柯达和惠普两个案例。在第二部分，我们透过现象看本质，探讨熵理论的起源、应用和规律。在第三部分中，我们分析如何利用熵的规律实现熵减，包括社会如何通过制度建设、思想价值观、科学技术、教育管理、开放进取、人的流动等实现熵减。最后再分享华为是如何实现熵减的，包括企业为什么发生熵增，如何营造危机感，如何开放，如何从业务战略、技术创新、管理变革、人才激励、核心价值观等方面吐故纳新，建立熵减机制。

透过现象 /What

熵是热力学第二定律的概念，用来度量体系的混乱程度。热力学第二定律又称熵增定律：一切自发过程总是向着熵增加的方向发展。

表 1　熵的三种状态及各自的特征与解读

	特征	解读
熵增	混乱无效的增加，导致功能减弱失效	人的衰老、组织的滞怠是自然的熵增，表现为功能逐渐丧失
熵减	更加有效，导致功能增强	通过摄入食物、建立效用机制，人和组织可以实现熵减，表现为功能增强
负熵	带来熵减效应的负熵因子	物质、能量、信息是人的负熵，新成员、新知识、简化管理等是组织的负熵

“熵”理论源于物理学，常被用于计算系统的混乱程度，进而可用于度量大至宇宙、自然界、国家社会，小至组织、生命个体的盛衰。

我们不从过于宽泛、抽象的层面来讲熵，而是紧扣系统的功能是增强还是减弱。生命系统要能输出生命活力，企业系统要能为客户创造价值，国家系统要能够为国家带来发展乃至繁荣富强，每一个系统都要实现其功能。

熵增就是功能减弱，如人的衰老、组织的懈怠等，价值创造乏力。熵减指功能增强，比如人通过摄入食物，组织通过建立秩序等，实现熵减，功能增强。另一个概念是负熵，负熵是指能带来熵减的负熵因子，比如物质、能量、信息等，这些都是人的负熵，新的成员、新的知识、简化管理这些就是组织的负熵。比如说华为公司倡导的“日落法”，每增加一个新的流程环节要减少两个老的流程环节，这些简化管理的动作，也是一种负熵。

理解了熵的理论，你会发现华为虽然最近两三年才开始讲熵，但成立 30 年来，华为的文化和制度一直就是符合熵理论的，这叫作“不谋而合”。我们回溯发现，华为创立 30 年以来，从管理哲学阐述到各项政策制定，包括业务战略、人才管理等方面，隐约契合着耗散结构的特征，提倡与外界积极开展物质、能量、信息交换的开放精神，不断通过多劳多得、破格提拔、人员流动、简化管理来打破平衡态，促使公司实现熵减，克服队伍超稳态、流程冗长、组织臃肿、协同复杂等大企业病，激发活力，走向持续的兴旺。

宇宙之熵

> 封闭系统内部的热量一定是从高温流到低温，水一定从高处流到低处，如果这个系统封闭起来，没有任何外在力量，就不可能再重新产生温差，没有风，也没有水蒸气蒸发与流动；第二，水流到低处不能再回流，那是零降雨量，那么这个世界全部是超级沙漠，最后就会死亡，这就是热力学提到的“熵死”。
>
> ——《与任正非的一次花园谈话》(2015)

我们先看宇宙之熵。宇宙学的研究认为，整个宇宙存在一个熵增的过程，从宇宙的奇点——宇宙大爆炸开始，整个宇宙都在不断膨胀。通过天文望远镜看，一切都在离我们远去，膨胀中的过程正在让一切变得无效；我们从大自然中观察到岩石的风化，土地的沙化，河流湖泊的干涸；随着年龄增长，我们切身体会到生命的历程就是一天天地走向衰老和死亡。

但是在这个过程中，我们也会发现一些不同的现象，如果一切的趋势是熵增熵死，为什么不断有新的山脉、岛屿形成，每年春天植物都会发新芽，我们也不断听到婴儿的啼哭呢？

有次我跟朱广平一起开会，谈到公司新业务时，他说，在他的老家有一句话，要判断一个家族未来是不是有希望，就要听他家院子中有没有婴儿的啼哭。植物发新芽、家中产婴儿这些都是熵减的现象。

如果宇宙总的趋势是在熵增，那么为什么在地球上有很多熵减现象呢？因为地球是一个开放的生态系统，太阳不断给地球输入能量，这个能量就是一种负熵。它使地球发生大气流动、水循环、光合作用，由此地球就不断开展一系列的熵减活动。

这就给了我们一个重要启示，也许历史、宇宙、人生的总趋势是熵增，但如果遵循耗散结构的规律，我们就有可能在熵增这个大环境下，构建一个熵减的小环境。如果能让我们的公司、我们的家庭、我们的人生在一个小环境里实现熵减，对我们来说就是增加活力，延长寿命。

生命之熵

> 你每天去锻炼身体跑步，就是耗散结构。为什么呢？你身体的能量多了，把它耗散了，就变成肌肉，变成坚强的血液循环了。能量消耗掉了，糖尿病也不会有了，肥胖病也不会有了，身材也苗条了，漂亮了，这就是最简单的耗散结构。……吃了太多牛肉，不去跑步，你们就成了美国大胖子。你们吃了很多牛肉，去跑步，你们就成了刘翔。都是吃了牛肉，耗散和不耗散是有区别的。所以我们决定一定要长期坚持这个制度。
>
> ——《成功不是未来前进的可靠向导》(2011)

生命之熵包括三个方面：物质负熵，包括吃、喝、呼吸、睡眠和运动等；信息负熵，包括学习知识技能，与别人经常交流分享碰撞产生思想；心理负熵，包括积极心态等。

首先，我们看物质负熵。人的生理变化有几个关键里程碑，第一个就是人体的免疫力在 12 岁时达到高峰。也就是说 12 岁以后，人体对于疾病、外来病菌侵害的免疫力就开始下降了。第二个是人的自我修复能力在 25 岁左右时达到高峰，我们大都有过亲身体会，25 岁之前特别能熬夜，无论是工作学习，还是通宵玩乐，总之不管多累，睡一觉就能恢复过来。但是 25 岁之后，人的这种自我修复能力就慢慢下降了，很多衰老的症状是从 25 岁以后慢慢出现的，人过了 25 岁就要开始和衰老做斗争了。第三个拐点发生在 40~50 岁之间，就像我们的车跑 6 万 ~10 万公里就要进行一次大修，因为这时候很多配件已经老化，要及时更换。人也是一样，《间客》里说“人是第一序列的机器”，意味着人也是一种机器，只不过是最牛的机器，是以有机体为构件的机器，是一种有思维意识的生化机器，但人终究是一种机器，符合机械特征，其零部件也会衰老、磨损。所以我们说，人到中年，因为前面经过了 40 年的消耗，特别是 25 岁之后自我修复能力已经开始下降，这时候心肺等内脏器官的衰老、血液的杂质增加、肌肉的流失等都已经在发生。这意味着什么呢？意味着身体器官的衰老节奏不一致，需要进行一次功能再磨合，这属于一种系统工程，就是你的各种器官，肌肉、骨骼、神经系统、内分泌系统要进行一次再磨合，如果经过这次大修，生命系统磨合好了，你就能从一个阶段性的体能低谷走出来，生命的输出功率又恢复到新的水平。但是如果在这个低谷期没有进行合理的自我调整，可能就会发生一些伤害，比如中年猝死这个现象，往往就是人在身体需要修复和调整的时期，还在过度消耗。每个人的 DNA（脱氧核糖核酸）缺陷不一样，结果在某个应力集中点上就断裂了。这就是人在生理层面经历的几个重要的阶段。

所以生理熵减，就是从吃、喝、呼吸、睡眠和运动等方面构建科学合理的吐故纳新系统，吃饱了再去运动耗散。荣获 2016 年诺贝尔医学奖的细胞自噬理论告诉我们，绝不是吃得越多越好。适度的饥饿，能够促使细胞去吞噬那些病变和无用的细胞营养。对企业而言，就是在一定的经营压力下，更有动力去推动变革，清理冗余。

病理学本质也是熵减。生病就是生理结构产生了问题，而吃药就是吃一种结构，比如阿司匹林是结构合成，通过药的结构去修复生理的结构，就是负熵在发挥熵减作用。

其次，信息负熵反映的是一个人学习新知识的意愿能力。有句话叫“在 30 岁就死去”，为什么这么说？就是有些人在 30 岁以后基本上不接受什么新东西了，后面的人生一直是活在30岁之前的状态，后来的他再也走不出那些曾经让青春年少的自己激动的东西了，他到现在还是在为那些东西激动，可这个时代已经向前发展了，而且发展得很快。大约 15 年前，有个领导问我喜欢看什么书，我说挺喜欢看武侠小说，他就笑，说“金庸热”都过去快 30 年了，你还看武侠小说？现在人都看玄幻小说了！从中你就发现有些人是不断跟着时代往前走的，而有些人就停下了。所以普遍而言，30 岁以后，人的学习能力就下降了。但是，也有些人到 70 岁还在不断地创造新思想、新概念，任总就是一个例子。我 2005 年到总裁办，在任总身边工作已有 13 年，其间最大的收获就是任总那种永远向前看的乐观精神、不断学习的能力和不断拥抱未来的态度。他的这种活力是很多比他小几十岁的人都不具备的。我们谈熵减就是要探讨如何激发生命活力。

再次，关于心理负熵。心理负熵其实反映的是一个人到底怎样看待时代变化带来的挑战与问题。比如我们在网络上经常看到一些喷子，说社会有各种各样的问题，制度有各种各样的问题……我就喜欢跟人讲，西方社会从文艺复兴到工业革命差不多经历了三四百年，中国自改革开放以来才三四十年，我们用三四十年走别人三四百年走过的路，我们是有巨大的进步的。中国社会现在确实还有一些问题，比如社会道德伦理需要修复，那么，再给我们几十年的时间我们是否有信心改善这些问题呢？就是你到底是以什么样的心态来看问题。

再以人工智能为例。四年前人工智能的话题刚兴起的时候，我反复说，人工智能会造成70%以上的人失业。当时我比较消极，但这两年我觉得自己的态度转变了，换了一种比较积极的角度看待这个问题。但网络上主流的声音还是比较消极的。关于人工智能到底是人的对手还是帮手，现在也还没有定论，我就举一下唐家三少的例子。这个网络写手一年的版税就有1.2亿元。有些传统人士可能不理解，不就是在网络上码码字吗？这种没有任何深度、无脑的网络文学，凭什么能值这么多钱？玄幻小说有没有价值这个我们不好评价，但有这么多人拿钱去投他的票，说明他为网友们创造了价值。我想说的是，唐家三少的艰苦奋斗的精神，如果拿到华为公司，绝对也是前百分之一甚至是千分之一的。他写了十几年的网络小说，这么多年每天都要坚持更新8 000字。这是什么概念？做过文字工作的人会知道，每天交付 8 000 字是极其高的脑力劳动强度。唐家三少在接受采访时说：包括领结婚证、办婚礼、孩子出生，他每天都要更新 8 000 字的内容，熬夜那是家常便饭。由于长期对着电脑写东西，每天在电脑前面都要坐十几个小时，他的颈椎受到严重损伤，基本只能转 60 度，好一点的时候能转 90 度，平常要戴着颈托。所以人家真的是非常努力。但他也是生不逢时，如果未来有了人工智能工具，他完全可以用任何最舒服的姿势，躺着也好，坐着也好，散步也好，贡献出自己的思想，人工智能通过深度学习他的文风、文字习惯等，自动帮助他把初稿写出来，然后他再像领导评审方案那样指导人工智能助手改一改，是不是会轻松很多？不仅仅是作家，我们平常人也可以用，如果写文案都可以借助人工智能助手的话，我们就不会因为要长时间僵坐在电脑前而得颈椎病了。

对于人类对人工智能的恐惧，我们要认识到：人体的 IaaS（基础设施及服务）主要是生化系统，人工智能的 IaaS 主要是物理系统，底座的区别构成了两者的本质区别和功能差异。说人工智能会取代人类，就如同说无机物可以取代有机物，是缺乏科学常识的。

从文明路标展望，智能时代之后，是生物时代、意识时代、灵魂时代……生物技术将整合智能技术的成果用于提升有机生命体的存在优势。而意识技术研究可能是基于弦论的存在基础来开展。人类现在对意识的存在机理还几乎一无所知，为什么把亿万细胞连在一起就能产生思想？但想想看，1863 年列文虎克用 200 倍的显微镜看见细菌之前，已经延续了多少万年的人类从来都不知道微生物的存在，否则很多伤病员、产妇都不会死于感染，只要医生洗洗手。我乐观预计，随着技术爆炸以几何级数飞速发展，不远的将来人类将掌握意识技术。灵魂的存在更是完全超越物理生化载体的，目前人类对灵魂的认识还处于玄学的浪漫主义状态，但是我们能够感受到灵魂的独立存在，特别是在那些洋溢着自由与创新精神的杰出人物身上。天体物理学家推论，暗物质占宇宙全部物质总质量的 85%，但我们目前对暗物质还一无所知，那么暗物质是否可能是意识、灵魂的承载体？看来我们的文明还有非常辽阔的探索与成长空间。

所以我们如果持积极的态度，去思考怎样拥抱未来，预测未来，让自己更适应未来，就不用总担心被人工智能替代，而是会去思考如何与人工智能优势互补。

我们讲“生命之熵”，谈的就是我们如何不断地通过从物质、信息，以及心理等方面，输入这种优质的负熵，使得我们能够增强生命的活力。

国家之熵

> 当新一代皇帝取代旧主时，他的成本是比较低的，因为前朝的皇子、皇孙形成的庞大的食利家族，已把国家拖得民不聊生。但新的皇帝又会生几十个儿子、女儿，每个子女都有一个王府，以及对王府的供养。他们的子女又在继续繁衍，经过几十代以后，这个庞大的食利家族大到一个国家都不能承受。人民不甘忍受，就又推翻了它，它又重复了前朝的命运。
>
> ——《关于人力资源管理变革的指导意见》(2005)

我们再看国家之熵。中国历史上有一个现象，正常情况下，朝代是300年一兴衰，比如东汉、西汉、唐、宋、明、清。我以前一直在想为什么是300年？是不是有什么规律？一次听《大秦帝国》的作者孙皓晖教授分享，我受到了启发。因为农业文明最主要的社会矛盾就是粮食供给和人口增长之间的矛盾。在粮食供给上，土豆、玉米、红薯的原产地都在拉美，直到明朝后期才被引入中国。在这些粮食被引入之前，中国的可耕地能够供养的人口，最高为5 000万~6 000万人，上述那些朝代的人口最高峰都在这个区间。三国时期，由于打了100年的仗，当时人口从6 000万降到了800万，但只要建立了稳定的新王朝，人口和土地的对立关系得到了改善，几十年的时间人口规模就会恢复到五六千万。

那这300年是怎么来的呢？其实就是从两个方面看。一方面是新朝代建立时，人口不是太多，土地分配相对来说要更加平均一些。而经过300年的时间后，强势集团已经完成了土地兼并，拉开了贫富差距。另一方面，经过300年安定生活，人口也基本上达到了中国可耕地能够养活的极限，也就是五六千万的规模。于是人口与粮食的对立关系就危如累卵，这时只要再加上一些兵乱、旱涝、虫灾等事件的冲击，人口与粮食的脆弱平衡就被打破了，也就必然会爆发农民起义，进而导致王朝更替，如此周而复始。

所以，国家之熵就是当熵增恶化到一定程度时，就会引发被迫熵减。人口与粮食的矛盾对立，到公司层面就是内部交易成本与对外创造价值的矛盾。

企业之熵

不冒风险才是企业最大的风险。只有不断地创新，持续提高企业的核心竞争力，才能在技术日新月异、竞争日趋激烈的社会中生存下去。

——《创新是华为发展的不竭动力》(2000)

抓住了战略机会，花多少钱都是胜利；抓不住战略机会，不花钱也是死亡。节约是节约不出华为公司的。

——《任正非在上海研究所的讲话》(2007)

我们接下来看企业之熵。一家企业正常的生命周期是经历从创业、萌发，然后到成长、成熟、衰退，最后死亡的过程。所以现在华为面临的一些问题就是中年危机。当然遇到中年危机的企业也不只华为，所有成功的大公司如IBM、微软等都会遇到。问题在于能不能应对中年危机。

企业在发展过程中，熵增是一个必然的趋势。从它的内部来说，由于经营规模扩大，管理的复杂度升高了，历史沿革出的冗余的东西、不创造价值的东西会越来越多，边际效益也在递减，再加上外部的技术进步、新商业模式层出不穷、产业周期规律等因素，企业面临种种威胁，最后就表现为企业创造价值的功能失效。

华为目前遇到的挑战之一就是，我们为之奋斗了30年的通信基础设施产业正在从高速成长期进入成熟偏稳健的产业周期阶段。这个产业的成长空间、业务特性都在发生变化，这是公司面临熵增的产业大背景。第二，华为的整套管理体系，都是适用于高速成长型市场的，一旦市场空间遭遇天花板，那种偏激进的导向机制就可能引发一些动作变形，所以这两年华为在强调“有利润的收入，有现金流的利润”。第三，高毛利、快速发展的业务状况会掩盖管理体制上的很多粗糙之处，当期经营好会掩盖对未来的投入不足，等等，一旦增长减速，水落石出，一些战略和运营上的问题就会暴露出来，比如战略洞察盲点、流程冗长、组织碎片化、决策慢、过度制衡降低效率等。

我在这里讲两个业界经典案例。

柯达患上了变革无力症，眼睁睁错过了产业的数码转型

柯达当年在模拟影像产业的辉煌超过了今天的苹果。我们这代人可能对苹果更熟悉，但是柯达鼎盛时占据了全球 2/3 的市场份额和 90% 的利润。100 多年前，第一台柯达相机研发成功，之后迅速占据行业 75% 的市场份额，获取了 90% 的行业利润。但从 1997 年开始，整个产业遭遇拐点后，它的市值从当时的 310 亿美元一直下滑到 1.75 亿美元，蒸发 90% 以上，以致 2012 年不得已破产重组。

我们先看看柯达的企业文化的三个核心点：1. 永远以客户为中心，以诚信为首要；2. 永远致力于追求行业最新的科技水平；3. 重视人才发展，创立分红，与员工分享利益。很多优秀的领导公司都是这么做的，华为也是这么做的。这三点说得都对，坚持却有些难。

2000 年，胶片市场迅速萎缩，柯达逐步陷入亏损，但由于既有的利益格局，组织人事繁杂，导致它变革无力，这也是成功大企业的通病。

知识技能陈旧，战略转型缺乏决断力，与它的管理层大多数出

身于传统行业有很大关系，管理层没有把握好数字技术带来的未来变化的方向。柯达是从模拟影像时代走向成功的，它的高管、专家很多是化学家，所以第一个问题就是，如果柯达要从模拟转向数码，它就需要把从上到下的技能转为电子，这样原来的很多化学人才就都没有用了。所以它要完成的不是简单的业务转型问题，而是人才技能方面的转型问题，以及不可避免的利益格局调整。

惯性的投资错配，大量重复于传统的胶片技术和产业链，忽视了对数字技术市场的投资。2002 年，柯达在中国大陆市场大约有 8 000 家门店，相当于当时麦当劳门店数量的 15 倍。不知大家是否还记得，那时中国只要有个大超市，或者一条商业街，肯定隔不远就有一家柯达冲印店。而同时整个产业已经在向数码转型了。

柯达面临的还有一点就是盈利好时所积累的丰厚的员工福利带来的压力。柯达一名在职员工平均要养 4 名退休员工。华为是没有赖以生存的稀缺资源的公司，所以从来都是充满危机感的，我们从西方公司的前车之鉴已经知道，员工是养不起的，所以华为没有退休福利，公司只给奋斗者保留获取财务投资收益的机会。

当内部的封闭、僵化等因素使得柯达难以转型时，它的外部环境却不会迁就宽容。当时日本新兴的数码相机公司富士、索尼、佳能、尼康等纷纷崛起，通过开放市场、激烈竞争，使得数字技术日新月异，柯达与这些新兴公司的差距越来越大。日本数码相机公司在成本、个性化上明显优于传统保守的柯达。

柯达本来有率先主动转型的机会。全世界第一台数码相机是柯达的工程师在 1975 年发明的。当时工程师把只有一万像素的原型机拿给公司高管看，高管说了这样一句话："这个玩意很可爱，但你不要跟别人提起它。”他没有想到这个“丑小鸭”以后会变成白天鹅。甚至当数码技术已经明显将成为产业潮流时，因为内部既得利益集团的抵制，柯达还试图雪藏自己已经掌握的数码技术。

所以在倒下的大公司里，从来就不缺乏洞察和新知，可惜它们没有把它变成决策和行动。比如，第一台数码相机是柯达发明的，但柯达却错过了数码相机市场。当年在微软内部有力推做搜索引擎的，但微软仍然错过了搜索引擎。诺基亚内部也有团队一直在研究智能手机，但诺基亚还是错过了智能手机时代。甚至谷歌当年也轻视社交平台，脸谱网强大起来后，由于在分类广告上具有更好的投放精确度，从而蚕食了谷歌的粮仓，此时，谷歌悔之晚矣。

有一种企业病叫“变革无力症”，即丧失自我批判能力。有问题不可怕，只要看清问题，敢于面对它，解决它，勇于变革自救，就能浴火重生。通过自我批判的循环，我们不用担心遇到问题和挑战，大公司有规模，还能后发制人，如果主动及时去改变，就不用担心新公司的挑战。但如果这个链条断掉，就没有办法浴火重生，这才是最大的危机。所以，在拯救一个混沌系统时，一定要有一些新的代表未来方向和希望的负熵因子，只有它才能把旧秩序重整为新秩序，才能实现真正有价值的变革。就像我们上面提到的这几家领先公司，它们内部都有代表未来的负熵因子，但成功的大公司往往将过往的成功固化为一种庞大的保守惯性，为了捍卫既得利益和习惯，阻挠负熵因子的发展。

所以，为什么历史上往往是创新小公司打败传统大公司？因为对于新业务，大公司内部有阻碍因素，而创新小公司里面没有阻碍因素，这是两者之间本质的差异。不是说大公司的实力不如新公司，而是它内部有抗药性；不是说小公司跑得多快，而是大公司内部的犹豫和争执，导致它容易被小公司超越。

朱广平就此说过一个金句：一个处于成长期的企业视所有的变化为机会，一个处于衰退期的企业视所有的变化为威胁。

惠普因为战略摇摆，失去了产业领导地位

自 1939 年惠普车库创业以来，从电子元器件、医疗到打印机、计算机等，惠普是每一代新技术浪潮的弄潮儿，很长时间它都是硅谷精神的代表，是硅谷创新企业的楷模。但从 2000 年开始，由于没有及时跟上新一波技术发展，它一步步成为一家不再具有核心技术的技术公司。

看一下惠普之道：1. 重视技术创新，坚持在研发上的大幅投资；2. 创立之初就倡导激发员工的个人主动性；3. 为员工提供优先入股权和利润分享等，鼓励大家分享价值来共同创业。惠普和柯达的文化制度理念其实挺相似的。凡是能够成为业界领导者的优秀成功公司，在文化和技术层面倡导的东西都是类似的，而且不会过时，今天华为倡导的也是这些东西，关键是坚持。

从 2000 年开始，互联网等新技术革命加快了步伐，而惠普先后从业界引入四任 CEO（首席执行官），陷入战略选择的摇摆。

20 世纪 90 年代正是微软这些新兴技术公司迅速崛起的时期，其间惠普满足于传统优势业务，没有及时跟上新技术周期的发展，错失勇立潮头的历史机遇。

到 2000 年时惠普开始从外部引进了 CEO。新 CEO 宣布惠普要成为 PC（个人电脑）业的霸主，并在 2001 年斥资 250 亿美元收购

了康柏，这次收购震动了全球 PC 产业，但并没有达到预期的扩大收入、提高利润的目的，10 年后，惠普因该收购交易减记 12 亿美元。

下一任 CEO 认为要做企业业务，所以在 2008 年花了 140 亿美元收购 EDS，一家英国的企业公司，但由于收购整合不成功，因此商誉减值 80 亿美元。2010 年 CEO 又想做智能手机，于是花了 12 亿收购了 Palm，结果第二年就被他的下一任卖掉了。由于这两任 CEO 的几次收购花了很多钱，对惠普经营造成了很大压力，所以惠普做了很多降成本的工作，其中一个重要举措就是降低研发投入。在此之前，惠普每年把收入的 8% 投入研发，而这次把研发投入降到了 3%。因为投入不足，此后惠普逐渐失去了技术先进性。

再下一任 CEO 上任后主张聚焦做企业业务，宣布要把 PC 业务卖掉，虽然后来没有卖成，但是对内部员工士气和外部合作伙伴忠诚度造成了消极影响。新 CEO 为了做 IT（信息技术）服务，花了 110 亿美元收购了 Autonomy，但由于在尽职调查等环节中的失职，惠普为此多支付了 80 亿美元，进而陷入了巨亏，所以新任 CEO 只做了一年就被董事会罢免了。

其后，惠普董事会匆忙找了新人接任，虽然努力维稳，但还是没有办法挽回局面。几年后，惠普分拆成 2B（对企业）和 2C（对消费者）的两家公司。

从以上过程可以看出，自 2000 年以来，惠普的战略方向不断摇摆，一会儿 2B，一会儿 2C，而且这种战略摇摆往往是新一届 CEO 依个人战略偏好做出的判断，董事会也是一年一换届，没有起到中长期战略航向的稳定牵引作用，从而导致惠普尝试进入多个领域，但都半途而废。如果说柯达的衰落是因为拒绝变化，那惠普的走低则是因为没有一个稳定的方向牵引，没有战略定力。

在这个过程中，惠普的核心价值观也逐步削弱。第一条是坚持研发投入，追求技术先进性，这一条因为削减研发投入就不复存在了；第二条是不断激发员工的主动性和创造性，经过这十几年折腾，企业凝聚力受到挫伤；第三条是长期利益分享机制，这套制度也被废除了。

作为硅谷神话，惠普永远是一家伟大的公司，为人类科技进步做出了巨大贡献，其车库创业精神也激励了一代代后来人，祝愿惠普经过调整后，能够再造辉煌。我们从中吸取的教训是，一家企业必须坚守核心价值观，坚持战略定力。如果不断摇摆，整个公司最后就会失去方向和凝聚力。

巨头的衰败给我们的启示

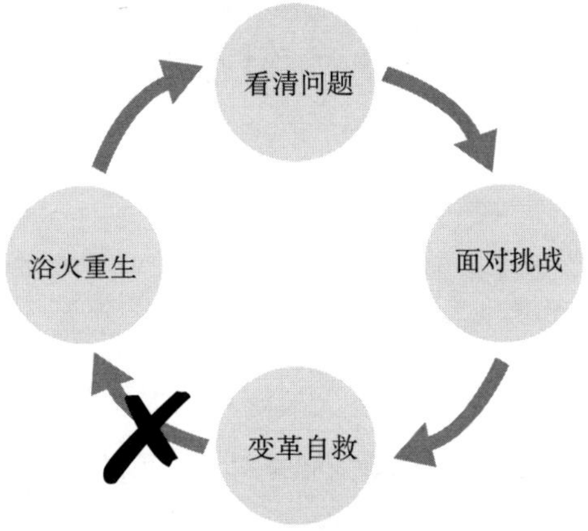

图 2　自纠机制的沦丧

历史总是在重复自己。倒下的成功大公司里面，从来不缺乏洞察与新知（负熵因子），可惜它们没有成为决策与行动，没能成功帮助企业自纠自救。

变革无力症，本质是丧失自我批判的能力。企业作为商业组织，最重大的变革是业务变革，特别是二三十年遇到一次的产业周期变革。传统大公司在面对业务变革时，会遭遇一系列来自内部的风险挑战和阻力，就业务变革风险管理我有几点认识。

1. 投资风险。企业一方面守着高收益、低风险的传统业务，同时又要面对高风险、收益不确定的新业务。在这种情况下，决策者有很大的压力。对策：投资决策层要长期坚持思想上的艰苦奋斗，持续保持业界洞察，敢于决断，并通过娴熟掌控投资组合管理的理论实践来平衡好“成长与风险”。

2. 权力结构风险。华为有位院士说过一句让人如雷贯耳的话：为什么工业革命以来，每个大的产业周期都是50年左右？不是新一代产业技术一定要过50年才能被发明出来，而是要等压制新生事物的一代人老去，新产业才能成长起来。大公司的高管和专家大多数是从传统业务成长起来的，对于新业务未必都有深刻的洞察和知识更新，新业务也必然引发新的权力分配，这会导致公司原有的思想话语权、决策权的重新调整。对策：重大业务变革是一把手工程，培养变革领导力。最新案例就是微软。

3. 物质利益分配风险。投资预算、人力编制、考核激励等各方面，都可能存在传统业务和新业务的争夺，背后是不同的利益群体。对策：尽可能在经营状况好的时候主动变革，用传统业务的增量来投新业务，并采用差异化的考核方式，逐步将资源向新业务倾斜配置。

4. 就业安全感。企业要积极推动“换脑”，以缓解“换人”引发的对队伍的冲击；但换人仍不可避免，必然有些人会因为思想和技能跟不上而被边缘化。对策：积极建设好内部人才市场、训战机制等；妥善处理员工关系，合理付出一些裁员补偿。

以上四个方面，是传统大公司拥抱新业务时面临的内部挑战和对策考虑。

变革的关键是激发负熵因子。负熵因子是旧的混沌系统中能够导向形成新的有效系统的结构因子，用负熵因子把旧秩序重整为新秩序，就是真正有价值的变革。

成功大公司患上变革无力症，往往是因为过往的成功固化为庞大的既得利益格局和保守惯性势能，为了捍卫既得利益和习惯，阻挠来自负熵因子的革新。

大公司从来不缺洞察，在方法论上也会越来越强，因为大公司有大量的资深人才和专业积累；而且，洞察本身并不触动任何既得利益，你想说什么就说什么，多尖锐都可以。但是从洞察到决策再到行动，却不容乐观，因为要触动既得利益了。为什么创新小公司在方法论上无法与大公司比，但是抓机会却高效得多？不是因为小公司跑得快，而是因为大公司跑得慢；不是大公司腿脚软，而是羁绊太多。

大公司因为洞察能力强（自有优质资源投入和外部咨询力量引入），往往能更早地看到未来的变化趋势；但是有碍于内部利益格局（公司是行业的既得利益者，部门间也有既得利益问题），往往行动缓慢。最典型的一个例子就是 IBM。回望近 20 年，IBM 从电子商务到随需而变，再到智慧地球，所提出的每一个概念都成功预言了 IT 产业未来 10 年的变革方向。但是，在坚持了数年的产业趋势即将爆发的时刻，IBM 却每次都将机会留给了小公司。IBM 的深蓝、沃森在人工智能方面也很超前，在商业应用上却节奏落后。在 IT 产业，IBM 一直有着其他公司望尘莫及的战略视野和战略能力，但是，这头大象的舞步却越来越沉重。大公司如何避免“起个大早、赶个晚集”？

最后再引用一个案例。科技实力强大的苏联，是如何错失信息技术革命的？半个多世纪前，电子管技术遭遇发展瓶颈，美国人选择了新发明的晶体管这条正确的道路。苏联科学家也很出色，6 年后搞出了硅晶体管。但由于既得利益集团的绑架和半导体学阀封杀不同意见，苏联沿着电子管技术一意孤行，1956 年的部长会议甚至得出“晶体管充其量是做助听器，让社会保障机构去搞吧”这种傲慢的结论。结果很可惜，这个拥有大批优秀科学家的民族在产业化上一路错过了集成电路、计算机、互联网、移动互联网等整个信息技术时代。

看本质规律 /Why

> 我把“热力学第二定理”从自然科学引入社会科学中来，意思就是要拉开差距，由数千中坚力量带动十五万人的队伍滚滚向前。我们要不断激活我们的队伍，防止“熵死”。我们决不允许出现组织“黑洞”，这个黑洞就是惰怠，不能让它吞噬了我们的光和热，吞噬了活力。
>
> ——《任正非在公司 2013 年度干部工作会议的讲话》

从宇宙到生命，到国家，到企业，我们看了一些熵增和熵减的现象，下面我们就来看看，如何透过现象看本质规律。

关于熵的理论发展，从1865年德国物理学家鲁道夫·克劳修斯开始，有一系列的科学家给出定义和分析。这里要特别讲一下1969年，比利时物理化学家伊里亚·普里戈金提出的耗散结构。耗散结构有两个主要特征。一是开放，系统内部和外部建立物质和能量交换，如果是一个孤立的封闭系统，那么熵增是必然的，如果系统能够对外开放，那么熵减就成为可能。二是要打破平衡，形成运动张力。没有温差就没有风的流动，没有地势差就没有水的流动，不能打破平衡，内部就不可能产生张力，也就没有活力流动。这就是耗散结构两个最主要的特征。我们后续会重点分析。此外，耗散结构还有一个特征是非线性，业务环境诸要素的函数关系肯定是非线性的，非线性意味着要洞察技术突破、商业机会爆发等产业周期拐点和宏观经济周期拐点，调整资源配置策略，看准非线性的爆发点和塌陷点去踩油门、踩刹车。

熵理论的应用是很广的，有宇宙天文学、物理学、生物学、环境学等。把熵理论从自然科学引入社会科学、企业管理，是新的创见。

关于熵，我们从下面四条规律展开认识。

第一条是只有开放的系统才能熵减。如果地球没有太阳能量的输入，就不可能有合适的温度、水和生命，也就不可能有熵减的效果。

第二条是负熵打破平衡，促进熵减。比如说移民机制。从人类历史上看，移民会给一个地方带来活力，中国最有活力的地方是深圳，因为深圳95%以上的人口都是移民。全世界最有活力的地方就是美国，美国聚集着来自全世界的优秀移民。美国最有活力的地方是西海岸，因为那里是新移民最多的地方。

第三条是引入负熵要适量并且高品质。负熵不是越多越好，负熵的质量很重要。比如，现在欧洲遇到一些问题，如文化冲突、恐怖袭击，社会矛盾变得复杂，这是为什么？如果欧洲吸收一些没有技能也不愿意奋斗的移民，不但产生不了熵减，反而会产生熵增。打破平衡也要合理和适度。美国面临的很大问题是华尔街和硅谷瓜分了技术进步以及全球化的绝大部分红利，这两个群体以外的其他人群没有从技术进步和全球化中受益，反而利益受损，失去就业机会，社会地位下降。这就是特朗普上台的背景，他代表了沉默的大多数的爆发。如果未来人工智能的技术红利没有在社会各阶层之间合理分配，少数社会精英因为新技术带来的生产力提升而分享超额利润，沉默的大多数却被新技术剥夺了就业机会，这就可能导致阶层撕裂。

第四条就是熵增和熵减的对抗消长。宇宙、组织、生命的无效和有效都在平行展开，一个事物同时存在熵增和熵减，主要体现为矛盾的主要方面和次要方面的变化。生命可以衰老，也可以焕发新生，主要取决于你对于物质、信息、心理等方面负熵的引入，它们的质量决定了你是熵增还是熵减。

关于熵的规律运用，我们主要从如何构造一个耗散结构方面展开。孤立系统的熵永远向熵增的方向发展，但现实中，生命体之所以能够从伤病中恢复，企业之所以能从衰老中走向新生，都是熵减的效果。通过构建耗散结构，开放引入负熵流，远离平衡态，产生张力，通过负熵因子等元素的构建，最后产生系统熵减，就又能够重新有效地创造价值。

四年前《微软失落十年》这篇文章很流行，当时大家觉得微软已经日薄西山了。但微软开展了文化、考核、激励、业务等方面的积极改革，现在微软在云服务和人工智能上表现出了很强的竞争力，微软重返辉煌，网上又出了篇新文章《微软：拿什么拯救你，我的中年危机》。大公司遭遇中年危机是必然的，克服中年危机也是可能的，关键是有没有智慧和勇气去做熵减。

下面我们看看熵减规律的运用。先讲讲社会，再看看企业。

应用规律 /How

社会熵减

社会活力源自耗散结构，丁伟的文章里提到了一个模型，讲到一个系统从有效态慢慢会熵增，功能变得无效，通过采取熵减措施可以使得系统功能从无效再走向有效，这就是一个吐故纳新的过程。那么我们的人类社会是如何把这些平衡、封闭、无效不创造价值等等吐故，并吸收新思想、新技术、人口流动、阶层穿越、物质分工和交换这些负熵因子，实现纳新的呢？下面我们看一些做得好的例子。

制度与政策带来熵减——君主立宪制成就日不落帝国

三百多年前的法国是拿破仑时代，它差点把英国消灭了，那个时候英国弱势，法国强势。英国就爆发了光荣革命……英国一个人没死，光荣革命就完成了，就出来了英国的议会制度。资产阶级民主带动英国蓬勃发展，三百多年把全世界占完了。而法国大革命轰轰烈烈，血流成河，这让作家找到了兴奋点，热血澎湃，出来好多好作品，人们记住了法国大革命，忽略了英国光荣革命，但是英国发了大财，把全世界都占光了。法国内斗了几百年。

——《任正非和广州代表处座谈纪要》(2013)

早在1215年，英国国王就和贵族签订了《大宪章》,《大宪章》讲“王在法下”，约束了封建君主的权力，成为构建法律的基石。正是有了这个基础，英国才产生了1688年光荣革命，这场革命基本没有流血，却使英国顺利进入政体转变。相比而言，法国大革命腥风血雨，却没有解放生产力，所以法国大革命不是正面榜样。后来英国再通过《权利法案》保护私有财产，直接促使了工业革命的产生。

任总讲“没有正确的假设，就没有正确的方向”。假设是最重要的，一个有效的政策一定基于正确的人性假设。英国人假设人性是自私的，制定政策保护专利发明者的个人利益，结果英国人及其文明辐射的欧美人的头脑里的聪明才智就源源不断地变成蒸汽机、铁路、汽车、发电机、电报、电话……生产力就是这么解放出来的。同时，英国人也认识到人性的自私如果无限膨胀，会走向极度贪婪，产生对社会的破坏力，就用法律和宗教加以约束与平衡。

英国可以作为当时全球制度创新的典范。而且我们发现一个现象，凡是被英国殖民统治过的国家和地区，比如美国、澳大利亚、新加坡、南非、肯尼亚及中国香港等，这些地方都留下了英国的制度体系，在一定程度上可以说，这些制度体系促进这些国家与地区走向现代文明，取得了繁荣发展。为什么华为在巴西的业务经营会连续亏损13年，一个重要原因是巴西混乱的税法体系。当年对拉美殖民的宗主国没有在当地建立高效的制度体系。

科学与技术带来熵减——工业革命让欧洲免于熵死寂灭

知识经济时代，企业生存和发展的方式也发生了根本的变化，过去是靠正确地做事，现在更重要的是做正确的事。过去人们把创新看作冒风险，现在不创新才是最大的风险。

——《华为的红旗能够打多久》(1998)

欧洲曾经辉煌，然后进入熵增过，经历了近1000年的中世纪，当时部分教士团体和贵族阶层为巩固自己的权力和利益，对民众实行愚民政策，导致思想禁锢，文明停滞。中世纪的欧洲，其文明水平和生活质量远远落后于东方的唐朝、宋朝。

但为什么后来是欧洲引领了工业革命？在漫长的中世纪中，神权把人性、人的创造力全部禁锢住了，它怎么打破？一次适当的打击，是一次拯救。欧洲经历了近1000年的中世纪，已经到了熵死寂灭的边缘，这时一个偶然历史事件发生了——黑死病。黑死病使得欧洲减少了40%~60%的人口，整个欧洲对教会的信任下降了。有的整个家庭、整个村子全都死了，民众在极度痛苦和恐惧中，很自然地发出质疑——这些年，我们把财富和信仰都献给了上帝和教会，上帝和教会为什么不来保护我们？黑死病引发了怀疑的力量，这一场大灾难把中世纪传统宗教思想对人性的压抑、对思想的束缚彻底打破了。这就是物极必反，祸兮福所倚。

所以，也许在某种程度上可以说，有了黑死病才有了文艺复兴，才有了宗教改革，才有了思想大解放，才有了君主立宪等制度创新，才有了私有财产保护。因为有了这些思想和制度上的准备，才产生了工业革命，产生了大航海时代。黑死病作为负熵，改变了欧洲的历史。把大历史贯通起来看，就能领悟到什么叫天算。

工业革命乃至技术革命对人类文明的推进作用，怎么说都不为过。价值创造四要素包括劳动、技术、企业家和资本。劳动主要是一种认真负责的精神，又称工匠精神。企业家方面，过去有优秀的人，现在有优秀的人，未来也还会有。资本更不会有什么变化。价值创造四要素里最重要的，并且在不断变化的要素就是科技创新。

所以我们说，科技是推动社会进步的第一生产力，改变了文明各要素。现代社会从经济到政治，从政权到民生，一切进步的本源都是科技进步。

就企业而言，没有技术的技术公司是没有生存安全感的，大而不强。2017 年中的 4 个月，标准普尔指数的 500 家上市公司中，5 大科技巨头市值上升 2 600 亿美元，其他 495 家减少了 2 600 亿美元；2018 年 6 月 26 日，曾经是美国市值最高的工业巨头通用电气公司被正式从道琼斯工业指数中除去，取代它的是医疗保健巨头沃博联。通用电气依然拥有航空发动机等核心技术，但背后的深层次原因在于美国经济产业结构已经发生变化，医疗保健和 IT 科技公司才代表未来。百年老店面对的是产业生命周期的挑战。

思想与价值观带来熵减——新教伦理造就美国繁荣

是新教伦理揭示了中世纪宗教改革的哲学思维，这种对人性释放的哲学思维，它叫资本主义精神，开创了对人性的差异化的承认，对差异化也给予了保护，这种对人的权利的保护，释放了个人努力的主观能动性，促进了发展。这种精神同时也推动了西方的社会改革，从而形成今天繁荣、现代化的西方。

——《从“哲学”到实践》(2011)

源自文艺复兴、宗教改革的一群清教徒，被欧洲的保守势力围剿，他们乘“五月花”号来到莽荒大陆，从《独立宣言》再到费城立宪，美国用短短200多年从荒野之地发展成为法制化、市场化高度发达的国家，经济、军事、科技、教育等方面均领先全球。

《独立宣言》为独立战争胜利和美国发展奠定了思想基础，确立了国家主权。《美国宪法》奠定了美国政治制度的法律基础，使美国成为一个具有全国统一中央政权的联邦制国家，主干清晰，末端灵活。清教的英雄主义精神和包容矛盾世界的理念，成为美国文明的内核：多元、平等、开放、宽容。清教提倡的积极、开拓、诚实、勤勉和节俭，成为美国人共同的价值观。

美国价值观归结到一点，就是肯定价值创造，反映到俗世就是对物质文明财富和精神文明财富的全力创造。价值观对一个人、一个社会的影响非常大，如果不导向价值创造，生产力就被闲置在那里，人们都在那里空谈，虚耗。

激发活力不是瞎折腾。邓小平搞改革开放，就是给活力加了一个正确的价值观，把人民群众的生命能量从搞阶级斗争互相伤害，转移到搞生产建设创造财富上，就是调整了用力的方向。蛇口街头有块牌子，弘扬的就是改革开放的价值观：空谈误国，实干兴邦。

最近与同事聊天谈到小时候的深刻记忆：前一年还在饿肚子，第二年因为推行了家庭联产责任承包制，当年就实现了大丰收，粮食一车车往家里运。这就是基于正确的人性假设制定了正确的政策。

有了正确的价值观和制度建设，生产力就被释放了出来，力出一孔，利出一孔。

教育与管理带来熵减——日本脱亚入欧走向富国强兵

“用最优秀的人去培养更优秀的人”是日本人的口号。如果没有这一百年多来对教育的疯狂投入，日本就不会有今天，日本最大面值的纸币印的是教育家（日本现行4种面额纸币，其中最大面值1万纸币上印的是日本作家、教育家福泽谕吉，还有几位是医学家、小说家），在一百多年前的极端困难时期，这个国家的天皇还要省一顿饭钱拿去搞教育。

——《任正非与华为大学教育学院座谈会纪要》(2013)

日本仅用50多年，便从封闭落后变为开放先进，实现了富国强兵。

中国在1840年鸦片战争中被打得割地赔款时，日本也一样遭受西方的坚船利炮的欺压，虽然没有割地，但也赔款。打完仗以后，清政府和日本都派人到欧洲去学习，清政府花了大笔银子建了北洋舰队，号称远东第一大舰队，排水量最大。日本重点考察了欧洲的教育体系和制度体系。欧洲人在一旁观察评论：50年以后，日本将打败中国。果然，1895 年爆发了甲午海战，日本赢了。

中国人一直对近代史上数次被日本打败耿耿于怀，但我们看一组数据，大家就可能从气愤改为反省了。日本小学入学率在 1906 年已达到 100%，而同期中国的识字率仅为 20% 左右，中国 1986 年开始实施义务教育，小学入学率在 1999 年首次达到 99%。也就是说，在教育方面我们比日本落后了一百年。军事、经济实力的差距，只是一个结果。华为大学有一句校训就是从日本人那儿学来的，叫作“用最优秀的人去培养更优秀的人”。德国人对教育的认识也有一句话：一个国家的强盛是小学教师在讲台上完成的。

关于企业管理给日本带来熵减，就举一个例子。美国质量管理大师戴明的学说开始在美国企业讲，不受待见。后来他到日本，被企业界奉为神明，结果就是以丰田质量为代表的日本工业对美国同行的逆袭。这里面也有民族性的缘分。品质管理就是整齐划一齐步走，这对于汪洋恣肆天马行空的美国人来说是无法忍受的，而循规蹈矩的日本人却会随着节奏走得很带劲。

阶层穿透、优质移民引发熵减

我们要欢迎那些胸怀大志、一贫如洗的人进入华为公司。他们将是华为公司一支很强的生力军。在这种情况下，华为公司会有更强的战斗力，有更强的战斗力我们就可以抢到更多的粮食，有更多的粮食我们就能有更大的投入，有更大的投入我们就有更大的实力，我们这几个更，就成了良性循环。

——《成功不是未来前进的可靠向导》(2011)

前面我们说过美国的持续繁荣在于坚持从全世界引入优质移民，特别是“二战”期间，美国从欧洲引入大批受到种族主义迫害的科学家，战后又利用美国的高薪和富裕安全的生活环境从全世界吸引优秀人才移民。

类似的案例是秦朝时统一中国，而秦国用的那些能人，商鞅、张仪、李斯等，都不是秦国人，而是来自卫、魏、楚等地的“外国人”，他们要么是破落贵族，要么就是平民。这些人才在等级制度森严的母国体制中没有出头的希望，但因为秦国大胆起用外来人，鼓励阶层穿越，唯才是举，所以才统一了中国。

还有一个案例是隋文帝。西方发现中国的科举制度后觉得中国古人太了不起了，一千多年前就有这样的社会活力机制。社会一旦形成阶层固化就将失去活力，而科举制度可以促成阶层穿越，激发活力，所以西方学者称隋文帝为中国历史上最被低估的皇帝，因为西方价值观是导向对制度建设做贡献的历史人物。隋文帝执政期间有两个开天窗的贡献，一个是确立三省六部制，这个中央行政体系加上秦朝的郡县制，使得治理幅员辽阔的农业文明帝国成为可能；另一个是科举制度疏通了社会阶层，持续激发活力。这两个制度建设为后续的唐、宋、明、清等几大盛世的持续繁荣奠定了文明的基石。

华为熵减

热力学第二定律阐述了，自然界不可能将低温自动地传导到高温，必须有动力才能完成这种逆转。人的天性会在富裕以后变得惰怠，这种自发的演变趋势现象并不是客观规律，人的主观能动性是可以改变它的。

我们组织的责任就是逆自发演变规律而行动，以利益的分配为驱动力，反对惰怠的生成。民意、网络表达多数带有自发性，我们组织却不能随波逐流。组织的无作为，就会形成“熵死”。

——《从“哲学”到实践》(2011)

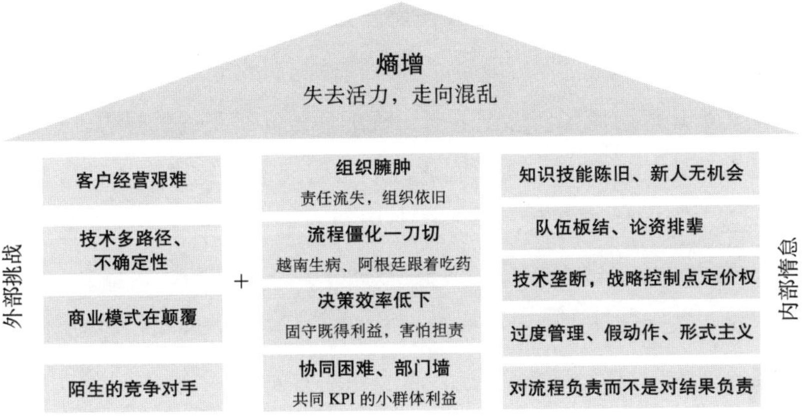

图 3 熵增导致企业失去活力

我有幸从事企业管理的研究和实践 20 多年，从流程、组织到治理、文化，从工业时代到信息时代，目前正在走向数字时代；从起初对管理科学大厦的仰视、膜拜，期望为之投入自己渺小的一生，到现在平静地凝视它，一些我曾经自以为清晰的认识又变得有些模糊，对管理体系从理论到实践我都有一些新的反省。

管理体系的最终目的就是多打粮食。耗费巨大资金和心力构建的管理体系，未必一定给业务成功带来正面效应。对比几个兄弟业务，为什么管理体系建设比较成熟的业务，反而不如管理体系较不健全的业务那么发展迅速、活力四射？当然这里面有产业生命周期的影响；但是，如果管理体系不能帮助我们战胜业务环境变迁的挑战，那这个管理体系的价值在哪里呢？

这里分享几点也许存有偏颇的认识，请有识者批判指正。

1. 流程方法论的前提假设

遭遇技术快速迭代的挑战，为什么很多新生代公司在流程体系并不完备的情况下，照样取得了令人瞩目的商业成功？

文章开篇引用了任总说的有正确的假设才有正确的思想、理论。流程方法论的原理是：通过固化成功实践经验，使得成功可重复获得。这个原理的假设是，业务环境相对稳定，业务场景标准化，做一个流程可以用 10 年。

当业务环境从工业时代转到 IT 时代，未来进入数字化智能时代，流程原理的前提假设遭遇挑战，表现在两方面。

业务环境快速多变。我们把一个成功实践固化到流程，需要一年的时间，但是一年以后，业务自身都不一样了，商业模式、技术发展不断推陈出新，流程建设跟不上业务变化。如同刻舟求剑，船已经动了，船帮上的刻痕又有什么用呢？

业务场景差异化巨大。面对全球 170 多个国家和地区成千上万的差异化业务场景，我们很难通过去一线看几十个业务场景就试图归纳出普遍规律。事实上，即使是同一个业务案例，总有人能说出你不知道的另一面，就算你具有阿尔法狗那么厉害的计算能力，也无法设计出放之四海皆高效的流程体系。

任总说主干清晰，末端灵活；华为近几年倡导一国一策，一T（技术）一策，这都是实事求是的。但在流程实践上，还是达成上行下效的默契，你给我一个程序、规则、模板，你我才都有安全感。我不顾实际情况照搬执行，错了反正抱怨制定流程的你。如果真要把末端流程的制定权前移，就需要能力前移、决策前移。

这里绝不是全面否定流程的价值，而是要充分认识流程方法论面对技术快速迭代、业务快速变化后的局限性，流程方法论只有克服这些局限性才能对多打粮食做贡献。

企业管理的很多方法论都是基于流程的。如果固守工业化时代的流程理念，会阻碍我们打赢数字化时代的商业战争。

2. 组织建设要紧跟业务，但实际上受到噪声的干扰

面对叠床架屋的组织结构，不要焦虑，要静下心来思考：这么复杂的组织形态，是被文化补偿、权力格局、人员安排等因素给扭曲了。如果排除这些噪声干扰，高效的组织形态应该是什么样的？

其实就两层。现代企业的本质特征是所有权和经营权的分离。企业的高效组织形态是极简的，只需要两层，代表所有权的资方团队做投资决策（承担投资风险），代表经营权的劳方团队负责经营目标达成（不达标就被问责）。

一个大企业为什么会演绎出那么多的中间组织层级？为了满足管控诉求（各种报告和指令），承载历史的躯壳（各种机构和职位）。管控当然是企业管理的重要诉求，但是必须控制在合理的程度。正如彼得·德鲁克所说：一切对内管理都是成本。这些中间层产生的内部管理越多，内部交易成本就越高。一个企业的熵增程度，取决

于管理层是目光向内，还是目光向外，简单的验证数据只需要看看管理层的时间分配，有多大比例是对内管理，多大比例是对外管理。

还有两种常见的组织功能：服务和监管。服务就是SLA（服务等级协议），从本质而言大部分是可以内部市场化甚至外包。监管就是要平行于业务，而不能串行于业务，导致效率迟滞。对监管而言，业务是透明的，一切都看得清清楚楚，仅根据条件触发警示和干预；对业务而言，它大踏步地向前走，能感受到监管的威慑，但不是羁绊和掣肘。

随着数字化技术发展，未来社会的商业组织模式，就是共享大平台上充满活力的一个个经营单元，如优盘一般即插即用。这个方向大致正确，实现节奏取决于技术迭代速度。技术进步了，传统的组织理论将与时俱进。

3. 文化如果深入人心，80% 的管理动作都可以取消

从事文化建设近20年，我一直在思考：企业是商业组织，文化这种似乎虚无缥缈的东西，到底对企业的商业成功有什么贡献？

答案是，管理系统包括关系和节点。如果上下、左右、内外、前后等各种关系之间相互理解信任，如果每个岗位上的员工都被激发出做好工作的内驱力，80% 的管理动作都可以取消，内部交易成本会大大降低。

这就可以解释，为什么当华为还是一个小公司的时候，其流程、组织都不健全，但却充满活力，可以积极高效地创造商业成功，这就是文化的力量，队伍的精气神儿。

文化一旦沦丧，管理就会丛生，成本显著增加。烦琐管理，表

现为冗长僵化的流程，叠床架屋的组织，几十个上百个评审点，PPT（演示文稿）满天飞，汇报汇报再汇报就是不决策，决策了一层层选择性执行、扭曲执行，于是又派生出类别繁多的管控机构……

内部管理变得日趋复杂，往往意味着文化出现了问题，相互的信任、发自内心的事业追求在减弱。企业为了弥补信任的缺位，从而增加更多的管理动作，而如果设计不当，这些管理动作可能会进一步削弱相互信任，把内驱力、事业心变成考核驱动，没有激励就不干活，不监管就违规，责任权力的碎片化……如此陷入恶性循环。

《人力资源管理纲要》倡导基于信任的管理。叶晓闻在新高研班交付了一篇优秀论文，深挖了信任的价值：当年科斯凭一句“企业的边界是内部交易成本等于外部交易成本”获得诺贝尔经济学奖，那么企业的内部交易成本由什么决定？就是信任。缺乏信任必然导致管理复杂化，进而导致内部交易成本不断升高，企业就触及发展的天花板了。

文化是能量场，呈同心圆放射状展开。随着企业规模增大，文化的边缘影响力随距离增加而弱化。无形的文化作用力弱化后，只能靠各种有形的管理机制来强拉维系，管理动作越多，成本越高，效率越低。所谓大企业病，就是这么来的。

事业激发事业心。企业愿景落到每个员工身上，就是让员工发自内心地认为自己的工作有意义。走进松山湖的制造总部，就会看见一条醒目的标语：你每天都在造世界上最好的手机。这就是工作的意义。受意义驱动的人，才有工匠精神，才能造出精品。

用新的眼光审视我们在工业时代产生的管理体系，保留有用的，摒弃过时的。科学技术是第一生产力。技术革命了，人员、组织、社会等各方面从价值诉求到技能提升都在进步，管理也必须与时俱进。步枪时代的战争思想无法打赢坦克战；坦克时代的战争思想无法打赢航母战。

华为如何实现熵减

1. 惶者生存，坚持自我批判 + 乐观精神

如果一个公司真正强大，就敢于批评自己，如果是摇摇欲坠的公司根本不敢揭丑。正所谓“惶者生存”，不断有危机感的公司才一定能生存下来。

——《以客户为中心》导语（2016）

华为如何实现熵减？最重要的就是惶者生存，保持危机感，坚持自我批判。我们把任总十几年的文件列一下，从《反骄破满》《华为的红旗能打多久》《华为的冬天》《成功不是未来前进的可靠向导》《前进的路上不会充满鲜花》等一系列的文章里面我们看到，首先只有在思想意识上不断地建立危机感，不断强调危机感，才能使公司的自我批判、自我革新成为可能。

有危机意识，但不要看见问题很多就悲观。没有乐观精神，就会被困难打倒了，还怎么可能解决问题？

2. 华为是一个开放系统

我们要敢于去拥抱这个快速变化的时代，也要敢于去拥抱全球化。……我曾说过“都江堰疏导不了太平洋”“八百里秦川何曾出过霸王”“秦淮河边上产生不了世界领袖”“北京没有户

口指标成不了科技中心”……是逼迫我们这一代人就要成为世界领袖，而不是繁衍几代后才是。

——《任正非在2017年市场工作大会上的讲话》

万宝路的电子烟卖得很抢手，宝马对电动车研究得很深入。通过开放，我们才能把颠覆的力量变成营养，让黑天鹅在我们的咖啡杯里面飞。

凡是能够帮助我们提升能力的合作机会，我们都可以去，甚至说就是合理沟通，都不需要对方加入华为公司，也不用对方的成果，就是希望和对方聊一聊，拓宽我们的视野和思想。当然如果面向未来的专家人才愿意加入华为公司那更好，我们甚至会为了一个业界的权威专门设立一个研究所。比如我们在意大利米兰设置微波研究所，就是因为马可尼在那儿有微波的技术积淀，雷纳托又是这方面的顶尖人才。后来雷纳托帮助华为把微波做到了全球第一的水平，这都是开放思想的胜利。

3. 用业务战略牵引业务创新和管理变革

未来二三十年，人类社会会演变成一个智能社会，其深度和广度我们还想象不到。

——《任正非在2017年市场工作大会上的讲话》

一个企业要想活得久一些，它的寿命就要努力超越产业生命周期的限制。按照康德拉季耶夫的长波理论，人类从工业革命到现在的250年，经历过五大产业周期。比如西门子这样的百年老店，经历过电报电话、电力照明、自动化、医疗四大产业周期，每个产业为其贡献了30~50年的辉煌。

华为前30年的高速发展，当然有自身的主观努力，加上天时地利人和，我们客观上是吃足了通信基础设施全球大发展的这波产业红利的。没有国家的改革开放和产业红利，单靠艰苦奋斗也未必能有所作为。

通信基础设施这个产业，经过30年的发展，基本上已进入成熟稳定期。华为要想继续成长，正如任总在英国和捷克的讲话里指出的，就需要做好对时代的洞察，敢于决断，然后靠坚定不移的执行力去落实。如果固守在传统领域，缺乏新洞察、新思想、新管理、新技术，那就是熵增，会落入成功大公司的陷阱。

诺基亚感叹，当年它们的研发投入比苹果高4倍，在客户需求分析、产品品质上没有犯任何错误，产业数据库包罗万象，能够支撑任何产品和市场的分析需要。没做错什么为何会被打败呢？因为产业变了，苹果是从不同的赛道打败了诺基亚。

2017年5月，华为在上海开了战略务虚会，提出“方向要大致正确，组织要充满活力”，为未来的发展提供了方针。

一家科技公司的竞争力，要么有技术，要么有成本。要主要抓好两个主要矛盾，一个是管好业务组合，一个是降低交易成本。

一方面，我们面临技术井喷，站在信息时代，展望未来的演进方向，依次是智能时代、生物时代、意识时代，从大数据到无机承载，再到有机承载，再到目前还无法认知的承载体……这个大方向是可以预见的，但是具体的路径充满不确定性，而对于企业，细节是魔鬼，在实现途径上的选择错误、节奏踩错，都是遗憾。

如何应对不确定性，成为方向大致正确、组织充满活力的关键。

多路径、多梯次，管理不确定性就是做好业务的投资组合管理。华为目前的战略组合还是很清晰的。

CNBG（运营商业务集团）是 cash cow（现金奶牛），抓好经营质量，为新业务提供利润和现金流。

CBG（消费者业务集团）是 star（明星产业），以保证一定利润率、健康经营为前提，鼓励弹性预算下的加大投资。

安平业务部、Cloud BU（云业务单元）、车联网……是从 question mark（问题队列）里面筛选出来的种子，希望几年后成为 future star（未来之星）。

另一方面，随着企业规模的增长，管理复杂度不断增加，导致规模产生的边际效应不断降低，当内部交易成本等于企业外部交易成本，与其自己做还不如外购。所以企业要想发展，就要降低内部交易成本，一旦内部交易成本等于甚至大于外部交易成本，增长的边际效益已经是负的了，就无法再增长了。

华为在降低内部交易成本方面有很多管理革新可以做，比如从市场销售到解决方案，到客户群，到产品线。现在组织碎片化导致内部沟通和协同花费大量的时间，所以我们正在推动把端到端组织打通，不需要通过大量会议协同，而是通过端到端流程的拉通，通过部门的 KPI（关键绩效指标）拉通，使得内部交易成本大大降低。

4. 以核心竞争力驾驭不确定性

改变研发投资结构，扩大研究和创新的投入比例。比如，开发经费占总研发经费的 70%，要有 30% 来做研究和创新。

——《多路径 多梯次 跨越“上甘岭”攻进无人区》(2016)

不确定性的事情，由精兵组织来应对。确定性的事情，由平台或共享组织来支持与服务。对不确定性的考核是风险的把握；对确定性的考核是效率与效益。

——《埃森哲董事长拜访任正非的会谈纪要》(2015)

华为的研发预算，以前产品线和2012实验室的预算大概是9：1，未来将调整到7：3，就是加大对未来不确定性的研究。

三星给我们很大的启示。2017年三星一款手机发生事故后，大家都觉得三星要大亏，因为仅一个爆炸事件就造成其70亿美元的损失，结果三星有液晶屏和存储芯片这两个战略控制点，它把这两个东西涨了涨价，在2018年就成了全世界最赚钱的公司。

再举个例子，民航业是充分竞争的市场，全球大概有几百家航空公司，基本全行业亏损，但其背后有两家设备供应商，一个是空客，一个是波音，它们的日子要比航空公司好很多，因为发展到了双寡头格局。但在这个产业里活得最好的是做发动机的，就是通用电气和劳斯莱斯这两家。全球能够造核武器的国家有10个，能够把卫星送到外太空的国家有6个，但是能够造大推力民用航空发动机的国家只有两个——英国和美国。这意味着大型民用航空发动机的技术含量要超过人造卫星，甚至核武器。

根深才能叶茂。做一个产业，最终还是要做深做透，实现技术自保。没有具有核心竞争力的护城河和防火墙就没有安全感，没有扎根大地，几百亿元的收入规模也是沙滩上的摩天楼，顶不住台风的袭击。以前我们大量研究的是算法和数学，以后要深入物理和化学的层面，构建技术根系。当然这方面的人才不一定是为我所有，但可以为我所知、为我所用。

5. 能力是业务逼出来的，有业务实践才有能力转型与提升

各部门的循环赋能、干部的循环流动千万不能停，停下来就沉淀了，就不可能适应未来新的作战。预备队方式的旋涡越旋越大，把该卷进来的都激活一下。这种流动有利于熵减，使公司不出现超稳态惰性。

——《人力资源政策要朝着熵减的方向发展》(2016)

ICT 产业是一个朝气蓬勃的产业，市场空间有 4 万亿 ~5 万亿美元。身处 ICT 产业，我们不缺机会，只缺能力，而且首先不是个人能力问题（公司里面潜藏着碎片化的真知灼见），而是组织能力问题。组织能力，就是如何有系统地主动建设相应的业务能力，并通过组织、流程、人才、决策机制等来集成和固化个人能力。

现在能力不足，源于过去业务不需要。英国历史学家汤因比分析过 13 个消失的文明。其中有个部落是牧羊文明，把怎么种草、怎么放牧、怎么提升羊的繁殖生长、怎么产肉、怎么剪毛等牧羊技术都做到了极致。后来气候变迁，草地枯死，整个文明就消失了，因为这个部落只会牧羊，不会种地、打猎、捕鱼。

我 30 年前读到这个案例时对它印象很深，之后也时常会想起来。企业的管理体系应该是由业务所决定的，要随着业务的演进而优化。华为现存流程、组织和能力（人才结构）是基于多年通信行业跟随者的定位而建设的。业务环境向前走了，整个管理体系和队伍有些不适应。端到端能力是后端强，前端弱，交付全球第一，销

售很强，部分产品也很强。但是前端的解决方案，商业模式、生态建设、技术架构、不确定性管理（战略管理）等能力相对较弱，因为以前优秀运营商、设备商、产业标准组织把这些工作都做了。

能力是业务逼出来的。领先公司的能力优势都不是天生的，都是被业务逼出来的。华为创业初期做通信基础设施产业，很多工程师不是学通信的在做通信，不是学软件的在编软件，是在没有能力的情况下靠艰苦奋斗和业务压力，在战争中学会作战的。我们有哈吉保障的业务压力，持续改进后我们在这方面的能力就是世界第一；天猫有“双十一”天量交易冲击，它的软件架构与效率就强；再比如，我们10年前一步步提升一站式工程能力，这几年终端公司在操作系统、拍照等方面的持续优化，平安城市在提升行业理解能力，无数案例都证明是业务压力逼迫了能力提升，而不是具备了能力才去作战。

金一南将军说：军事教育的本质是战争教育。早做业务，早发育能力。能力不足不用担心，关键是早参与，在战争中学会打仗。业务实践提升能力，包括提升决策能力，因为管理层对这个业务体验多了决策才有感觉。

业务方向决策只能是获得70%的信息之前就得做，等拿到90%的信息时，机会窗已经过去了。所以决策的本质就是风险决策，没有风险还需要决策吗？

6. 管理要匹配业务实质，因地制宜，才能多打粮食

变革的目的就是要多产粮食（销售收入、利润、优质交付、提升效率、账实相符、“五个一”……），以及增加土地肥力（战

略贡献、客户满意、有效管理风险），不能对这两个目的直接和间接做出贡献的流程制度都要逐步简化。

——《变革的目的就是要多产粮食和增加土地肥力》(2015)

随着业务特性呈现出多样化，试图用一套大一统的管理体系适配全球，会给业务发展带来羁绊。面对不同的业务周期阶段、不同的产品特性、不同的项目周期长度、不同的商业模式、不同的产业生态，采用差异化的管理体系以匹配业务实质，才能多打粮食。打个比方，以前的管理体系是工厂成衣店，未来的管理体系是裁缝店私人定制，一国一策、一客一策。

什么叫管理机制匹配业务实质？比如对于运营商基础设施长周期项目：

（1）考核节奏周期要匹配业务里程碑和全生命周期；

（2）奖金包分成三份，部分补发给洗盐碱地、构建格局的前人，部分发给当期贡献者，部分递延到项目全生命周期结束发放，以确定真实盈利。有同事形象地说这是“给栽树的人，培育树的人，摘果子的人，合理分配奖励”。

（3）离任审计要评估未结束项目的后续盈亏，建立连带机制，接任者参加评估。

管理体系建设有两种逻辑：业务决定管理，管理决定业务。

为什么很多大公司最终不由自主地走向“管理决定业务”？因为对内管理是确定性的，容易，风险小；对外管理是不确定性的，很难，风险大。

跟随业务环境的演进，不断调整自身的管理体系，是一个辛苦、痛苦的过程。而一旦管理不匹配业务特性，不随业务与时俱进，管理就走向闭目塞听、自我完善，进而走向过度管理。

很多大公司死掉，不是管理太差，而是管理太好（管理过度）。曾经有一个学者研究了世界500强企业里面死掉的公司，发现它们有三个共同特征：第一，都有一个企业博物馆，企业博物馆里面放着公司从成立每一代的每一款产品；第二，每一个岗位都有职位说明书，说这个岗位应该对什么负责，要做什么事情；第三，每个员工都有一本流程操作指导书，讲解在流程中哪个岗位要进行哪些操作。

这反映了企业的过度管理和僵化管理。业务环境是在不断变化的，如果想把自己的内部管理做好，很简单，只要不看外面变化，闷头对内，肯定能建设一个很完美的管理体系，但这样的管理体系不能适应业务变化。

曾经有人给任总提建议，华为应建一个企业博物馆，把从第一代小交换机开始的产品等都放里面。任总没同意。一家高科技企业，绝不能对历史怀旧，绝不能躺在过去的功劳簿里，因为那样很危险。

所以管理体系一定要防止刻舟求剑。业务不断在向前跑，管理体系建设的方法论，注定了管理体系永远是落后于业务的。管理体系要有适当的容错和不完美，但一定要保持与业务的对齐，这样整个组织、流程才有活力。

武器的进步持续推进战争理论的进步。冷兵器时代，火枪时代，机关枪时代，坦克时代，海军、空军时代，作战的理论都必须随武器的进步而持续前进。德勤有个模型，说技术是变化的龙头，技术进步了，人要跟上，然后是组织跟上，再然后是社会跟上。所以，那些最先掌握新技术的人，就在人群中领先了；那些最先获取掌握新技术的人才的公司，就在产业中领先了；那些最先拥有做新业务的公司的国家，就崛起了。

技术正在改变管理，用工业时代的管理思想和管理体系武装的队伍，是无法打赢智能时代的战争的。

7. 基于贡献拉开差距，打破平衡形成张力

华为价值评价标准不要模糊化，坚持以奋斗者为本，多劳多得。你干得好了，多发钱，我们不让雷锋吃亏，雷锋也要是富裕的，这样人人才想当雷锋。

——《喜玛拉雅山的水为什么不能流入亚马孙河》(2014)

光是物质激励，就是雇佣军，雇佣军作战，有时候比正规军厉害得多。但是，如果没有使命感、责任感，没有这种精神驱使，这样的能力是短暂的，只有正规军有使命感和责任感驱使可以长期作战。

——《任正非与中国地区部代表及主管座谈》(2017)

促进人才的流动，推进知识能力提升，基于贡献差异拉开差距，打破平衡，形成张力，多劳多得，获取分享制等，这些都是我们这几年耳熟能详的主题词。在执行公司的政策要求时不能僵化。比如在拉开差距方面，必须是基于真实贡献差距。如果团队成员之间的实际贡献差异没那么大，我们不能人为拉开激励差距，导致大家觉得不公平，反而伤害了团队战斗力。

究竟什么样的人可以被破格提拔？他需要产生明显超出平均水准的业绩。有位俄罗斯的数学家，前面几年研究所的同事们都搞不

懂他在干什么，后来他一下子就把2G（第二代手机通信技术）和3G（第三代移动通信技术）的算法打通了，对无线提升盈利做出巨大贡献。像这样的数学家当然要破格提拔。

所以，我们一定是基于实际贡献差距来拉开回报差距，不能为拉开差距而拉开差距，那样会撕裂团队的合作文化。

8. 核心价值观是对人性弱点逆向做功，激发正能量

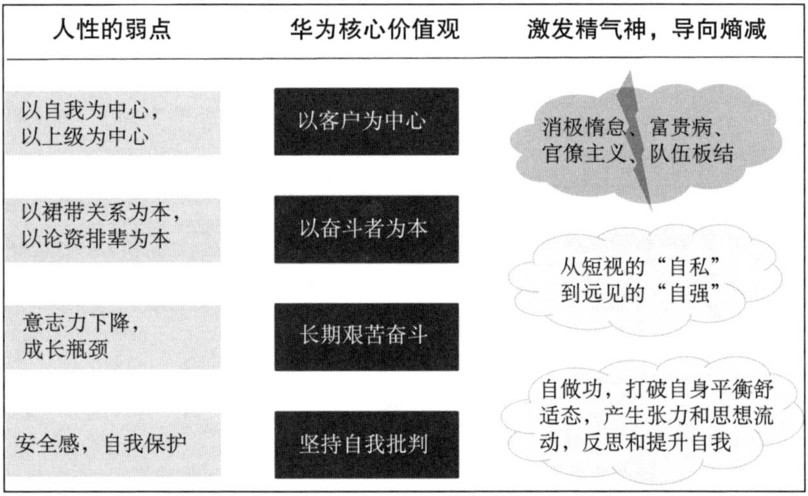

图4　华为的核心价值观针对人性弱点逆向做功

华为核心价值观其实是针对人性的弱点逆向做功。

为什么讲以客户为中心？因为以自我为中心，以上级为中心，这些是人的本性，不需要教就会；所以我们才要强调以客户为中心。

为什么要讲以奋斗者为本？因为在一个组织里，主管做评价激励天然就容易以裙带关系为本，以论资排辈为本，这个不需要鼓励就会发生。你跟大家讲全力创造价值，大家都很赞同，因为全力创

造价值肯定没错；一讲到科学评价价值，有些人心里就犯嘀咕了，为什么？科学评价价值，一定要以绩效贡献作为客观公正的评价标准，而不是因为谁和你是亲朋好友，谁和你是一个基层团队打出来的老兄弟，谁是上级领导派过来，你就给他好的评价。真正做到以价值贡献作为评判标准是很难的。以奋斗为本是要克服人性弱点的。

为什么要讲长期艰苦奋斗？人的弱点是随着年龄增长意志力就会减弱，知识技能会逐步老化。我们讲思想上的艰苦奋斗，就是要终身学习，持续成长。

为什么要坚持自我批判？人的本性就是需要安全感，需要自我保护，不敢把自己真正的弱点暴露在别人面前、说给别人听，甚至把自己保护起来。

所以，推行核心价值观是为了克服人性的弱点，开展逆向做功，防止熵增现象发生，从而使我们鼓励的行为和自我价值贡献能够产生。当然人性是多面的，不全是消极的，也有很多积极的因素。

历史上出过很多人性假设理论，有性善说，性恶说，有消极的 X 理论，积极的 Y 理论，还有超 Y 理论的可塑说，众说纷纭，人性就是如此的复杂、多样、不确定。

其实把这些人性假设综合起来看，恰好是符合熵理论的，就是人性里同时存在熵增和熵减的力量，就看谁能够成为矛盾的主要方面，以决定这个人的主流。

华为的 HR（人力资源）理念是把主要管理资源用于激发和帮助优秀员工快速成长，以构建积极进取的场，带动整个队伍前进。

最后用图 5 做个小结：

整个华为公司就是遵循这样的熵减机制，希望通过建立耗散结构，通过战略牵引吐故，把旧的技能、旧的思想等冗余的组织吐掉；进而实现纳新：把新的开放、打破平衡和负熵因子引入进来，并以此从旧的无效走向新的有效。

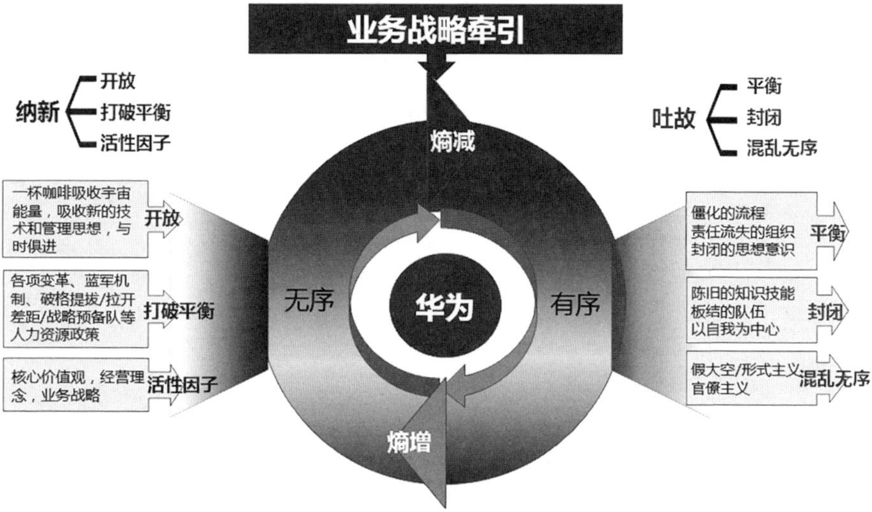

图 5　华为的熵减机制

| 自序 |

关于华为，谁也无法自诩权威

《下一个倒下的会不会是华为》首版印于2012年岁末，两年多来，在国内外读者中引起了不小的反响，先后有中文繁体、韩文、英文、日文、俄文等版本面世，几万读者以微博、微信、书、报刊等载体发表了或褒或贬的评论，并掀起了管理学界和企业界的“华为研究热”。

然而，耐人寻味的现象是，在华为之外此书收获的大多是好评，但在华为内部，尤其在“心声社区”上，笔者听到、看到的多是批评、讥讽，一些人的言辞相当尖锐，甚至尖刻，代表性的观点包括：

一、把华为写得太好了，“有吹鼓手之嫌”。

二、一些事实和观点并不准确，“有主观想象的成分”。

三、书名与正文不符，“典型的标题党……”。

四、“此书对华为的认知太表面，失之于肤浅。”

五、部分内容重复，结构散乱。

老实讲，面对“心声社区”一个阶段铺天盖地的负评，本人内心是抵触的，自恃对华为 10 多年的近距离观察，同时阅读了几百万字的公司各类公开、半公开的文献，花了 6 年时间进行思考和写作，怎么可能会是“表面的”“肤浅的”“吹鼓手”性质的?

本书首版的写作，从酝酿到成稿，一直在半秘密状态下进行。以华为长期的低姿态做派，此书是否会被任正非和公司高管们否定，并“劝说”本人将其溺毙于襁褓？这是我担心的。事实上，之前 10 年左右，有几本关于华为的著作都有被“做过工作”，但被作者拒绝了的经历。假使华为让我放弃写作和出版此书，我会有什么样的反应?

华为总是让我出乎意料。当《下一个倒下的会不会是华为》初稿送到轮值 CEO（首席执行官）徐直军手中，并经他发给公司数十位中高层管理者审阅时，得到的反馈居然是：由作者自己决定。我突然意识到：处在全球化旋涡中的华为，要对外部世界全面开放了。之后两年多，华为一改过去与媒体疏离的状态，先是轮值 CEO 们高调地接受国内外报刊采访，后来一贯“神秘、低调”的任正非也走到舞台中央，几次与国内外记者们坦率交流，直到 2015 年初在达沃斯论坛接受 BBC（英国广播公司）著名记者的全球直播采访。过去两年多，华为也许是全球规模性企业中，被各类媒体持续关注最多、关注度最高的公司之一。

当然，对华为来说，“脱敏”是相当成功的：充分透明化之后，人们终于意识到，这家来自中国的公司是值得尊重的，它的经营与管理哲学、文化与制度、创新与变革、多变的战略战术及领导力等，构成了其独具的特质。因此，华为也成为中外商学院高度关注的案例，笔者在过去一段时间就应邀与10多家国内外著名商学院的教授有过深入交流。

让我格外欣喜的是，在首版面世不久，我获得了一项“特权”：毫无禁忌地与华为中高层管理者进行一对一、面对面的访谈。这项浩大的工程历时一年零七个月，涉及公司市场、研发、财务、法务、审计、行政、后勤等各个部门和各个产品线，先后接受访谈的人士有100多位，这其中包括绝大部分董事会和监事会成员，每人时长在3~6小时不等，仅录音整理的文字记录稿就有近300万字。至此，我可以自信地说，我是华为之外的人士中，最了解华为的人，即使在华为15万人中，我也是能够多角度、多侧面认知华为的极少数人。

访谈过半后，我开始不安起来。全部访谈结束后，一边翻阅访谈整理稿，一边为首版的“不成熟”和粗糙而心底发虚，以致不敢正视首版的部分章节，也终于认可了“心声社区”上华为人的批评和意见。2014年6月初，我就开始酝酿进行一次“大卸八块”的修订，首先是历史脉络的梳理，为了对同一事件进行还原，我必须从三位以上的访谈人的口述中进行比较和甄别；其次是一些结论的形成和观点的确立，由于有大量的素材作为支撑，我也力求最大限度地做到严谨和客观。当然，全书修订后的结构也做了诸多调整。在原版本的基础上，新版本增删的内容多达2/3以上。

此番修订，写作的艰难不亚于首版。确切地讲，修订本是一本新书，只是书名和大的架构未做改变。在300万字浩繁的故事、观点、细节面前，我每每陷入不知所措的乱麻之中，每一章、每一节的重新布局，每一个事实和结论的对应，都使我多次彻夜难眠，经常凌晨两三点披衣而起，伏案著述，或摘录访谈内容……几个月不到，身体急剧消瘦，严重到脸部肌肉抽搐不停。

2015 年春节前，修订稿全部杀青，我又连续细读了 5 遍以上（部分章节反复细读），从大年初三开始，又将最后两章推倒重来，因为一位重要朋友阅读完修订版后，认为有点“虎头蛇尾”。兹后，又将修订版发给华为内外几十位人士，在大量反馈的基础上，又进行了长达三个月的五次修改。如果让我对首版和修订版打分的话，首版勉强 60 分及格，而修订版则可以达到 80 分。为什么不可以更高分呢？原因很简单，华为的文化与历史实在太丰富了，关键是，华为充满了变化。当你自以为抓住了所谓“终极真理”时，从另一种视角看，你也许抓住的是谬误，或者它正被变化了的观点和新模式摒弃，所以你永远不能自视为所谓“权威”；而且，当我真正与 100 多人进行了访谈后，我恰恰更加不自信了——不仅对事实而言，对部分结论也同样不敢自信“正确”。

这也促使我有了另一种“自信”：既然自知有缺憾，有诸多忐忑，还不如开放一些，请 15 万华为人，包括几万前华为人，以及一切关注华为的朋友和广大读者，一起参与对本书修订版的“评头论足”——就书中的每一个细节与观点提出批评和意见，以使下一版本的修订更趋客观、真实。

我的邮箱：tiantao2015@sina.com

2015 年 6 月 12 日

于新加坡国立大学商学院

| 引子 |

企业管理哲学：华为成功的神秘力量

时代·命运：妄想家任正非

20多年前的1987年，一个叫任正非的中年男人被当时的主流社会抛离了，那年他虚岁44岁。“4”在汉语的谐音中意味着死亡、寂灭、消失；但双4相加则是8，在中国南方的方言中是“发”的意思；而“4×4=16”又代表着“期待顺利”——“要顺”，“6”意味着“顺”。

在这个充满了明喻、暗喻的多义命运玄机的年龄，任正非开始了他的商业人生。其实，在此之前，他也有过不到三年的商海经历，但结果却是以失败者的角色出走。

44岁的“失败者”任正非创建了华为技术有限公司（以下简称华为），一家民营企业。从此，任正非与华为成了密不可分的命运共同体。华为是那个变革年代初期的边缘者、“私生子”，而任正非则是那个手持长矛、大战风车的堂吉诃德。

20世纪70年代末，伟人邓小平和他的一批志同道合的战友、老人，在中国大地发动了一场颠覆性的经济革命。从 1978 年到 1988 年，10 年间，中国经济与社会生活发生了巨大变化。几千年来，在中国，政治家与人文知识分子始终占据着主导地位，农业是这个国家的经济主脉；商人，作为一种职业，几乎没有什么地位，成功如吕不韦、胡雪岩之流，也不过是政治的依附者。是邓小平，以其巨大的政治勇气和对国内外大势的深刻洞察，在中国千年旧体制和“文革中国”的僵化模式上，拉开了一道敞亮的豁口。

自此，中国有了真正意义上的商业革命，其规模之大、影响力之巨，世所罕见。商人，作为一个阶层，在中国也慢慢有了自己的地位。

20 世纪 80 年代，中国社会的各个层面都涌动着激情和躁动。邓小平的改革开放战略需要一批先行者和追随者，更需要一批实践家。于是，有了第一拨“吃螃蟹”的步鑫生、马胜利、牟其中、年广久、张瑞敏、柳传志等“改革人物”。改革开放的潮流，像一个巨型的旋涡，把那些旧体制的反叛人群，以及渴望冒险的活跃分子，一下子吸到了新的未知的万花筒中。

军人任正非，正是在这个时代的节点上，情愿抑或不情愿地成了被边缘化的商人，而且还是“个体户商人”。

任正非创立的华为，起步的生意是电信设备贸易，用那个年代的贬义说法，是“二道贩子”。正是这个“二道贩子”，它的创始人在开业之初就给自己和公司画了一张“大饼”：20 年后，华为要成为世界级的电信制造企业。

乱世出英雄。在动荡变革的年代谁能成为优秀的领导者？美国塔夫斯大学精神病学专家纳赛尔 · 伽米指出：在精神病人中找吧。他发现，那些在非常时期表现卓越的领袖人物通常都有精神方面的疾病。事实上，在华为曾经最艰难的时期，任正非患过抑郁症和焦虑症。20 多年前，当任正非以一个骑士的做派向他有限的几十个听众喊出“世界级梦想”的口号时，这些听众要不成了半信半疑的“信众”，要不干脆背过身说：老板脑子坏了！

与任正非患有同样“妄想症”的人，在那个激荡的年代有一批。做计算机部件贸易的柳传志，心中的“癔症”是挑战 IBM，20 年后，他做到了。幻想着炸开喜马拉雅山，引雅鲁藏布江水源到黄河，用中国的袜子换取苏联飞机的狂人牟其中，后来却进了监牢，据说，高墙铁网也没能锁住他的激情与狂想。

而在电信制造行业，同样有一批狂人。听听他们为所在公司起的名称吧：巨龙——“龙”乃中国的象征，前面还有一个“巨”字；大唐——“唐”，中国历史上最鼎盛的朝代之一，唐朝的简称，也有“中国精神”的指代意义；中兴——中华复兴；华为——中华有为，为中国崛起而有为。要知道，这 4 个最具代表性的中国通信制造企业，最早的创立年份是 1985 年（中兴通讯前身：深圳市中兴半导体有限公司于 1985 年诞生）。资本短缺、技术匮乏、人才稀少，是当时这几家企业乃至整个中国通信业的共同的现实。而它们面对的却是无比强大的对手：普遍拥有几乎百年以上历史的西方公司。

蚂蚁对抗大象，需要一批梦幻家，一批富于想象力的理想主义者。让我们记住这 4 个 20 多年前的中年男人吧：巨龙的创始人邬江兴、大唐电信的创立者周寰、中兴通讯的创始人侯为贵、华为的创立者任正非。

在后来的 20 多年中，这 4 个男人，在中国和世界的电信界，演绎了无数曲折的、过山车式的、激荡人心的商业和人生的悲喜剧。

道不同，共相谋：4 个男人的故事

傲慢的跨国巨头们

百废待兴，百业待举。这两个词，在 20 世纪 80 年代的中国，几乎成为各级官员口中和新闻记者笔下最热门的口号之一。在一个曾经靠口号和语录治国的国度里，往往一个热门词即代表着那个时期的社会与政治焦点。的确，中国在结束了一场浩劫之后，社会和经济生活却依然处于半停滞状态。邓小平以“改革开放”的口号，激活了僵化的体制，解放了生产力，更实现了对人的解放。经济建设呈现出一派生机勃勃的景象，速度与效率成为 10 亿中国人的主旋律。然而，电力、交通、通信等基础设施却远远滞后于发展的节拍。尤其是通信业，1978 年我国的局用电话交换机总用量只有 405 万门，电话用户不到 200 万户，电话普及率仅为 0.38%，世界排名在 120 名之后，低于非洲的平均水平。当时装一部电话是奢侈行为，只有少数特权阶层才能独享。而此时距美国人亚历山大·贝尔发明电话已过去 100 多年。通信设施的极端落后，已经成为国民经济大发展的几大瓶颈之一。大规模、快节奏地推进通信设施建设，在当时的中国成为一项最紧迫的战略。然而，中国自己在通信产业领域却几乎是空白，没有一家稍微像样的电信设备企业。于是，便有了后来的“以市场换技术”的重大决策。此时，正值全球范围兴起了一场信息技术革命。中国在通信领域的率先开放，既推动了我国通信设施的建设步伐，又实现了与世界信息技术发展潮流的对接。

应该说，当时的“以市场换技术”的战略是极富远见的。而汽车工业则相反，多年的市场保护主义使中国的汽车制造业始终处于落后追赶的境地。

开放，必定充满着阵痛。曾几何时，西方公司大举进入中国市场，高价格、低服务，甚至无服务。今天程控交换机每线价格 10 美元左右，而当年的价格是每线 500 美元，整整高出 50 倍！而且还要等很久才能交付产品。卖方即上帝——这在拥有悠久商业传统的西方国家，几乎是极荒谬的逻辑，但在 20 世纪 80 年代的中国通信市场，却是事实。“七国八制”（其后变成了“八国九制”）——日本的富士通株式会社（1935 年创立，以下简称富士通）、日本电气股份有限公司（1899 年创立，以下简称 NEC）、瑞典的爱立信公司（1876 年创立）、比利时的贝尔公司（1877 年创立）、法国的阿尔卡特公司（1898 年创立）、德国的西门子股份公司（1847 年创立，以下简称西门子）、美国的 AT&T（1877 年创立；1996 年 4 月，其网络系统与技术部门独立为朗讯科技）、加拿大的北方电讯公司（1895 年创立，1998 年与海湾网络合并成北电网络公司）、芬兰的诺基亚公司（1865 年创立）等，跨国巨头们以傲慢的姿态，在中国市场上高价销售产品的同时，也享受着市场征服者的胜利的快感。

一代人的宿命

必要的学费与代价，换来的是通信设施建设的快速发展；同时，国家的决策者们也适时启动了中国通信制造业的发展战略。20 世纪 80 年代中后期，国内诞生了 400 多家通信制造类企业，国有企业、民营企业，多种所有制背景的公司，纷纷崛起。“国有企业”的代表人物有邬江兴（1953 年出生），一位在职的解放军军官，曾被称作通信行业的“民族英雄”“中国大容量程控交换机之父”，邬江兴是巨龙的创始人，现为军事院校少将校长；周寰（1944 年出生），原邮电部科技司司长，留美归国人士，曾任信息产业部电信科学技术研究院院长，后来创办了大唐电信；侯为贵（1942 年出生），航天部下属企业 691 厂技术干部，1985 年南下深圳，创建了中兴通讯。毋庸置疑的是，他们和他们所创立的企业，在当时的背景下，都肩负着某种国家使命，即为中国的通信事业建功立业，在不远的未来向西方巨头发起挑战！

而民营企业又何尝没有民族使命感呢？1987 年创立华为的任正非，当时提出的口号是：做民族通信企业的脊梁！

这是一代人的宿命。他们，出生于 20 世纪四五十年代，浓重的家国情怀，强烈的理想主义色彩、使命感、道德感、领袖欲与清教徒般的奉献精神集于一身。这一代人中的佼佼者，内心中总是燃烧着火焰，充满着躁动，以及对固有环境的反叛，所以，每当时代赋予他们一丁点儿的机会时，他们都会选择出走和挑战，哪怕胜算并不是很大。“巨大中华”的这 4 位领军者，就属于这一类人。

很可惜，那样的荡漾着激情的改革年代，和那一代创业者身上所散发的生命光芒，在今天的中国，似乎再也找不到了。

丛林法则，胜者为王

审视刚刚逝去的历史，你无法不对这一代老派风格的“堂吉诃德”们表示由衷的敬意。“巨大中华”创立初始，都面临着资金、技术、人才极端匮乏的巨大困扰。即使是国家倾力支持、扶植的国有企业，也常有方方面面捉襟见肘的时候，而华为创业时的资本只有21 000元人民币。但它们面对的，却是世界上最强悍的竞争对手。欧美日9家公司，至今已经活了1 139岁，平均年龄为126.6岁，9家公司中有8家都是百年老店。

在中国人自己的家门口，刚刚出生不久的牛犊们，几百家小企业，以各自为政的方式展开了与西方大象们的血腥竞争。为什么说血腥呢？客观上，丛林法则就是血腥的，“巨大中华”的成长，正是奠基于数百家中小企业被大象踩死的累累白骨之上。到后来，曾经冲在最前面的“功勋企业”巨龙也倒下了……

沧海桑田。20多年过去了，中国的通信产业突飞猛进，成为中美欧三足鼎立格局之中的一方“巨足”。这“巨足”，从小到大，从弱到强，屡战屡败，屡败屡战，决战于国内市场，决胜于全球市场，使昔日的诸多西方巨头望而生畏。而实际上，它们中的一些企业合并的合并，衰亡的衰亡，唯有爱立信等少数“老派贵族”仍在与华为、中兴通讯这样的“中国幽灵”持续竞争着……2010年，华为进入《财富》世界500强，排名第397位，是中国进入该排行榜的唯一一家民营企业，2014年排名第285位，2016年，排名第129位；2017年排名第83位；在全球通信产业中，华为2013年排首位，已超越长期处于老大位置的爱立信。

任正非当年所预言的“世界通信制造业三分天下，必有华为一席”，已经成为现实，他现在思考的则是：如何平衡国际商业生态环境？如何实现华为在全球化扩张中的和平崛起？

“巨大中华”，华为脱颖而出

爱立信全球总裁兼CEO卫翰思（Hans Vestberg）先生说：“我们很尊敬华为这样的对手。”

3Com总裁布鲁斯·克勒夫林指出：“任正非的故事如果放在美国的话，那也是一个令人惊异的成功者的故事。”

英国《经济学家》认为：“华为的崛起，是外国跨国公司的灾难。”

美国《时代周刊》惊呼：“这家公司已重复当年思科、爱立信这些卓著的全球化大公司的历程，如今这些电信巨头已把华为视为最危险的竞争对手……”

十年前，《华尔街日报》记者向思科系统公司（以下简称思科）CEO约翰·钱伯斯（John Chambers）提问：“在所有的公司中，哪一家让你最担心？”钱伯斯毫不迟疑地回答：“这个问题很简单，25年以前我就知道，我们最强劲的竞争对手将会来自中国，现在来说，那就是华为。”

其中或许有溢美之词，但在中国，还从来没有一家企业能像华为这样，令欧洲人、美国人为之脱帽，让其国际竞争者心生敬畏。

为什么会是华为？天时、地利乃是根本。30年前，华为以“有限公司”的方式诞生在深圳一栋居民楼内，三个人，两万多元创业资本，老板任正非是个通信制造的门外汉（当时深圳市政府〔1987〕18号文件规定，成立民营科技公司，注册资本不得低于两万元人民币，股东不得少于5人，而任正非当时只有3 000多元，不得不拉一些人集资以获得营业审批，后来这些人获得高额补偿，拿回了早期的资本。任正非一人前行，这也为大规模向员工配股打开了窗口）。

30 年后的 2017 年初，华为拥有 18 万员工，在世界 170 多个国家和地区建有分公司或代表处、研究所，国际专利申请数量排名世界前列，为全球 1/3 以上的人口提供服务……

华为以无可辩驳的成就验证了邓小平改革开放思想的成功。

天在变，道亦在变。但如何变？变向何方？20 世纪 80 年代初期的中国，从上到下是兴奋的、茫然的。就连总设计师邓小平也给不出一个明晰的蓝图，“摸着石头过河”“黑猫白猫论”，在当时的政治语境下，形象、简洁，却不易操作。那时候，下海经商的一批弄潮儿，若没有一点鲁莽的冒险精神，没有一点天真，是很难下决心的。

好在，邓小平倡导“实验哲学”，鼓励全社会勇于试错，错了再推倒重来。结果是，各阶层人群的思想和能量得到最大的释放，中国的渐进梯度的改革模式也获得了巨大成功。从计划经济到有计划的商品经济，到商品经济，再到市场经济，一波三折，几经反复，企业家们在起起伏伏的制度颠簸中或沉沦、或折戟、或成熟、或崛起……体制的螺旋式演变有上升，有倒退，但30多年来总的指向是，越来越向市场化的方向曲折推进。

“巨大中华”4 家企业的兴衰沉浮是对改革开放历史沿革的最佳诠释。

20 世纪 80 年代中后期，由军队里的一批中高级科研人才创建的巨龙，曾经是当时通信行业的一颗耀眼的明星。原邮电部下辖的大唐电信、航天部直属的中兴通讯，在计划经济为主导地位的时代，与巨龙一样，无疑都是国家的宠儿。国家资本全力支持，市场扶植政策全面倾斜，尤其是人才。那时候，人才流动的价值取向是“铁饭碗”，进政府部门和国企是第一选择（20 多年后的今天依然是很多人的首选），军企当然更好。很显然，华为这类被边缘化的体制弃儿，在那个时期，成功的可能性是很小的。然而，体制在阵痛中渐变，到一定临界点时，也在突变。20多年过去了，先是巨龙衰落了、消失了，大唐电信也被远远甩在了后面。昔日的体制优势所赋予军企、国企的商业优势，到后来的风云变幻的制度变迁与人、与组织的竞跑中，越来越成为发展的包袱。僵化的决策程序、板结的人事文化、僵硬的激励机制……即使再有勇气和魄力的企业领袖也难以改变这一切。而通信市场，却越来越自由化和国际化，企业如果不能适应变化，以柔软的身段去创新和提升，溃败与没落是必然的。同行业的一些西方百年巨头，也同样在管理上患了“动脉硬化症”，近10年纷纷衰落了。

中兴通讯是个例外。中兴通讯创建于深圳，虽系国企，却尽得旧体制和新体制的双轨优势。创业之初和多年的成长，国家资源的配置应该是丰厚的，不亚于巨龙与大唐电信。但地处深圳，中国市场经济改革的试验区，中兴通讯拥有与特区之外的其他国企相比自由得多的体制创新的空间。仅“国有民营”这一步改革，在10多年前，就为中兴通讯赋予了巨大的发展活力与潜力。

而华为呢？一个旧体制的弃儿，如果不是在深圳，也许在襁褓之中就被扼杀了。

中国改革派领袖们30多年前的最大创造之一就是实验哲学。实验主义思想在时间跨度上推进了制度的演变，在空间维度上确立了一批创新和冒险的区域性样板，如深圳特区。计划经济模式在这里最先被扬弃，人身依附关系在这里也要稀薄得多。内地众多的国有企业和部委、地方省市利用深圳相对宽松的体制，都在深圳开了

“窗口”，竞相开展体制变革的试验，如航天部下辖的中兴通讯等。华为这样的民营公司也自然拥有相对宽松的成长环境。

试想，如果不是在深圳特区，华为的千人，到后来的8万多人的员工持股计划能够得以通过并实施吗？21世纪初，在内地省份，这种做法仍被定义为“非法集资”。

国运乃大运。人或组织，都不能摆脱命运的引力与斥力而发展、而成长。在传统制度的框架内，联想集团创始人柳传志显得过于灵动和反叛，所以郁郁而不得志。改革开放后，他选择冒险，在未知的空间左冲右撞，迂回前进，缔造了联想集团这样的商业神话。华为更是国家开放与进步的剪影。一个被称作“个体户”的民企，一个军队转业的副团级技术干部，没有任何政治和社会背景，以30年率领十几万知识劳动者的艰苦卓绝，换来的是一家世界级的优秀企业，秘诀固然很多，但根本的只有两点：环境的变化与人的创造，这两者缺一不可。

可以说，华为是在与制度改革的正向竞跑中脱颖而出的。

神秘力量：任正非的企业管理哲学

自创管理教派的“坛主”

华为为什么会成功——超越了中国的、西方的众多同行，而位居世界第一？

固然，国家的进步、制度的变革是重要的，华为不可能“揪着自己的头发冲出地球”。但是，在同一个时代、同一片天空下，中国曾经有过的400多家与通信相关的企业大多已经消亡，而即使在深圳这样的新制度实验区，20多年后，6家最具中国品牌价值的企业，除华为外，招商银行、中国平安、万科地产等均属国有体制脱胎而来，从完全的“民营”小草成长为参天大树的并不多。

20世纪80年代至今，中国掀起了人类历史上最大的商业潮，所有的船只被浪潮托了起来，但有些则很快被巨浪吞没，更多的舟船随波逐流，也许在漂流的苦旅中撞上礁石，或者在沙滩搁浅……只有少数的船只冲上浪涛之巅，并且在顺风或逆风中来回颠簸，最终驶向新大陆……

这种情形体现着命运与目标、偶然性与必然性、机会主义与奋斗之间的多种非线性逻辑关系。

改革开放几十年，我们听到和看到太多中国民营企业崛起、衰落、垮台的惊心动魄、凄风苦雨的故事。一部商史，乃一部血泪史。

为什么华为这艘小船演进成了世界级巨舰？难道有一种神秘的力量，或者命运的特殊安排？是偶然性事件还是必然性结果？可不可以复制？西方少数政客对之质疑、猜忌，媒体也曾经企图“揭秘”，并且极尽渲染，一些中外经济学家和管理学家也对解剖这具“东方标本”充满兴趣……

华为目前有18万员工，大部分是知识分子，而这18万人的个人意志是如何被凝聚起来的？其能力和潜力是如何迸发出来的？还有，华为人的精神领袖任正非，仅仅拥有1.4%的股权，他的个人权威又是如何树立起来的？而且30年始终如一？回答清楚以上问题，华为成功的密码也就自然解开了。

西方有媒体评论，任正非把华为宗教化了，任正非是这个商业帝国的教父。如果不带贬义的话，这段评论有一定道理。任正非从骨子里就不是一个模仿者，所以他几乎一生与孤独为伍。虽然没有明言，但其实他从本质上不完全遵循传统教科书的管理理论，他是一个自创“教派”的坛主。一方面他是个“冥思者”，长达几个月、几年地执着思考某个观点；另一方面，他又善于与高层团队、外部专家、客户、学者等进行反复沟通，在信息充分开放的环境中完善自己的思想，使之成熟，并且体系化。

华为成功的“葵花宝典”

华为是一个充满了思想力的企业。30 年来，任正非正式或非正式地、公开或私密地、系统或零碎地，表达过关于华为发展的无数观点，累积的文章、讲话稿、会谈纪要等超过数百万字。可以说，正是这些如珍珠般串接起来的思想，使华为从“青纱帐”中走了出来，成为一家全球化的企业，这些正是华为有别于中国乃至世界上绝大多数企业的根本所在。更重要的还在于，在这个思辨色彩浓重的组织里，思想总是能得到有效的执行。

华为的成功是企业管理哲学的成功——这么说一点也不过分。任正非说：“我们没有任何背景，也没有任何资源，我们除了拥有自己，其实一无所有。”“一切进步都掌握在自己手中，不在别人。”“制度与文化的力量是巨大的，不是上帝……”这即是华为成功的“神秘力量”——

> 我可以告诉你，释放出我们10多万员工能量的背景是什么，就是近20年来，华为不断推行的管理哲学对全体员工的洗礼。如同铀原子在中子的轰击下产生核能量一样，你身上的小小的原子核，在价值观的驱使下，发出了巨大的原子能。

“企业管理哲学”代表着顶层的“形而上”的设计，这是任正非等少数人的特权，他和他们必须天马行空，多务虚少务实，勤于思考、思辨，仰视星空，着眼于未来。

“方法论”则是制度的建设与架构，这是高层管理者全力关注的问题；领袖是务虚主义者，管理层则代表着“功能派”，他们必须对企业领袖的哲学思考具体化、技术化以至固化。

华为已经初步形成了一个稳态与动态相融合的“金字塔”，最高层是组织的思想领袖群体，次高层是一批企业战略家和技术领袖，第三层面是数百位各个功能体系的指挥员，他们必须具备战略思维，同时又有调兵遣将、决策局部战役的统帅力；第四层是数千位经营、管理与研发方面的中基层管理者、技术领头人；“金字塔”的基座则是10多万普通的知识员工，他们代表着华为这架商业战车真正的战斗力与竞争力。

20多年后的今天，回头审视任正非的一系列讲话、观点，让人感到惊异的是，他的基本思想从未改变过，这就是以客户为中心，以奋斗者为本，长期坚持艰苦奋斗。正如任正非所言：“是什么使华为快速发展呢？是一种哲学思维，它根植于广大骨干的心中。这就是‘以客户为中心，以奋斗者为本，长期坚持艰苦奋斗’的文化。这并不是什么背景，更不是什么上帝。”

这是华为一贯秉持的核心价值观。在此基础上，又进一步形成了“开放、妥协、灰度”的管理哲学。这三句话、六个字让任正非和他的高层领导集体反复体悟、咀嚼了 30 年，并不断地丰富和系统化，以至于成为华为有别于任何企业的文化胎记，称得上是一部华为的“葵花宝典”。

悟道・布道・践道・殉道

任正非企业管理思想形成的过程，我们称之为：悟道，参道。“悟”与“参”，岂是那么容易？其中浸透了成与败的总结，长期不怠的阅读、交流与思考，以及精神上炼狱般的折磨。而且，还必须有节制。思想家与精神病人的相同之处在于思想细胞的高度活跃，区别则在于前者善于管理自己的妄想，而后者永远不能约束自己。

任正非做到了，所以他始终处于思考状态，但并没有癫狂。在思想被实践的过程中，华为又不断在企业内部倡导一门“工具哲学”：自我批判。任正非讲，变化是永恒的，所以观念也要随之改变，思考一刻也不能停息。换个角度讲，华为的成功也在很大程度上源于多年来所反复坚持的自我批判的文化，从上到下，无一例外，无一人例外。

布道，宣道。传播思想是牧师的任务，但任何一座教堂的牧师首先是悟道的先行者，同时也必须是虔诚的布道者。任正非便是“华为之道”最富蛊惑力的传播大师。他写的《我的父亲母亲》《北国之春》等文章被翻译成了几十种文字，他在公司内部的每一次讲演、发言都能潜移默化地起到“洗脑”（华为人语）的作用。而他与客户、一些国家的政要人士、商界巨头的交流，每一次也都给对方留下关于华为的深刻印象。

华为反对“口号治企”，崇尚以系统的价值观统领团队。所以，在华为，有多种方式，包括新员工培训、高级干部训练班、青训班、网络培训课程、各类务虚会、业务会议等，都不忘强调和宣讲华为的企业管理哲学：以客户为中心，以奋斗者为本，长期坚持艰苦奋斗。不厌其烦地对大大小小的管理者进行诵经般的灌输，百变不离其宗地反复强化，其结果是，10 多万人的队伍，几乎清一色的中高级知识分子，他们出身、个性迥然不同，但血液中全都流淌着相同的商业价值观，这不能不说是一个商业奇迹、思想奇迹。

践道。华为不是教堂，不是哲学沙龙，也不是坐而论道的商学院。华为的企业管理哲学需要落地生根，需要结出果实。而对企业管理哲学的实践与应用是要下大力气的。

首先，“道”与“术”的建设在华为是相辅相成的。比如，华为推崇艰苦奋斗，但相对应的功能设计是：共享——高出于业界水准的薪酬、奖金体系与普遍持股共同构成的物质激励，“奋斗者与贡献者则得到提拔”的公平公正的“机会激励”等，从而让奋斗者共同享受公司发展的成果；渐进——也是华为管理的一大特征，任正非反复讲，保守是个好东西，不能总是变革与创新，一个组织的成长一定要保持行之有效的东西不变，也许它的效率略低一些，但稳定的总成本也会低一些，总是折腾的企业随时会垮掉；专注——耐得住寂寞，在一个喧嚣的时代已是十分不易，而抵挡住诱惑，尤其是在各种机会纷至沓来之时，保持专注，坚守定力，更是十分困难。华为把这一条写进《华为基本法》中，以“法”的形式约束决策者们的冲动。

实践企业管理哲学不仅是“术”的支撑，也即是说，企业的激励机制、决策流程、规章制度、文化建设等固然重要，但领袖们的决心、勇气、自觉性、奉献精神等也绝不可少。主教、牧师们要悟道、布道，又不能只是坐而论道，而必须身体力行地去践道、行道，并且以毕生的激情去殉道，而任正非正是把他的全部生命注入进了华为——这座他搭建了20多年的“商业教堂”。所以，华为成功了，而任正非却是个痛苦的孤独者。

不只任正非孤独，华为也是

成功后，欲哭无泪

10多年前，一位国家领导人向华为董事长孙亚芳出了个题目：“你能不能用一两句话描述一下华为成功后的感受？”孙亚芳脱口而出：“欲哭无泪！”

领导人震惊，无语……

华为脱胎于民企，一开始诞生就烙上了旧体制“养子”的烙印，尽管体制在不断进步，但在夹缝中追随体制演进的每一个动作、每一步脚印，都充满了艰辛和苦难，以及未知的风险。任正非反复说：“失败这一天一定会到来，大家要准备迎接，这是我从不动摇的看法，这是历史规律。”“什么叫成功？是像日本那些企业一样，经九死一生还能好好地活着，这才是真正的成功。华为没有成功，只是在成长。”

这绝非危言耸听。所以，正因为如此，作为商人的任正非，一方面必须冒险——冒险是商人的天赋秉性；另一方面，他又极其谨慎，甚至胆小，生怕撞了什么高压线，导致企业倾覆。日复一日，年复一年，无休止地在冒险与恐惧的心态中来回转换，压力之大难以想象。

44 岁之前，任正非一直处在潮流的主航道上，尽管面对着封闭的时代，但他的个性却是相对舒展的，强烈的理想主义色彩和张扬的进取性格，使他在过去人生的每个阶段都能崭露头角：1978 年为全国科学大会代表，1982 年为中共十二大代表……

而改革开放之后，发展经济成为主旋律，任正非选择了经商，后来的历史证明，他又一次冲在了主航道上。但不幸而又有幸的是，他是以“民营”的身份从底层起来。不幸在于，30 年创业与发展太多坎坷，体制障碍、舆论抨击、谣言、国内外竞争对手的打压与围剿……可以说，华为的成长与壮大，正是不断地挣脱包围与突破围剿的螺旋式上升、发展的过程；有幸在于，恰恰是这样一种严酷的外部环境，逼迫任正非和华为不存任何侥幸与幻想，在迂回曲折中摸索前进，从而既创立了华为独特的、自成体系的企业管理哲学，又造就了华为的卓越与辉煌。

身份的证明

代价当然是巨大的。任正非给公司高管们推荐过一部电视剧《身份的证明》，其实，这么多年，华为也不断地向别人证明自己的

“身份”。

是的，华为是民营企业，但华为不逊于很多国企对国家的贡献，30 年来累计给国家纳税接近 3 700 亿元人民币，直接和间接带动社会就业几百万人；尤其不能忽略的是，正是华为、中兴通讯、大唐电信，以及早期的巨龙等中国通信企业的崛起，为中国的电信建设节省了上万亿元甚至更多的投资成本。进而言之，正如欧洲一家知名电信企业的高管所言，华为以价格和技术的破坏性创新，为全球几十亿人带来了低价和优质的信息技术服务，其潜在意义是无法以数字进行估量的。同时，于中国而言，30 多年的充分开放，使信息产业成为国民经济的战略性力量之一，华为自然也功不可没。

在西方，政客和媒体在过去很长一段时间从未间断过对华为的猜忌和攻击，什么华为拥有军方背景、国家背景等，竞争对手甚至公然“妖魔化”华为：每年享有中国政府多少亿美元的补贴支持。傲慢的西方人不愿意相信：一个没有任何背景的中国企业在不到 30 年的时间里，竟然打到了他们的家门口，并快速挺进在世界第一的道路上。

华为要把旗帜插在全球每一处角落，自然任正非和华为又得不断向世界证明“身份”，恐怕世界上很少有一家商业公司要时刻面对这样的双重尴尬与困境：在国际市场，华为被当成“社会主义模式”的代表，其迅猛的发展，给西方带来压力；在国内又是民营企业代表，有可能被视为“资本主义的萌芽”。夹缝中，华为如何长大？

孤独，学会欣赏孤独

任正非与华为的孤独可想而知。

思考是孤独的。30 年来，任正非思维的兴奋点几乎从没有离开过华为。一个 44 岁才开始经商的男人，一个几近白手起家的知识型前军人，一个从来都不甘居人后的理想家，一开始就给自己和华为确立了高不可攀的标高。为了一种使命感，他付出了全部的身心。他没有娱乐、体育的任何一项爱好，唯一的嗜好就是阅读和思考，他也没有政界、商界的朋友，可以说他从学校到部队到华为，几乎没有朋友。但他却善于交流，从国内到国际，从经济、政治乃至外交，无一不侃侃而谈。但这一切，也都脱不开对华为的思考。

任正非感慨：外部环境虽然很复杂，但还相对容易平衡；最难的是内部，10 多万人的队伍，每年还要进一两万人，每个人都有自己的想法和利益，管理起来谈何容易！

这是 30 年来长期盘踞在任正非心中的课题，任正非和他的同僚们也在不断破解着这一难题，催生而出的则是华为的企业管理哲学。这才是华为成功乃至卓越的根本要素。

实践是痛苦的。为了推动、驱使或者牵引 10 多万知识分子到全世界攻城略地、开疆拓土，不仅需要领袖们“竭智”——绞尽脑汁去思考，也需要老大们“竭力”——冲锋在前。从 44 岁到 73 岁，任正非几乎 24 小时开着手机，每年有 1/3 以上的时间在飞机上、旅途中，奔走在世界各地。华为现任的、离任的公司高层的多数人，都患有不同程度的与精神压力和工作压力相关的疾病：抑郁症、糖尿病、高血压等，任正非就曾患有严重的抑郁症。

死亡是一个永恒的话题，说到底，组织存在的命理就是如何活得更长久些。过往的 30 年，华为活下来了，华为的许多同行却倒下了，那些貌似“战无不胜”的“巨无霸”企业在这个快速变化的时代里，常见的情形是：几乎毫无征兆地从正午的辉煌急剧地走向没落。

下一个是谁？华为会不会盛极而衰，重蹈前辈覆辙？当舆论将称赞的目光投向“世界第一”的华为时，下一个倒下的会不会是华为？

“4 × 4”等于 16——“要顺”，但华为的 30 年却从未一帆风顺过；未来，今后的 30 年，华为一定是困境重重。华为能常胜不败吗？华为还有那种强大的思想力量和战胜任何挑战的意志力吗？

这正是本书期望解开的谜题。

| 第一章 |

常识·真理：以客户为中心

客户：华为存在的唯一理由

“领路者”阿尔卡特的迷茫

21 世纪初，法国，波尔多，六月天。阿尔卡特董事长瑟奇 · 谢瑞克（Serge Tchuruk）在自家的葡萄酒庄园接待来访的中国客人——华为总裁任正非。阳光暖融融的，一望无际的低矮的绿茵丛中，闪烁着宝石般晶莹饱满的紫葡萄。空气中弥漫着波尔多标签式的“风土”：幽静、自豪、浪漫、自尊。

品过两种不同口感的红酒后，瑟奇 · 谢瑞克先生一改先前轻松的话题，说道：“我一生投资了两个企业，一个是阿尔斯通，一个是阿尔卡特。阿尔斯通是做核电的，经营核电企业要稳定得多，无非是煤、电、铀，技术变化不大，竞争也不激烈；但通信行业太残酷了，你根本无法预测明天会发生什么，下个月会发生什么……”

任正非深表赞同。寂静与浪漫的空气中增添了一丝凝重与沉闷。瑟奇·谢瑞克先生是业界广受尊重的实业家和投资家，阿尔卡特更是全球电信制造业的标杆公司。尤其在美国2001年互联网泡沫破裂之后，阿尔卡特与爱立信、诺基亚、西门子这几家欧洲电信企业，并肩成为貌似“坚不可摧”的业界巨擘。欧洲普遍的开放精神不仅快速地培育出几大世界级的电信制造商，而且也造就了一批全球化的电信运营商，英国电信、法国电信、德国电信、西班牙电信、沃达丰……它们不仅在欧洲各国，而且在全世界各大洲都有网络覆盖，而美国、日本以及中国的电信企业，与欧洲同行相比，显然是有距离的。

21世纪初的华为，正处于艰难的爬坡阶段。“领路者”阿尔卡特的困惑与迷茫使任正非格外震惊，回国后，他向公司高层多次复述瑟奇·谢瑞克先生的观点，并提问：华为的明天在哪里？出路在哪里？

华为内部由此展开了一场大讨论，讨论的共识是：华为要更加高举“以客户为中心”的旗帜。华为发展到今天，靠的是这一根本，华为的明天，也只能存在于客户之中，客户是华为存在的唯一理由，也是一切企业存在的唯一理由。

在之后形成的华为四大战略内容中，第一条就是：

> 为客户服务是华为存在的唯一理由；客户需求是华为发展的原动力。

眼睛盯着客户，屁股对着老板

深圳飞往北京的航班，头等舱的最后一排，一位60多岁的乘客，捧着一本书在看着。三个小时后，飞机在首都机场降落。这位叫作任正非的乘客，起身，从行李架上取下行李，然后快步地融入川流不息的客流中，没有前呼后拥，没有迎来送往。经常的情形是，他到国内某地出差或度假，也不通知所在地的公司负责人，下飞机后，乘出租车直奔酒店或开会地点。乘出租车是他的习惯，偶尔让人看见，反成了新闻。华为的高管们大抵如此。

华为一位副董事长说："华为这样的做法，并不代表领导层的道德觉悟有多高，这不是我们的出发点。重要的是，它体现着华为的价值观：客户重要，还是领导重要？这才是大是大非，关系到公司的胜败存亡。"任正非更是多次发出警告："我们上下弥漫着一种风气，崇尚领导比崇尚客户更厉害，管理团队的权力太大了，从上到下，关注领导已超过关注客户；向上级汇报的胶片如此多姿多彩，领导一出差，安排如此精细、如此费心，他们还有多少心思用在客户身上？"

任正非干脆更直截了当地下指令："你们要脑袋对着客户，屁股对着领导。不要为了迎接领导，像疯子一样，从上到下地忙着做胶片……不要以为领导喜欢你就升官了，这样下去我们的战斗力是会削弱的。"

在 2010 年的一次会议上，任正非进一步指出：在华为，坚决提拔那些眼睛盯着客户，屁股对着老板的员工；坚决淘汰那些眼睛盯着老板，屁股对着客户的干部。前者是公司价值的创造者，后者是牟取个人私利的奴才。各级干部要有境界，下属屁股对着你，自己可能不舒服，但必须善待他们。

华为是中国民营企业的经典样板：贸易起家，深谙"长期做乙方"的制胜之道。乙方者，"服务至上"是其灵魂。从乙方起步的贸易型企业，在血液中就积淀着一种基因：甲方至上，客户至上。所以，当其转型做产品的初期，即使是差的产品，但与优质的服务相结合时，也能够赢得客户（甲方）的理解与支持；而当一流的产品与一流的服务相结合时，就更能得到客户的尊重与认同。华为的30年，正是秉持着“永远的乙方”这一信条走过来的。

“我是谁？”“我从哪里来？”“我到哪里去？”永远是企业最基本的哲学问题，几乎所有的成功企业在发展的每个阶段，对此都有正确的理解和坚持，但也有不少企业在创业时期“以客户为中心”，但在完成原始资本积累之后，“谁是上帝”的命题开始变得模糊：股东，员工，客户，管理者，还是其他？不同的企业以迥异的方式展示了自身的追求，也从而确定了自身的命运。

然而，魔术是不存在的，真理是不容颠倒的。华为成长壮大的“炼金术”就是华为的核心价值观：以客户为中心，以奋斗者为本，长期坚持艰苦奋斗。

三句话，看似简单平实，没有任何深奥之处，但它却是自华为成立之日起，任正非和他的同事们一直在苦苦思考和追寻的正确答案，并且，已经融进了华为文化的骨髓之中，成为每一位华为人的信条。

2010年12月，任正非曾给到华为取经的欧洲某大型电信企业的高管们上课，授课的题目就是“以客户为中心，以奋斗者为本，长期坚持艰苦奋斗”。他说：

> 这就是华为超越竞争对手的全部秘密，这就是华为由胜利走向更大胜利的“三个根本保障”。我们提出的“三个根本保障”并非先知先觉，而是对公司以往发展实践的总结。这三个

方面，也是个铁三角，有内在联系，而且相互支撑。以客户为中心是长期坚持艰苦奋斗的方向；艰苦奋斗是实现以客户为中心的手段和途径；以奋斗者为本是驱动长期坚持艰苦奋斗的活力源泉，是保持以客户为中心的内在动力。

由此一段话可以看出，这三句话的"魂"实质上是"以客户为中心"，舍此，奋斗的方向与意义何在？奋斗者的价值创造又如何评价？当然更谈不上价值分配了。

被扭曲的常识

"以客户为中心"并非华为的独特创造，而是普世的商业价值观。"客户就是上帝"的口号是西方人发明的，一部西方的商业发展史从头至尾贯穿着"客户第一"的伟大理念。同样，在300年前，我国著名的同仁堂药室就明确提出和倡导"以客户为中心"的训条："炮制虽繁必不敢省人工，品味虽贵必不敢减物力。"道理很简单：企业的目的是赚钱，不能赚钱的企业是没有价值的。然而，赚谁的钱？当然是客户的钱。谁能让客户自愿自觉地掏腰包，让更多的客户掏腰包，让客户长期地掏腰包，谁就有可能变得伟大。百年西方管理学的核心思想，绕来绕去还是离不开一个根本：如何围绕消费者的需求，为公司定位，为管理者定位，为公司的产品定位。

这是一个再简单不过的事实了。对于企业来说，政府向它要税收，员工向它要薪酬，供应商向它要货款，只有一个傻傻的客户为企业送钱。但客户也不是施舍者，他有选择权，他只向那些真诚地提供优质、价格合理的产品和服务的企业付出。所以，以客户为中心永远没错。

因此，管理大师德鲁克把企业定义为：创造顾客。

然而，随着证券市场的快速发展，“资本为王”的时代在过去30余年大行其道，传统的“以客户为中心”的企业价值观遭到严重扭曲。以美国市场最为典型，“股东利益最大化”成为通行的价值准则。企业家天天围着股票市场的指挥棒转，按照证券分析家们的观点来决定企业做什么、不做什么，结果使得企业其兴也勃焉——迅速扩张，市值膨胀，三五年、10多年造就一个行业巨无霸；其败也忽焉——几天之间，甚至几小时之间市值大幅缩水，皇冠落地，辉煌不再。中国市场同样如此，一批批的实业家成了资本新贵，企业却如气球一般膨胀并爆裂。资本市场培育了大批为“资本”而疯狂的机会型商人，而公司呢，要不短命地兴盛，要不永远在股东的短期追求中疲于喘息。

常识在被扭曲，在变形。“以客户为中心”曾经是普遍适用的商业常识，如今却成为少数领先企业的孤独的追求。

“偏离客户，谁来养活我们”

华为的惊人之处在于：它从来没有丢掉常识。华为的管理层认为，华为是生存在客户价值链上的，华为的价值只是客户价值链上的一环。谁来养活我们？只有客户。不为客户服务，我们就会饿死。不为客户服务，我们拿什么给员工发工资？因此，只有以客户的价值需求为准则，华为才可以持续存活。

2001 年 7 月，公司内刊《华为人》报上，有一篇文章题目为“为客户服务是华为存在的理由”，任正非在审稿时，将其改成“为客户服务是华为存在的唯一理由”，他认为：华为命中注定是为客户而存在的，除了客户，华为没有存在的任何理由，所以是唯一理由。

钱钟书说：“真理都是赤裸裸的。”华为的高管们则说：“不要把华为文化复杂化，不要把华为文化细节化。”“以客户为中心”本来就是商业活动的本质，你让客户满意了，公司才能生存，这样一个朴素的常识为什么坚持起来这么难呢？谁坚持下来了，谁就有可能成功。

曾经有西方公司指责华为破坏了通信产业的价值链。华为副董事长、轮值 CEO 胡厚崑的观点是：他们只看到某些设备价格下降，却忽视了基本的价值规律，就是当价格低到临界点时，就会发生客户需求的雪崩效应，市场需求会上千倍地被引爆和创造出来。华为的贡献一方面是让客户的采购成本降下来，另一方面是让价格变得合理化之后，全球数亿人口对信息产品的潜在需求被激发了出来，整个行业都可以从中受益。

事实上，正是华为的国际化扩张行为，华为“以客户为中心”的价值主张，某种程度上将人类的信息化进程，从宽度和纵深度两方面，提前了至少 20~30 年。

在华为做了 20 年管理顾问的黄卫伟教授举例：中国人民大学商学院的一批 EMBA（高级管理人员工商管理硕士）学员去英国兰开斯特大学交流访问，在考察了英国工业革命的辉煌历史后，再看今天的英国，受到很大震撼。学员们向英国教授提到华为，对方教授评价道：华为不过是走在世界上一些曾经辉煌过的公司走过的路上。这些公司在达到顶峰之前也是客户导向的，也是不停奋斗的，但达到顶峰后它们开始变得故步自封，听不进客户的意见了，于是就衰落了。

真理就这么简单和直白。华为反对短期的经济魔术。当爱立信、思科、摩托罗拉这些竞争对手都在以“财年、财季”的时点规划公司时，华为是在“以10年为单位规划未来”。华为副董事长、轮值CEO徐直军说，这正是华为能够追赶并超越对手的奥秘。如果思科不上市，爱立信不上市，一门心思盯着客户，华为怎会是它们的对手？

当然，上市的公司也不见得会忘掉未来、忘掉客户。苹果公司就是成功的例证。当乔布斯这位“商业巨星”陨落之际，全球媒体对乔布斯至高的评价是他的“创新精神”。然而，更贴切地说，乔布斯是一位伟大的市场倾听者和杰出的资源整合者。苹果公司的产品是“简约+美感”，而客户、消费者们最向往的生活不也是越简单越好，简单再加上艺术不是更好吗？

苹果公司的成功不是技术，不是产品，是乔布斯那永远贴近人性、贴近客户的敏感而偏执的灵魂。离开了乔布斯的苹果公司，还有谁，能如此愿意并持久地聚焦客户的需求，并且具有穿透客户心灵的力量和禀赋？库克掌舵的苹果时代其实面临着巨大的挑战。

“百年帝国”的衰落

变化大于变革的时代

20世纪90年代以来的人类商业历史，残酷得几近血腥。如果说，工业革命初期的原始积累过程，有太多的暴力性掠夺，乃至伴随着战争与动荡和赤裸裸的野蛮征伐，那么，进入全球化和信息化时期，商战的血腥味不但没有丝毫减少，反而变得更为激烈，更具规模，更加具有灾难性，可谓“惨烈”。用“大崩溃”一词来形容过去 20 多年的史诗般的全球商业战争，似乎一点也不过分。

以电信制造业界为例，沧海桑田，过山车式的颠覆与被颠覆的历程，让亲历者与旁观者无不感到惊心动魄。

曾经连续两年被《麻省理工学院科技评论》评为全球电信领域技术最强的企业——朗讯科技，1999 年 1 月市值高达 1 340 亿美元，股价一度飙升到创纪录的每股 84 美元，但在 2002 年 9 月一度跌到每股几十美分，沦为垃圾股，员工人数由鼎盛时期的 15.3 万人，减至 3.5 万人，从无限辉煌到濒临破产，最终在 2007 年与法国的阿尔卡特公司合并。合并后的阿尔卡特－朗讯的命运并没有好到哪里去，合并后连亏 5 年，累计亏损达 124 亿美元。彩虹乍现之后一切照旧，甚至更加黯然失色。持续亏损、收入萎缩、裁员、文化冲突，乃至财务丑闻等，使这家“巨型航母”变得格外臃肿而步履维艰。由盛到衰，快捷得如闪电一般。

摩托罗拉曾经是电信界公认的印钞机。这家创立于 1928 年的老牌公司，其标志性文化是“持续创新”，全球第一款原型产品的蜂窝电话系统是摩托罗拉研制的，第一款的商业版手机也出自摩托罗拉，摩托罗拉是当之无愧的手机鼻祖。然而，市场演变如戏剧般残酷。2001 年是摩托罗拉的巅峰时期，那时拥有员工人数近 15 万人，到 2003 年底已经裁到只剩 8.8 万人。那时的华为，只有 3 万多名员工，而今天的华为则有 18 万名员工。

一位亚太电信界权威人士如此评论：20 世纪 90 年代是人类通信史上的“新石器时代”，谁抓住了这 10 年，谁就引领了整个世界。“没那 10 年，摩托罗拉早倒闭了，这家公司不应存活那么长时间，那 10 年拯救了摩托罗拉等一批西方老牌公司，也缔造了华为，一家被西方人严重忽视的中国对手——很长时期，美国人眼里的竞争者只有欧洲和日本，中国公司从不在他们的视线之内……”

此消彼长，2011 年 8 月 15 日，谷歌宣布以 125 亿美元的价格，收购摩托罗拉移动公司。而几乎与此同时，华为 2012 年招收 28 000 名员工。2012 年与 2014 年，谷歌又再次将摩托罗拉移动公司核心专利以外的机顶盒和手机业务分别出售给 Arris（艾锐势）公司和联想集团。

摩托罗拉是否走到了历史的终结点？或许在一家东方公司的整合下重新“化蝶成蛹”？一切有待未来验证。

世界没有一处安全的地方。同是在 2006 年，芬兰的诺基亚与德国的西门子联合宣布将两家公司的电信设备业务合并；2007 年 4 月，“诺西”正式投入运营。几年过去了，这两个“老巨人”捆绑出的“恐龙级”通信企业，也面临着“1+1 小于 2”的命运，后来居上的中国企业——华为，已经超越“诺西”公司，而到 2013 年底，华为也已取代了“老贵族”爱立信的老大地位，与其并肩成为全球通信行业的领航者……

2015 年 4 月，诺基亚宣布计划以 156 亿欧元全面收购阿尔卡特－朗讯，分析人士表示，全球电信设备供应格局将呈现华为、诺基亚、爱立信三足鼎立局面。

各领风骚数十年？春花烂漫，瞬间迎来遍地黄叶。

一个变化快于变革的时代真正降临了。

资本意志，还是客户意志

许多分析家将朗讯科技由盛转衰的原因归结于2001年电信泡沫的破灭。也有学者将摩托罗拉的“夕阳西下”定义为“因傲慢自大导致决策失误”，故一而再、再而三地陷入危局，以致再无翻盘的机会。

这些分析固然有一定的道理，但并未触及根本，即企业的核心价值到底是围绕着客户而转，还是别的什么。

摩托罗拉的创始人保罗 · 高尔文（Paul Galvin）从来不把利润放在公司最重要的位置上，他认为创立公司的目的是出于比赚钱更崇高的目标；50多年后的1983年，他的儿子鲍勃 · 高尔文（Bob Galvin）面对日本公司半导体芯片的挑战时，强调重要的不是效率，而是对未来的把握，于是便有了全面面向客户需求的革命性产品——商用手机；鲍勃 · 高尔文认为企业成功的真谛在于：能有人一起工作向着统一的目标迈进；积极主动去服务于客户。这恰是摩托罗拉从优秀走向卓越的本质所在。

当摩托罗拉偏离或者背离这一基本法则的时候，从伟大滑向平庸就几乎是注定了的。

1991年，摩托罗拉决定对铱星计划实施投资，不到10年时间，2000年3月，铱星公司正式破产，摩托罗拉损失近50亿美元。铱星，曾经被捧为“创新型、革命性”的通信工具，由于用户稀少、话费昂贵而无法持续推进。这是摩托罗拉走向衰落的分水岭事件。摩托罗拉不仅“对客户需求反应迟钝”，而且走向了自我封闭的“象牙塔”。无视客户、拒绝常识、技术至上，是当今不少大小公司失败或衰亡的基本原因。

成立于1996年的朗讯科技更具有标本意义，出身于AT&T，身世显赫，从而备受投资者追捧。也正基于此，在资本意志的驱使下，功利主义色彩浓厚的朗讯科技采取了四面出击的战略，6年时间，历经了36次并购，企图以此尽快取得收入高速增长，以满足资本市场永无止境的贪婪期待，结果带来了“浮肿虚胖症”，以及管理文化的杂牌风格，这从根本上注定了朗讯科技溃败的结局。

朗讯科技执守于功利主义与理想主义的两极之间。一方面，要迎合并屈从于股市的晴雨表，拼命放大市场增长的步伐；另一方面，它还拥有美国国宝级的研究机构——贝尔实验室。早在20世纪初期，贝尔实验室就引领着全球的研发工作，自成立以来，共产生了12位诺贝尔奖获得者。

1997年，任正非在访问贝尔实验室时，曾经饱含热泪地说：“10多年前我听说贝尔实验室一天发明一项专利，现在每天平均三项，实在太了不起了！我对贝尔实验室的感情胜过爱情……”

但是，作为朗讯科技核心资产一部分的贝尔实验室，却遭遇到了资本文化与科研文化的严重冲突。以注重基础科研为传统的贝尔实验室，势必已经越来越实用化、市场化，越来越偏离“面向未来”的理想主义宗旨。

然而，不管是资本意志，还是“未来召唤”的人类使命感，都似乎离真正的商业使命——“以客户为中心”——远了点，所以，朗讯科技从伟大到“昙花一现”，似乎更符合商业的基本逻辑。

机会主义：盛有毒酒的金杯

冒险是企业家的特质之一。但冒险不等于赌博，赌博是一种智力游戏，靠的是聪明、直觉，还有运气。任正非说，人天生都有赌性，但我必须遏制自己，必须控制住自己的欲望，学会管理自己的欲望。到拉斯维加斯的赌场去玩，任正非宁可到处看看，也绝不会去尝试一把。他笑言："我怕陷进去……"

然而有个叫吴鹰的人却相反。不得不承认，吴鹰正如他的名字所包含的意义那样，目光敏锐犀利。正是这个人，在最佳的时间点，买断了日本已被淘汰的小灵通技术，并充分拿捏准了政府主导竞争的机会窗口，在中国通信市场，赢得了一场几乎完全不可能成功的博弈——UT 斯达康公司意外崛起。小灵通本质上是一种落后的通信技术，国际通信巨头包括华为集体不看好它的前景，但市场却有巨大的需求。在中国电信没有移动运营牌照的背景下，小灵通作为固定电话的一种延伸，可以同时提供固定和移动通信两种服务。UT 斯达康以"天生敢于冒险和投机"的风格抢得先机，2003 年曾一度在终端市场占据 70% 以上的份额，2005 年小灵通市场开始低迷时，它仍占据着小灵通 60% 的系统市场、50% 以上的终端市场。2003 年的销售额与华为相差无几。

一场豪赌，将 UT 斯达康推上了资本的盛宴。2004 年，UT 斯达康在纳斯达克成功上市，2004 年 4 月，入选《财富》全球 1 000 强企业，连续 17 个月，UT 斯达康的业绩都超过华尔街预期，一时风光无限，销售额增长超百倍，名列 2003 年 10 月出版的《商业 2.0》评选出的年度全球百名高速成长企业的首位。以蓄有大胡子的招牌形象示人的吴鹰，也一跃成为电信界达人。

但是，表面上的好形势把UT斯达康惯坏了，市场机会主义的背面就是机会不可能二度降临到同一家公司、同一个人身上，一切还得靠企业自身的强大。2007年6月1日，儿童节这一天，吴鹰从UT斯达康离职，这标志着这家始终“缺钙”的、“年龄”与“身高”极不相称的公司将要快速地沉陷……

“市场至上”不等于“客户至上”。企业不应只跟着潮流走，更不应一味地迎合市场的短暂机会。伟大如苹果、IBM这样的企业，它们坚持坚守“以客户为中心”的理念，不但满足客户眼前的需求，更是基于对客户潜在需求的深刻理解，从而为客户提供最好的产品和最好的服务。而市场运气，固然是亮灿灿的金杯，但有时装的是毒酒，它会使饮者变得短视、慵懒、投机、自大、神经麻痹，甚至肌肉萎缩……追求卓越与目标长远的公司向来是不能靠运气生存的。

正如西哲所言：运气的确存在，但无法被依赖。

逆风执炬，必有烧手之患

人类已经进入一个“恒星”加速灭绝，“流星”分外拥挤的时代。层出不穷的新技术革命、蜘蛛网似的全球化以及互联网，正在从根本上颠覆传统、颠覆历史，乃至带来全球性的组织危机：几千年来不同民族与文化所积淀的一整套的组织理论与组织实践，都似乎面对着崩溃性的“断崖效应”，商业组织更是首当其冲。

速成而后速朽，这是人们在过去30年所见到的普遍情形，从王安电脑公司到雅虎，到朗讯科技……从大红大紫到瞬间步入衰落；

而一些百年老店，面对急剧变动的“历史的坠落”，也纷纷由恒星化作流星，AT&T 就是最典型的例证。

AT&T 是全球电信界真正的华丽家族。由“电话之父”亚历山大 · 贝尔创立于 1877 年，拥有过贝尔实验室、加拿大北方电讯、朗讯科技等世界著名企业，诞生过信息论的发明者香农以及若干位诺贝尔奖、图灵奖、香农奖的获得者，20 世纪的两次反垄断不但未能终结它的繁华，相反使其更具竞争力。然而，正是在 21 世纪初的新技术风暴与资本风暴中，AT&T 家族无一幸免地全部走向沉没，如今的 AT&T 不过是一具华美的躯壳罢了。

似乎，没有多少电信企业能摆脱这一宿命：创新就是在消灭自己，不创新就会被他人消灭。

另一类宿命是：自动或被动地掉入资本的“屠宰场”。以华尔街为代表的金融资本是当今世界实体经济的屠夫，它们快速孵化了一批科技新宠，又快速宰杀了它，比如朗讯科技；而老牌帝国公司 AT&T 的被肢解（一分为三）、被利用和被抛弃，又是资本力量最冷酷与最凶猛本性的经典写照：资本与经理人的胜利大逃亡，或者是资本的独家胜利，留给企业自身的则是一片狼藉，甚至完全消亡。

全球化时代的资本崇拜与技术崇拜毁掉了很多伟大企业，也葬送掉无数卓越的企业家，王安电脑公司、摩托罗拉、朗讯科技、加拿大北方电讯、AT&T、雅虎……在这个“死亡榜单”或者“病危榜单”上，可以排出一长串的名字。摩托罗拉以及众多的上市公司，不过是金融资本“金手指”所操控的“牵线木偶”而已。

华为在过往的 30 年，有过若干次与资本联姻的机会，但任正非选择了回避。

可以肯定地说，华为能够存活30年，没有堕入“流星”的行列，重要因素之一就是远离资本力量的诱惑与控制。资本市场能够快速催肥一个企业和一批创业家，但也能够轻而易举地摧毁它和他们的“虚幻的成功”。正如佛典中所载：“爱欲于人，犹如逆风执炬，必有烧手之患。”

换句话说，华为能够发展壮大，根本在于华为领导层所怀有的清醒而坚定的价值观：不是技术，亦不是资本，唯有客户才是华为走向持续成功的根本。华为要培育亲客户的文化，而非亲资本的文化。

27年面壁：任正非论“以客户为中心”

1987—1994：活下去才有未来

穿行于武夷山的大峡谷之间，满目翠色，鸟语花香，空气甘甜得令人神醉。然而，在小径旁的千丈峭壁上，却常常看到令人无比震惊的场面：数千只数万只的蚂蚁秩序井然地忙碌不息——从崖脚下搬运泥沙到峭壁的某一石缝处，筑巢过冬或躲避即将到来的多雨季节。忙碌、奔波、来来回回、反反复复，一不小心就摔倒在地下，翻过身又一次投入到搬运的队列；而让人扼叹的是，一下子坠入溪水中的蚂蚁在瞬间就被冲卷得无影无踪。

这有些类似中国中小企业的写照。

中国有4 000多万家以民营为主体的中小企业，为国民经济贡献了 60% 的 GDP（国内生产总值）、80% 的就业岗位和 50% 的税收总额。但有统计表明，中国企业的平均寿命不到 2.9 年，每年倒闭 100 万家以上。2010 年中国中小企业平均寿命 3.7 岁，欧洲和日本为 12.5 岁，美国为 8.2 岁。改革开放 30 余年来，曾作为 MBA（工商管理硕士）教学案例的中国优秀企业 80% 已经倒下了。也就是说，不断有冒险赴死的人走向“玻璃门”，撞得头破血流，或陷入“弹簧门”，被弹进死亡谷。注册、注销，扔进去的是创业资金，带出来的是一身创痕和“一地鸡毛”。

活下去真难啊！华为董事长孙亚芳如此慨叹。而创业的初期阶段尤其艰难。华为一位高管认为，华为的成功应该是机遇大于其素质与本领。

早期的华为是一家贸易公司，“十几个人，七八条枪”，既无产品，又无资本，硬是在外企国企的铁壁合围中杀出了一条血路。当时，在华为最响亮的口号是“胜则举杯相庆，败则拼死相救”。这时候，活下来就是胜利，虽然这胜利是空虚的：任正非并不甘于只做一个为赚钱而奔波的商人。但现实却是异常残酷的：必须先赚钱，先壮大自身。

华为人明白，为理想而痛苦并不可怕，可怕的是看它终成笑谈。创业伊始，当任正非以“世界级企业”的旗帜去召唤部属时，我们宁可相信这是他内心最真实的追求，但我们不见得清楚，他自己却绝对清醒，这几乎是绝对不可能达成的使命。正因此，华为必须先活下来，活下来才有未来。可以说，自华为成立之日起，任正非就变成了一个怕死的人，华为就成了一个怕死的公司，“活下来”成为华为最低也是最高的战略目标，“实用主义”成为本能性的唯一选择。

检索1994年以前的华为全部文献和任正非的讲话，看到更多的是“狼狈精神”“呼唤英雄”“不要脸才能进步”（不要脸，指的是放下架子，去挨客户的指责，亦指具有自我批判精神）等带有浓重的原始积累时期特色的词汇，“以客户为中心”的字眼少之又少，系统的论述更不多见。

这个阶段，华为还处于“蚂蚁期”，与数万家中小民营企业一样，在市场的底层苦苦挣扎。这一时期的华为是“蚁群”中的“搬运工”——一家倒买倒卖的贸易公司，大致只能定性为：有理想，无价值观——理想是缥缈的，价值观无从确立，因为活下来尚且不易呢！

“客户在，华为的魂就永远在”

走出混沌，始于1994年。历时7年的“摸着石头过河”，尤其是白手起家基础上的“背水博弈”，使得华为开始有了一些“肌肉”。这一年的10月，华为第一台C&C08万门程控交换机在江苏邳州开局成功，这标志着华为真正终结了“无产品”“无技术”的贸易时代，有条件进入新的发展阶段。

在当年6月的《胜利祝酒词》中，任正非讲道：

> 在当前产品良莠不齐的情况下，我们承受了较大的价格压力，但我们真诚为客户服务的心一定会感动上帝，一定会让上帝理解物有所值，逐步地缓解我们的困难。我们一定能生存下去……
>
> 华为是一个功利集团，我们一切都是围绕商业利益的。因

此，我们的文化叫企业文化，而不是其他文化或政治。因此，华为文化的特征就是服务文化，因为只有服务才能换来商业利益。服务的含义是很广的，不仅仅指售后服务，从产品的研究、生产到产品生命终结的优化升级……因此，我们要以服务来定队伍建设的宗旨。有一天我们不用服务了，就是要关门、破产了。因此，服务贯穿于我们公司及个人生命的始终。(1997)

相当长的一个时期，华为在客户眼中的形象是：低价格、次产品、优质的服务。国内某运营商的老板至今还记忆深刻：早年，华为的交换机大多在县级邮电部门使用，产品稳定性差，经常出问题。但华为的跟进服务做得好，24 小时随叫随到，而且邮电部门的职工做主人做惯了，动不动就把华为的员工包括任正非训斥一顿，他们不但没有任何的辩驳，而且总是诚恳检讨，马上改正。与西方公司的习惯把责任推给客户、反应迟钝相比，华为让人印象深刻：你怎么能拒绝把客户真正当作“上帝”的人呢？要知道，20 世纪 90 年代前后，“服务”的概念在中国尚属稀缺产品，华为却把它做到了极致。

然而，这仍然是贸易时代的单向度思维，其中既有更多的无奈成分，也有认知上的局限。直到 1997 年，华为才正式提出“面向客户是基础，面向未来是方向”的观点。任正非说：“如果不面向客户，我们就没有存在的基础；如果不面向未来，我们就没有牵引，就会沉淀、落后……”

自此以后，无论个别措辞上有什么变化，但“以客户为中心”的鲜明思想一直贯穿在华为发展的每个阶段和每一个环节：

华为的魂是客户，只要客户在，华为的魂就永远在，谁来

领导都一样。如果公司寄托在一个人的管理上，这个公司是非常危险，非常脆弱的。(2002)

我们强调，要坚持客户需求导向。这个客户需求导向，是指理性的、没有歧变、没有压力的导向，代表着市场的真理。有压力、有歧变、有政策行为导致的需求，就不是真正的需求。我们一定要区分真正的需求和机会主义的需求……我们要永远抱着理性的客户需求导向不动摇，不排除在不同时间内采用不同的策略。(2003)

在“以客户为中心”的理念基础上，华为领导层的认识又深化了一步，即“理性的、没有歧变、没有压力的”，“代表着市场的真理”的“客户需求导向”。在这一认识的支配下，华为基本放弃小灵通方面的投入，这在公司内部也曾引起过激烈的争论，要知道，只要投入 2 000 万元的资金，30 位左右的技术骨干，最多半年时间就可以研发出产品，为公司形成上百亿的年销售收入……但任正非顶住内外压力，坚持聚焦投入 WCDMA（宽带码分多址）的研发……眼睁睁看着 UT 斯达康和国内其他公司快速崛起，华为又在 2002 年首次出现负增长，“红旗到底还能打多久”的质疑声在部分员工中不断扩散，但任正非的态度异常坚定：华为不会放弃任何的商业机会，但我们是一家有理想的公司。

2014 年，任正非在和华为上海研究所的专家们座谈时还专门讲了当年放弃“小灵通”所带来的巨大压力：“我当年精神抑郁，就是为了一个小灵通，为了一个 TD，我痛苦了 8~10 年……我并不怕来自外部的压力，而是怕来自内部的压力。我不让做，会不会使公司就走向错误，崩溃了？做了，是否会损害我们争夺战略高地的资源？内心是恐惧的……”

“以客户为中心”是一个总概念，但对华为来说是有具体内涵的，不仅是满足客户眼前的合理需求，更应从长远角度建立客户的最终满意度。2014 年，俄罗斯面临新的经济危机，有人提出希望华为可以通过降低产品质量而达到降低产品成本的目的。此诉求被华为轮值 CEO 郭平否决了，因为在郭平看来，这是不符合华为“以客户为中心”的本质含义的，“我们不能简单地取悦客户，而应该从客户的立场出发，坚持产品质量和创新的底线，为客户的最终满意度负责”，这才是可持续的发展模式。

2005 年之后，华为与全球几百家客户之间的关系已不是简单的甲乙方关系了，已经上升到互为依存、互相促进的战略伙伴关系，这对华为来说是一个根本性的转变和提升。恰恰在这种新型关系中，企业往往会迷失自我，模糊常识，在“以客户为中心”的追求方面出现动作变形，或价值观的扭曲。西方一些企业就是在这个阶段步入发展下行道的。华为的决策层也正是在目睹一座座山峰倒下去的惊心动魄中，更加认识到常识与真理的颠扑不破。因此，在 2006—2010 年这一时期，华为以极高的频率大讲特讲“以客户为中心”，并通过多层次的培训活动进行系统强化。

2010 年的一次 EMT（执行管理团队）会议纪要明确提出：

> 公司长远的战略方针，是要通过不断地提高产品和服务质量、提高交付能力，来提高公司的市场竞争力，并解决我司和西方对手的平衡问题。没有提高服务质量，仅仅依靠压低价格，

结果实际上也没有拉开与战略竞争对手的差距，还过度挤压了西方厂商的生存空间。

这是华为在与客户形成战略合作伙伴关系之后，对“以客户为中心”的价值追求的新的理解，也从而调整了华为与竞争对手的战略竞争方式，进一步拓宽了华为的全球扩张空间。

2010年，“以客户为中心，以奋斗者为本，长期坚持艰苦奋斗”，被正式确定为华为的核心价值观。

“错位的赢家”与华为的创新观

“他们怎么能打败我们？”——在一些西方人用错愕的语气对华为等中国企业发出惊叹时，大卫·沃尔夫（David Wolf），一位来自美国的咨询专家兼产业分析师给出了答案，在他的《建立连接——中国电信巨人的和平崛起》的研究报告中，他对他的西方同胞们给出的警示是：“电信业是中国第一个能走出世界、挑战国际巨头的行业。不仅如此，我们还要养成习惯，如果将中国的所有行业和企业看成一群乌合之众，并戴着有色眼镜来看它们，只会令我们丧失与其合作、从中学习以及利用这些企业走向繁荣的机会，而且会在中国和西方国家间筑起一道褊狭的围墙，这是全世界都不愿意见到的……”

大卫敏锐地指出：“在新中国成立后存在着两大潜伏的重要因素：机遇和企业家。”这正是本书在“引子”部分所着重阐述的命题：正是改革开放的历史性机遇和任正非、柳传志这样一些拥有冒险精神、战略远见及使命感的企业家的“天时、地利与人和”，才构建了华为、联想集团等一批中国的国际化企业。

在占有大量资讯的背景上，大卫的另一个结论是：在与美、欧、日等电信巨头的竞争中，“最后的赢家”几乎震惊了所有人，政府寄望成为行业领袖的企业无一例外衰落了，华为这样的“少数顽强、机灵、独立的本土赢家在竞争中生存了下来……”。

针对中外媒体对“中国缺乏创新”的大篇幅批评，大卫的观点别开生面，他甚至将中国称为“创新的国度”，将深圳定义为“中国特色的硅谷”。大卫指出：中国电信设备公司追求一种我们可以称之为“以客户为中心”的创新。这种追求引领着它们在创新之路上越走越远……真正的突破表现在当客户说：“你们能不能……”他们得到的答案不是“能”或者“不能”，而是“项目就交给我们吧”……

分布式基站的故事是华为研发的传奇。华为在 3G（第三代移动通信技术）研发方面持续投入了 60 亿元人民币，但由于中国迟迟不发 3G 牌照，华为的 3G 业务在三年左右时间几近颗粒无收，任正非每次见到无线产品的负责人就在问：你们什么时候能够将公司的 60 亿拿回来……要知道，2003 年前后，全球仅有欧洲、美国、日本、中国香港、沙特等少数发达国家（地区）的运营商在建设 3G 网络。

华为无线产品敲开欧洲市场的铁幕是从分布式基站开始的，在此之前，欧洲客户对来自中国的面孔具有习惯性的不信任。在投标荷兰一家小运营商 Telfort 时，对方直言不讳地说：你们就是价格低，我为什么要你的？你不能保证我成功……华为主管无线行销的负责人很是苦恼，我的价格比别人低 20%~30%，别人还拒绝，那么客户的“痛点”是什么呢？在和客户几次交流后，客户反映主要是室内覆盖难做。这位负责人说“交给我们解决吧”，然后画了几幅草图给对方看。对方说：“你们能做出来我们就买……”

在客户需求的牵引下，华为无线研发部门组织一批技术骨干，加班加点地进行开发，终于在不到半年时间实现了产品突破，从而也实现了华为3G产品在欧洲市场的零突破。

分布式基站被业界称作“架构型的颠覆性创新产品”，与之并列的“颠覆性创新”是SingleRAN解决方案，通过复杂的数学算法，实现单一基站将2G（第二代移动通信技术）、3G、4G（第四代移动通信技术）以及未来所有制式融合在一起，大大降低了运营商的投入成本，从而成为业界的标杆，也从本质层面提升了华为的全球竞争力。

主管研发体系的常务董事丁耘说，SingleRAN是产业革命性的创新，但我们不会“为创新而创新”，SingleRAN的原创需求就是来自沃达丰的。华为投入全球最大的力量（8万多研发人员）进行创新，但华为创新的理念是：一切围绕着客户的显性与隐性需求。

李英涛，原华为瑞典研究所第一任所长，现华为董事兼2012实验室负责人，他在与笔者4个多小时的交流中，反复强调：“一个公司成功的基因是其背后选择的逻辑，华为选择了以客户需求为导向，而凡是符合客户需求的创新都是有根基的。因此，围绕客户显性及隐性需求，创新成功的概率就要大得多。”

2001年IT（信息技术）泡沫崩溃时期，华为现任董事张平安看准时机，积极出手，主持收购和整合了美国硅谷一家光传输公司。对方前后投了1.4亿美元，华为仅花了420万美元买了下来。这背后的选择逻辑是，竞争对手们认为光传输技术相对需求来说已经过度发展，不值得再投资。但华为则敏锐地洞悉到这家公司的技术不仅适合长距离传送，而且适合不同国家不同光纤的大容量传送，未来还可以向 40Gbit/s、100Gbit/s 更高速率发展，对客户网络建设有巨大意义。

微波是一个 50 年没有发展的成熟产业，2008 年华为在业界第一个引入 IP 微波的概念，从而挑起了这个行业的一场“军备竞赛”。传统微波的空口传送速率是 2Mbit/s~8Mbit/s，华为使之达到 1.6Gbit/s~2.5Gbit/s 的速度……背后的逻辑仍然是：客户需求。客户建了基站后需要把数据以最快速度传回，还要解决固网能方便配置的问题。但客户的这两大诉求长期被忽视，直到华为将 IP 技术（有关无连接分组通信协议的技术）与微波加以结合，将整个产业颠覆了，又解决了客户的“痛点”，华为也自然占据了市场第一的位置。华为在光传输、核心网、固定接入产品上的全球“市场第一”，无线产品的全球第二的背后，无不遵循着相同的轨迹：强烈的客户需求导向。

海缆公司总裁毛生江 1991 年加入华为，曾经主导过 C&C08–2000 程控交换机的研发，他的感受是：公司从早期开始，技术上就很少走弯路，主要是我们与客户贴得很近——全世界在通信行业，没有哪家公司与客户贴得这么近的，加之我们又有强烈的面向客户成功的导向，因此，我们总能通过创新获得产品上的突破……尤其最近这几年，我都对华为感到陌生了，华为在产品研发上的爆发力有点热刀切牛油的感觉，想做什么就能成功什么，比如 IP 微波和 SingleRAN……

大卫指出：“华为在深圳，这个引入自由竞争的‘大熔炉’里，炒热了中国式的创新基因，一种有别于西方媒体眼中的中国效仿式创新。”

拒绝煽情，拒绝喧闹与华丽

2002年，《IT经理世界》杂志发表了一篇文章：《土狼向狮子的演进》。在这篇文章中，作者将通信制造企业分为三种类型：狮子——西方企业，以技术、产品、资本、管理的综合优势为特征，具有庞然大物的优越感；豹子——中外合资企业；土狼——以华为为代表的本土企业，缺乏技术，产品差，但在市场上极具进攻性，并且正在以“适者生存”的非常规战术对狮群和豹群构成强大的威胁。

这是10多年前关于华为报道和研究的一篇较具洞察力的文章。但华为领导层对“土狼”的定义还是不认同的，甚至有些反感。

华为拒绝煽情。一位高管说：“我们公司过去的成功是因为我们没有关注自己，而是长期关注客户利益的最大化，关注运营商利益的最大化，千方百计地做到这一点……”哪里有什么正面的、侧翼的、偷袭的、不择手段地盯着对手的进攻与厮杀？

“华为聚焦的是客户，而不主要是对手。”所以，华为的文化是安静的、朴实的、短音节的、单色调的，没有一点多余和含混，以及喧闹和华丽。

当“狮子”和“豹子”们在资源诅咒的宿命中循环踏步时，华为这匹“土狼”也终于演进成了“狮子”。靠的是什么？任正非指出：“做任何事，都要因时因地而改变，不能教条，关键是满足客户需求。”“我们一定要做商人。科学家可以什么都不管，一辈子只研究蜘蛛腿的一根毛。对科学家来说，这是可以的。但是对我们呢？我们只研究蜘蛛腿，谁给我们饭吃？因此，不能光研究蜘蛛腿，要研究客户需求……”

这番话讲于 2002 年，其时，“狮子”朗讯科技快要倒下了，“巨狮”摩托罗拉也病恹恹的……

朗讯科技最核心的资源——贝尔实验室，正是以研究“蜘蛛腿”“蝴蝶翅膀”“马尾巴的功能”等这些基础课题见长的，它既是朗讯科技的成长助推器，也是朗讯科技的包袱；摩托罗拉以巨资投入铱星系统研发，结果尖端技术成为它走向衰败的滑铁卢……这两家公司以及众多的“巨狮”都患上了资本和技术的“富营养病”，所以到头来都被优势资源所拖累、所诅咒。

华为是在资源极度匮乏的饥饿状态下长大的，所以它只能有一种单向度的追求：“以客户需求为导向，产品好，运作成本低，服务好。”但当华为也成长为“狮子”——位居全球第一俱乐部成员，拥有了相对充裕的资源——资本、技术、人才以及管理时，华为的领导层不但没有忘掉“以客户为中心”这个常识，而且对它的内涵又有了进一步的拓展。

2009 年，任正非在游览四川都江堰时，从李冰父子治水的故事中得到启示，写了一篇《深淘滩，低作堰》的文章，第一次明确提出：“将来的竞争就是一条产业链与一条产业链的竞争。从上游到下游的产业链的整体强健，就是华为生存之本。”

2009—2010 年，任正非又在不同的讲话和文章中具体指出：深淘滩就是多挖掘一些内部潜力，确保增强核心竞争力的投入，确保对未来的投入，即使在金融危机时期也不动摇。2001—2016 年，华为在研发方面的投入为 3 700 多亿元人民币，仅 2013 年的研发费用就达到 320 亿元人民币，占当年销售额的 12.89%。2014 年投入 408 亿元人民币，占当年销售额的 14.2%。2015 年投入 596 亿元人民币，占当年销售额的 15.1%。2016 年投入 606 亿元人民币，占当年销售额的 14.6%。低作堰就是不要因短期目标而牺牲长期目标，多一些付出，多为客户创造长期价值。

“我们还是深淘滩、低作堰，就是我们不想赚很多的钱，但我们也不能老是亏钱。低作堰嘛，我们有薄薄的利润，多余的水留给客户与供应链。这样我就能保存生存能力，你只要活到最后，你一定是最厉害的，因为你每次合作的时候都要跟强手竞争，活下来的都是蛟龙……”

很显然，这一系列的观点，代表着华为“以客户为中心”的核心价值观的重大延伸：华为赋予了自身更大的行业使命感——“开放、合作、自我批评，做容千万家的天下英雄”。

百年老店，千年庙堂

超物质力量：宗教与价值观传承

新浪微博上有一篇广为流传的短文：《世界上最伟大的商业模式》，文章指出，世界上最伟大的商业模式的创造者不是乔布斯，而是佛祖释迦牟尼。寺庙是成功的连锁行业，不卖产品，却拥有最多的忠实客户，这背后，就是被广为认可的价值观。佛教寺院在全球是最大的旅游地产，拥有统一视觉标志、管理模式、文化模式。不用广告，不用缴税，消费者自动上门。

另一篇内容相似的短文《寺庙是超苹果式商业地产》，指出寺庙成功的因素包括：(1) 主题突出，具有普世价值和权威性；(2) 信徒众多，从乞丐至富豪和政府官员，且发自内心；(3) 赢利模式独特，没有硬性消费门槛，却利润丰厚；(4) 资源占有量小，远离尘世，信徒趋之若鹜；(5) 全国连锁，政府支持，无须纳税。

虽然有些不恭和亵渎的意味，但却道出了一番真谛：为什么宗教具有永恒的传播力？无论是基督教、伊斯兰教、佛教，都能够历时几千年，穿越不同的时代和民族、不同阶层和个人而经久不衰？

答案在哪里？古希腊哲学家柏拉图说：这个世界最真实的存在是什么？是精神。宗教的伟大与永恒就在于，它是完全根植于人类精神世界之上的超物质力量，直指人心，点化人性，牵引和规范人的道德与行为；更重要的还在于，它以最智慧的方式回答和解释了人类终极的困惑：我是谁？我从哪里来？我到哪里去？

由此，宗教引申出了“救赎”“普度”的概念，使人不仅明了个体存在的意义，同时又有了精神的依托，也就是说，既指出了河流的走向，又为你准备了渡河的舟船。

佛教里的因果学说，具有强烈的激励和惩罚的意味：今生行善，现世得福，来世上天堂；今生作恶，现世遭报应，来世下地狱。

宗教的祷告、诵经、烧香上供、打坐等仪规，以及宏伟庄严的建筑、舒缓悠扬的音乐等，都在很大程度上以物质的形态沉淀、展现并传递着自身的价值观。

宗教会衰落吗？依佛祖释迦牟尼的观点，万物有生必有死。宗教亦同理。但是，宗教超越人类任何组织的最伟大的地方，还在于它适应任何时空变化的能力，在延续核心价值观不变的基础上，总是能通过自身的变革找到新的通达人心的道路。

相比起来，任何的行政组织、商业组织、党派，都大为逊色了。

常识推到极致就是宗教

可以说，历史上那些杰出的商业领袖几乎都有些“教主”的风格，他们也都从骨子里对宗教组织的完美性表现出自觉或本能的膜拜。伟大如乔布斯，不仅是一介商人、一位艺术家、一个独裁者，更像是一位穿着黑色高领滑雪衫的“黑袍牧师”，一位偏执地追求极端美感的“教父”。是的，在他活着的最后几年，以及他死后，他拥有数十亿的狂热信徒，他们也称他为“教父”“帮主”。美国《时代周刊》评论乔布斯是“我们年代最出色的实业家，是必然会被铭记至少一个世纪的人”“远高于与他同时代的其他任何人之上”。

乔布斯伟大在哪里？《福布斯》杂志的评论最为精到：

> 乔布斯知道你想要什么，但他最大的成就却是：他知道 21 世纪的人们需要倾听，以一种友好的声音向我们确认这样一个信息——虽然机器不负责，但我们负责。早期的乔布斯迷恋于创新、精致，晚期的他更希望用户有宾至如归的感觉。干净、明亮、有序的苹果商店，是乔布斯最持久的遗产。苹果商店像是胶水，以一种温和、精确并耐心的方式将技术和消费者连接在一起。

这才是乔布斯最本质的精神：以消费者为全部思考的原点和终点。

乔布斯正是把对客户的潜在需求关注到了极致，并开发到极致的天才商人（人性本能之一是懒惰，而懒惰是科技进步的原动力。乔布斯基于对人性懒惰本性的深刻洞悉，以整合思维、系统思维带来了巨大的颠覆性创新，从而带来了人类消费形态的革命性变化，也进而终结了日本电子消费产业的大半江山……）。乔布斯天生有一颗敏感的心灵，故而他深悉真理就在常识之中，而把常识推到极致就是宗教。很显然，让普通的消费者转变为产品的痴迷者，进而成为产品发明者的忠实信徒，这中间的道理就如同上帝创造了人，并关爱人，人才会至死不渝地追随上帝。

让一切企业家终生疑惑的问题是：为什么真正的宗教之树永远长青，而企业之花却总是很快地凋零，"百年老店"已是一生的追求？如比尔 · 盖茨创立的微软公司，曾经如日中天，不到 50 年，就已显现出"落日帝国"的颓衰之象（在经历达 5 年的变革与衰变的"破坏性实验"之后，有迹象表明，微软又在重新崛起。这表明，组织的再生能力、重构能力是强大的）。那么，乔布斯创立的苹果公司，在乔布斯去世后，还能持续成长多少年？

云南，丽江，文峰禅寺。一个阳光明丽的正午，笔者与东宝 · 仲巴活佛的俗家弟子田亮交流。田亮，三十出头，大学毕业后，在湖南卫视做过编导，也是滑翔伞爱好者和登山运动员，因此故，与万科董事长王石等企业家有过不太熟悉的交往。一年前，田亮辞去所有俗务，追随仲巴活佛到了丽江，做一位临时的出家僧人。田亮既问又答地说："公司的企业文化是不是有点像宗教？你要激发每个员工的工作积极性，光给钱不行，还必须建立信仰，确立价值观，让别人心甘情愿地努力。对客户也一样，员工就像寺庙里的大小和尚，客户就像烧香拜佛的信众，你让客户买你的产品，你就得关注客户的需要……”

他用的是苹果手机。依他的博学，他一定知悉乔布斯其人和他的故事。

丽江飞往北京的航班上，第一排，我与仲巴活佛比邻而坐。空中简餐后，好几位乘客伫立在卫生间外等候如厕。活佛对我言道：“这就是万物皆变的道理。中午的美味佳肴，几小时后化作粪便，臭不可闻。时也，势也，时易势也易。此时贵不可言，处于上位，彼时又是败局，位移带来势衰。人要想长久得福，就得不断加持才对……”

人如此，组织亦如此。

万般神通皆是术

的确，世间的万事万物都无法拒绝变化。江山永固是梦想。对企业家来说，能做到百年老店已是极大的奢望。于是，为了这份期待，企业领袖和管理学家们终生孜孜不倦地研究和实践，什么“产品周期说”、商业模式、战略管理、绩效考核、团队建设、管理创新与技术创新等。然而，万般神通皆是术，皆有用，但“道”才是根本。

何谓企业之道？以客户为中心。这是颠扑不破的常识。所有的宗教之所以长盛不衰，都是基于对人类常识的理解。乔布斯的简约主义与唯美主义就是追随常识的典范。

任正非说：“我们永远要以宗教般的虔诚对待我们的客户……”

“为客户服务是华为存在的唯一理由，这要发自几万员工的内心，落实在行动上，而不是一句口号。”“华为公司只有一个鲜明的价值主张，那就是为客户服务……”

任正非是冒险家，没错。性格中缺乏冒险基因的人是做不了企业家的，企业家就是那种漂浮在茫茫大海上的撑船的舵手、旷野中的骑士。但总体上，任正非不是那种走极端的人。然而，在公司的价值观方面，他的坚持与坚守近于偏执狂——“只有偏执狂才能成功”，这句话用在评价他的这一点上，再恰当不过。他不是基督徒，也不是佛教徒，但在面向客户这方面，他用了“宗教般的虔诚”这样的话；他无数次地用“唯一”“只能”这样的话反复定义华为的价值主张：以客户为中心。

当今时代流行“拜资本教”与“拜技术教”，华为则信奉“拜上帝教”，这个上帝既非耶稣，又非释迦牟尼，而是客户——全球700多家电信企业以及全球60亿以上人口的消费者。

华为从小到大，到今天有18万以中高级知识分子为主体的员工队伍。进入华为前，每个人都带着不同的个性，拥有不同的梦想，有一种青春年少的诗意浪漫，或理性的人生主张。但到了华为这座商业殿堂，他们便不断地被“洗脑”，经过一次次的关于价值观的培训，以及价值观导向基础上的职业化实践，他们几乎全部被成功改造：华为这个肌体的每一个细胞都“客户化”了。人、组织链条、业务流程、研发、产品、文化，都被注入了生命——面向客户生，否则便死。在这里真实代替幻想，执行超越创造，绩效高于过程，没有什么东西、什么人能够摆脱一个烙印：客户需求导向。

常识推到极致就是宗教。这句话用在苹果公司，用在华为身上是恰如其分的。30 年来，华为从未动摇过一贯的价值观。当华为成为一家世界级公司时，公司领导层仍然居安思危：

为更好地服务客户，我们把指挥所建到听得到炮声的地方，把计划预算核算权力、销售决策权力授予一线，让听得见炮声的人来决策。打不打仗，后方决定；怎么打仗，前方说了算。由前方指挥后方，而不是后方指挥前方。机关是支持、服务和监管的中心，而不是中央管控中心。

谁来呼唤炮火，应该让听得见炮声的人来决策……

我们系统部的铁三角，其目的就是发现机会，咬住机会，将作战规划前移，呼唤与组织力量，实现目标的完成。系统部里的三角关系，并不是一个三权分立的制约体系，而是紧紧抱在一起生死与共，聚焦客户需求的共同作战单元。它们的目的只有一个，满足客户要求，成就客户的理想……

| 第二章 |

常识·真理：以奋斗者为本

小推车推出的世界 500 强

华为的第一桶金来自哪里

郭平第一次见到任正非是在 1988 年，那时他还在华中理工大学读研究生。任正非一个人扛着一台 40 门的程控交换机，坐上千公里的火车从深圳到武汉，拜见郭平的导师。这位导师是当时国内极少数研究程控交换机的专家，中国的“大容量程控交换机之父”邬江兴也曾拜师在他的门下。

那时的华为，是一家倒买倒卖交换机设备的“二道贩子”公司，从香港鸿年公司和珠海通信公司买来交换机，再卖给国内县级邮电局和乡镇、矿山等。当时中国有数百家这样的“皮包公司”，有极高的毛利，过着很舒适的“先富起来的少数人”的日子，老板们大都“早上皮包水（喝早茶），晚上水包皮（泡澡堂）”……

华为的“第一桶金”来自哪里？转手买卖和赊账式的交易模式——先提货，卖完后再付款，持续两年，相当于香港鸿年公司给了华为一个多亿元人民币的无息贷款。只是供应商总是“掐脖子”断货——许多早年加入华为的人都有一个深刻印象，每当有人在办公楼下喊：“来货了！”从任正非到所有人，全都欢呼一片，冲到楼下，从大卡车上卸货——“像过年似的……”有人回忆道。与此同时，如果不是任正非的梦想和一群人的“野心”，华为也许会被湮灭在历史的风尘中……

命运是不可捉摸的，但当你在旋转它的时候，就有了某种或然性的选择。副团级技术军官的任正非曾经在基建工程兵部队服役，有过两项填补空白的技术发明，假使没有女儿孟晚舟当时的抱怨，他可能成为四川一座大山深处的科学家；假使不是转业到深圳——这个“文化沙漠”之地，他更大的人生概率不会是个“商人”——骨子里他是有技术情结的，用他自己后来的话说：“市场我把握不了，我总得找到靠自身能力能把握的东西，这就是做研发，做出自己的产品。”——最早华为注册的经营范围是“气体悬浮仪”的开发，那是任正非自己发明的。

任正非后来选择了通信产业，事实证明，这块“石头”摸对了，它使华为走在了主航道上。然而，这也是一条坎坷之道。

历史是一个完整的故事，无论你从什么视角观察和研究华为，它向你呈现出的总是人类普适的逻辑：正是血肉之躯的群体的奋斗、创造以及对苦难的忍耐力、凝聚力等，才造就了华为的卓越，而非某种天赐的幸运或者某些宏大、神秘的外部因素。

当与任正非同时代做“皮包公司”的一批早期的“个体户”，在

20 世纪 90 年代初，开着当时最豪华的日本进口车“皇冠”“蓝鸟”满世界炫富时，华为开始“从喜马拉雅山的北坡登山”（柳传志对任正非的评价）……

奋斗者才能生存。世间管理比较复杂困难的是工业，而工业中最难管理的是电子工业。电子工业有别于传统产业的发展规律，它技术更替、产业变化迅速，同时，没有太多可以制约它的自然因素。例如汽车产业的发展，受钢铁、石油资源以及道路建设的制约，而用于电子工业的生产原料是取之不尽的河沙、软件代码、数学逻辑。正是这一规律，使得信息产业的竞争要比传统产业更激烈，淘汰更无情，后退就意味着消亡……

1991 年，华为破釜沉舟，决定集中全部资金和人力，开发和生产华为品牌的新型用户程控交换机。50 多位研发人员，工作和吃住在一幢租下来的工业大厦的三层，同一层楼分隔为四个工段，库房、厨房也在同一层，十几张床挨着墙边一溜排开，床不够，在泡沫板上加床垫代替。所有员工，包括公司领导，通宵达旦地工作，累了就趴在桌上，或在地上找张泡沫板、纸板，席地而卧，睡一下，醒来接着干。有位工程师，累得连眼角膜都掉了，不得不住院手术，才保住了视力。

这年的 12 月底，设备测试成功，华为终于有了自己的产品。当时华为的账面上已没有什么资金了，再发不出货，公司就要破产了。

这是一次背水一战的胜利。华为的创业者也从中深刻体悟到一个真理：要生存和发展，没有灵丹妙药，只能用在别人看来很土、很傻的办法，就是艰苦奋斗。

华为历史上有过无数次的危机，用公司一位高管的说法，叫作

"九九八十一难"，但总能奇迹般地活下来。

"小毛驴拉出来的500强"

2014年，华为在《财富》世界500强企业中排名第285位，华为主管项目交付的负责人王海瞰的评价是：这是小板车推出来的500强，小毛驴拉出来的500强！

华为是全球最大的通信工程总承包商、总集成商，"TK"（交钥匙）工程这一市场运作模式是华为战胜竞争对手的一大利器。

何谓"TK"工程？即客户只负责投资和频率资源获取，华为负责从网络规划、地形勘察、站点获取、管道铺设、设备运输、联网调试一直到全网开通等一揽子工程，直到最终客户验收通过为止。今天华为与全球170多个国家和地区的近500家运营商有业务合作，许多项目是通过TK方式实现的。

TK工程的背后是什么？汗水、泪水、鲜血，甚至生命危险，以及不计其数无法想象的艰难困苦。以站点获取为例，在非洲、东南亚、南美洲的许多偏僻乡镇，华为员工要和当地的部落酋长、地方割据势力、非政府武装民兵、"村霸"等交涉谈判，在埃及和以色列的结合部西奈半岛与当地军方首脑谈判，在城市的繁华区域与不同的利益群体进行沟通，比如埃及的苏伊士运河的站点获取，客户明确说他们自己无法搞定，要求华为想办法解决……

几十吨重的一座座铁塔部件，从中国国内空运、航运到几千上万公里外的地方，卡车转运到某处后，前方几百公里没有公路，不是沟沟坎坎的泥泞地、山涧陡坡，就是茫茫无际的大沙漠……这时候只能雇用当地村民，用小推车、毛驴车等最原始的交通工具，一步步地，经过 10 多个小时甚至几天的时间将设备运送到站点，华为的工程师（常常是一两个人）一路跟随……到了站点后又开始安装，有时设备不配套，还得现场想办法……花 10 多个小时甚至更长时间（当地缺乏大型吊车等设备，基本上是人工操作）安装完成后，还得雇人看守，以防供电设备被盗……

在大多数的蛮荒落后地区，一个基站铁塔从运输到安装完毕，平均在 3 天以上时间，有的甚至长达十几天，华为人正是以这样的步伐，丈量了全球一半以上的土地，从南到北，从东到西，从南极到北极，从喜马拉雅山到撒哈拉大沙漠……

在面对客户时，华为文化中很少说“No”，从来都是“Yes！Yes……”市场一线传导给研发、交付、供应链、服务体系的常常是一大堆“不可能实现的合同”，这一方面造成了部分客户的抱怨和投诉，但更多情形下，倒逼出了无数的奇迹。一位从西方公司辞职到华为的高管感慨：华为在很长时间里管理很乱，部门之间、部门内部到处打乱仗，看不出章法，但它有西方公司所缺乏的精神，只要有人对客户拍了胸脯，就会有一堆不要命的顶着上，有条件上，没条件也上，结果它就成功了……乱拳打死老师傅，西方公司败就败在缺了华为这股劲儿……

主管交付的王海暾的体会是：交付要发大愿，你想着“志在必成”，八九不离十它就能成功。2006 年，华为承接了巴基斯坦 Ufone 公司价值 7 亿美元的独家全网合同，按照正常工期需要三年，但客户要求 12 个月交付；2006 年下半年，巴西第一大运营商 Vivo 公司与华为签订合同，要求三个月完成 CDMA（码分多址）向 GSM（全球移动通信系统）的转网，涉及金额6 000万美元；2007年初，在未签合同的情况下，埃及代表处以向公司借贷的方式，承诺为客户上马价值1.7亿美元的TK工程项目，涉及1 000个以上的基站，对方是一家只有资金和频谱资源的“白纸公司”，没有任何电信运营的经验，却要求在6个月开始为用户放号……

三大项目，一个紧跟着一个，王海暾和他的伙伴们除了加强内部协作，打通研发、产品、后勤保障等各个环节，以及与客户充分沟通之外，余下的只有一条：加班加点，放弃几乎所有的节假日，每天从早上8点到次日凌晨1点，拼命工作，直到圆满实现项目交付……

交付部门如此，市场、研发、后勤服务等部门的华为人又何尝不是如此？有华为人不无辛酸又不无自豪地说：华为人是用30年的青春加速折旧，打败了西方一个个的百年巨头……

商魂：任正非论“奋斗文化”

奋斗的目标：以客户为中心

1994年，刚刚加入华为不到两年的李杰被调任负责营销，任正非在大会上问他：你们一年多能跑多少个县？李杰拍脑袋回答：500个吧！任正非说：“那我就按500个县定指标，你们去跑。”于是，10多个人，开着公司配备的五六部三菱吉普和两台奥迪车，从深圳开赴中国各地的县邮电局，推广华为刚刚研发出来的局用交换机，每个县三天左右时间，每个人跑了四五十个县，用了不到两年时间，跑了 500 个县，形成了几尺厚的客户资料……这大概是全球通信制造史上绝无仅有的事例，以至时任邮电部部长吴基传在邮电部的大会上，要求干部们学习华为……

2007 年 8 月，为转播奥运圣火的采集，中国移动决定在珠穆朗玛峰海拔 5 200 米、6 500 米处采用华为设备建设移动通信基站，并要求 11 月底必须开通。珠穆朗玛峰气候恶劣，天气变幻莫测，海拔 5 200 米处氧气含量相当于平原地区的 50%，6 500 米处大气含氧量相当于平原地区的 38%。4 位华为人，加上司机，带着特制的御寒衣物、登山专用鞋、拐杖和充足的干粮，开始了“世界屋脊”的艰难跋涉。“头晕、头痛、嘴唇发肿、起泡溃疡、吃不香、睡不着是典型的症状”，“同事中有一人连续两天流鼻血”，在海拔 6 300 米的营地休息，“恍惚中半夜惊醒，发现头上结的全是冰疙瘩……”。

在如此极端恶劣的环境下，经过奋战，华为 3002E 基站于 2007 年 11 月 13 日 13 时成功开通。至此，珠穆朗玛峰全部登山营地和所有登山路线实现移动网络全覆盖，而华为则创建了全球海拔最高的无线基站。

2003 年 5 月 21 日，阿尔及利亚发生 6.8 级大地震，3 000 多人死亡。地震一发生，西方公司的外籍人员便全部撤离，而华为的员工却一直坚守在本地。震后第三天，工程部的员工仍然按原计划完成了智能网的割接，极大地缓解了地震造成的通信资源紧张。

“最痛苦的记忆并非地震本身，而是地震之后手机打不通，听不到亲人朋友声音的那种焦虑”，这是 2010 年智利大地震时，智利作家阿尔贝托·弗戈特笔下的感受。而正是在这次8.8级的大地震中，33岁的华为员工孙大伟和两位本地员工Perez、Molina带着柴油、水和食物，与逃离灾区的人群"逆流而行"，"心中是对未知的恐惧和不安，就像前面有一个巨大的黑洞在等待着自己……"但为了响应客户的需求，"每一个华为人都会拿出实际行动，让客户认可华为是值得信赖的伙伴……"孙大伟他们三人住在墙面裂开、地板翘起的酒店，以面包白水充饥，用游泳池的水洗漱，连续5天与客户一起抢修站点的设备故障，直到通信线路全面恢复正常……

印度孟买。沉闷的爆炸声，恐怖袭击。街头空无一人，商店关门，路上也没几辆车。凌晨时分，华为的员工却冒着危险，根据客户要求奔赴对方工作地点，开展产品升级计划，直到清晨5点半完成产品升级。

日本3·11大地震引发海啸，东京余震不断，西方公司均在第一时间撤离，而华为日本公司的负责人阎力大（现企业BG[①]总裁）却认为"在危难时刻，我们要履行企业对社会的责任"，并用英文给全体员工写了一封长邮件，告知大家公司的决定和决定背后的理据，安全防范措施……于是，一个令日本民众印象深刻的画面出现了：数万人从灾难中心撤离，华为的中方、日方员工却背着行李，从安全地带走进危险区……与此同时，亚太片区总裁王胜利也来到日本，董事长孙亚芳也赶赴日本，在频繁发作的余震中看望员工，与客户交流……

汶川大地震，华为的工程师们在随时摇晃的山顶上，守护临时

① BG，即业务群（Business Group）。——编者注

安装的通信设备几天几夜，而公司从台湾地区聘请的心理咨询专家，每隔几个小时便对他们进行心理辅导。

华为一位高管这样总结：

> 什么叫以客户为中心？不是成天向客户点头哈腰，而是忠实于网络的责任感，完成自己的本职工作。我们首先要充分感知客户的需求，在此基础上予以最大限度的满足。客户使用我们的设备建网络，我们理所当然地要及时、准确、优质、低成本地交付，并提供最好的服务。而当地震、战乱等极端情况发生时，我们只能与客户共渡难关，因为这时候网络最容易出问题。

奋斗，以客户目标为导向。任正非论述道：

> 什么叫奋斗，为客户创造价值的任何微小活动，以及在劳动的准备过程中，为充实提高自己而做的努力，均叫奋斗，否则，再苦再累也不叫奋斗。

2010 年，公司高层领导又进一步讲道：

> 以客户为中心，以奋斗者为本，长期坚持艰苦奋斗，这是我们 20 多年悟出的道理，是华为文化的真实。我们的一切行为都归结到为客户提供及时、准确、优质、低成本的服务。以客户为中心，道理就不用多说了，没有客户我们就饿死了。以奋斗者为本，其实也是以客户为中心。把为客户服务好的员工，作为企业的中坚力量，以及一起分享贡献的喜悦，就是促进亲客户的力量成长。长期坚持艰苦奋斗，也是以客户为中心。你

消耗的一切都是从客户来的，你的无益的消耗就增加了客户的成本，客户是不接受的。你害怕去艰苦的地区工作、害怕在艰苦的岗位工作，不以客户为中心，那么客户就不会接受、承认你，你的生活反而是艰苦的……

奋斗者剪影：“垫子文化”

早期，在华为，新来的员工一报到，就会到总务室先领一条毛巾被、一张床垫做家当。午休的时候，席地而卧，方便而实用。晚上加班，很多人宁愿不回宿舍，就一张床垫，累了睡，醒了再爬起来干。华为员工自豪地说道：“床垫文化意味着从早年华为人身上的艰苦奋斗，发展到现在的思想上的艰苦奋斗，构成华为文化一道独特的风景。”

被任正非称作“软件大师”的张云飞，在华为工作了7年多，一直主持软件开发，初期的几年，几乎天天工作、睡觉都在办公室。一个大办公室靠墙的地上，铺着十几个床垫，类似统一的大通铺。也没有人规定上下班时间，但人人都加班到深夜，而张云飞则要在大家睡觉后，把每个人修改的代码审查一遍，然后重新整合在一个版本里，再上机加载测试验证一下后发布出来……这时候差不多天也亮了，张云飞才去睡觉。长时期的晨昏颠倒，使他患上了重度失眠症……

奋斗一定是有代价的，华为现任、离任的一批“创始元老”、高层管理者都有长年依赖安眠药才能入睡的经历……

2008 年前后，国内一些媒体针对华为个别员工的自杀事件，铺天盖地地指责华为的“垫子文化”和奋斗精神，华为一位高管的解释是：“创业初期，我们的研发部从五六个研发人员开始，在没有资源、没有条件的情况下，秉承（20 世纪）60 年代‘两弹一星’艰苦奋斗的精神，以忘我工作、拼命奉献的老一辈科技工作者为榜样，大家以勤补拙，刻苦攻关，夜以继日地钻研技术方案，研发、验证、测试产品设备……没有假日和周末，更没有白天和夜晚，累了就在地板上睡一觉，醒来接着干，这就是华为‘垫子文化’的起源。虽然今天床垫主要已是用来午休，但创业初期形成的‘垫子文化’记录的是老一代华为人的奋斗和拼搏，是我们宝贵的精神财富。”

两年多以后的公司市场大会上，任正非有点激愤地说：

> 有人不是在炒作以奋斗者为本、炒作华为的奋斗吗？我说奋斗怎么了？我们全是向共产党学的，为实现共产主义而奋斗终生，为祖国实现四个现代化而奋斗，为了你的家乡建设得比北京还美而奋斗，生命不息、奋斗不止。这些都是共产党的口号，我们不高举共产党的口号，我们高举什么？

针对有些学者提出的我国要尽快从“中国制造”走向“中国创造”的观点，任正非深有感触地说：

> 这些人忽略了创造是一个缓慢的过程，它所付出的心血是非常巨大的，而且是死了多少公司，才成功了少量的企业。华为 20 年的炼狱，只有我们自己和家人才能体会。这不是每周工

作40小时就能完成的。华为初创时期，我每天工作16小时以上，自己没有房子，吃住都在办公室，从来没有节假日，想想这是十几万人20年的奋斗啊！不仅仅是在职员工，也包括离职员工的创造。怎么可能会在很短的时间，每周只工作40小时，轻轻松松地就完成产业转换和产业升级呢？每周工作40小时，只能产生普通劳动者，不可能产生音乐家、舞蹈家、科学家、工程师、商人……

中国一家著名企业的总裁在回答一位美国企业家的提问“你们公司怎么在30年间做到了世界领先”时，答道：“不，我们是60多年，因为我们每天是2×8的时间在工作……”

那么，奋斗文化会必然导致自杀吗？恐怕不能简单地下结论。华为早年创业时的条件极其艰苦，但那时的华为人却充满了理想主义激情和忘我的进取精神，从未有过自杀、跳楼的事件发生。而近几年，在一些大学包括部分一流大学，也不时传出大学生或大学老师自杀的事情；据英国医学杂志《柳叶刀》（*The Lancet*）上的一篇论文，中国自杀率约为每年23人/10万，而世界其他地区平均自杀率仅为每年10人/10万，中国自杀率是世界其他地区平均数的2.3倍；每年中国自杀者数目大约是世界总自杀人口的1/3。全世界的自杀网站就有数千家，曾经关于“2012人类末日”的预言成为弥漫全球的潮流。

我们是否进入了人类集体无意识的悲观主义时代？在这样一个大背景下，企业的管理将会变得越来越艰难……

"狼文化"：视野 · 意志 · 品格

"谁能忍受别人忍受不了的痛苦，谁就能走到别人的前面。"个人的成长、企业的发展，无不反复验证着这一逻辑。华为人从来都相信，天上不会有馅饼自动掉下来。1994年，华为第一次参加在北京召开的中国国际信息通信展，其展台上赫然写着："从来就没有什么救世主，也不靠神仙皇帝；要创造新的生活，全靠我们自己。"这正是华为过去和现在的真实写照。

从1992年开始，华为在GSM上先后投入了16亿元研发经费，在1998年就获得了全套设备的入网许可证，但中国市场的网络版图被摩托罗拉、爱立信等西方公司垄断，华为只能在一些边缘地带获得极有限的无线市场份额，打拼了8年，在国内连成本都收不回来，只能被迫走向世界，开始并无太大把握的国际化扩张之路。

中国是世界上最大的新兴市场，因此世界巨头都云集中国，华为创立之初，就在自己家门口碰到了全球最激烈的竞争，不得不在市场的夹缝中求生存；当华为人走出国门拓展国际市场时，放眼一望，所有看得到的良田沃土，早已被西方公司抢占一空，只有在那些偏远、动乱、自然环境恶劣的地区，西方公司动作稍慢、投入稍小，华为才有一线机会。为了抓住这最后的机会，无数华为人离别故土，远离亲情，奔赴海外……

华为一直在四面合围的"窄胡同"里左冲右突，奋力前行。在没有多少转圜余地的绝境，只能为求生而与对手拼死一决，在看起来谁都赢不了的战斗中，忍耐到最后才能获胜。所谓的"狼文化"就是这样逼出来的。

1997年，在《建立一个适应企业生存发展的组织和机制》的文章中，任正非首次提出："必须建立一个适应'狼'生存发展的组织和机制，吸引、培养大量具有强烈求胜欲的进攻型、扩张型干部，激励他们像狼一样嗅觉敏锐，团结作战，不顾一切地捕捉机会，扩张产品和市场。同时培养一批善统筹、会建立综合管理平台的狈，以支持狼的进攻，形成狼狈之势。"翌年，在《华为的红旗到底能打多久》一文中，任正非首次明确提出"狼文化"的主张：

"企业就是要发展一批狼，狼有三大特性：一是敏锐的嗅觉；二是不屈不挠、奋不顾身的进攻精神；三是群体奋斗。企业要扩张，必须有这三要素。所以要构筑一个宽松的环境，让大家去奋斗，在新机会点出现时，自然会有一批领袖站出来去争取市场先机。市场部有一个狼狈组织计划，就是强调了组织的进攻性（狼）与管理性（狈）。当然，只有担负扩张任务的部门，才执行狼狈组织计划。其他部门要根据自己的特征确定干部选拔原则……"

很显然，华为是崇尚狼性精神的，但任正非概念中的"狼性"绝非残忍与反人性，而有其特定的内涵，即对机会的高度敏感、放眼未来的战略视野、进攻意识和奋斗精神、群体合作与团队凝聚力，亦即视野、意志、品格。这三种特质难道不是人类各种文明形态所倡导的优良品质吗?

《土狼向狮子的演进》一文中这样描述："在狮子眼中，土狼是什么？就是以100对1的兵力蚕食狮子的边缘战场，直至腹心；就是以狮子难以理解的疯狂发动价格战，使狮子的利润直线下降；就是以对中国本土市场无与伦比的适应性和理解能力，运用各种'不规范竞争手段'，在复杂的利益关系中穿梭，使狮子的技术优势变得苍白无力。”这是对 10 多年前华为的形象化描述，虽有点片面和绝对，但基本准确。2002 年以后的华为，已经拥有了一流的产品和技术，也尽量不与对手打价格战，但作者对华为的另一段“画像”却依然逼真：

“土狼对成功的强烈渴望，面对挫折屡败屡战的可怕执着和忍耐，对多变环境的适应和求生能力以及不惜代价集体作战的方式，都向狮子证明：这是凶猛而难缠的对手。”

这时的华为不仅是在本土，而且是在全球市场奔突的“巨狼”了，或者说已经演进成了“狮子”。

华为的管理者们最担心的是华为成了“狮子”后，组织的狼性精神、奋斗精神消失了，他们深知：成功与繁荣的背后布满了陷阱。任何时候，使公司死亡的，根本上一定是公司自身和企业家本人……

以邻为鉴：华为不能在舒服中死去

罗马街头停摆的钟表

北京长安俱乐部，应朋友之约，笔者宴请葡萄牙电信总裁泽因艾尔 · 巴伐（Zeinal Bava）先生一行三人。席间，泽因艾尔 · 巴伐先生提到华为和任正非，他说，任正非曾问他葡萄牙曾经拥有大半个世界，为什么后来缩回到欧洲的一个角落？这令他和他的同事们无比震撼。是的，16 世纪的葡萄牙，人口百万的小国，以冒险和航海起家，在世界的大部分版图插上了葡萄牙的国旗，并带来拉美银元的大量流入。但在繁荣到达顶点时，帝国的统治者和人民就开始不愿冒险和奋斗了，投机之风盛行，奢靡文化蔓延，实业经济乃至航海事业没落，于是潮水般涌入的财富又像水一样流走了。

意大利钟表闻名全球。在威尼斯、佛罗伦萨，尤其是罗马的公共场所，商场、酒店、咖啡屋、教堂，甚至街头，到处都挂着钟表，其样式典雅精美。但令人惊讶的是，几乎所有的钟表要么不准时，要么处于寂静的停摆状态。

钟表成为摆设，时间于意大利人来说充裕而奢侈。问题是：意大利人历来如此吗？当你参观了 2 000 年前的古罗马角斗场、一座座拥有数百上千年历史的宏伟教堂、博物馆、以重商而闻名的威尼斯水城，以及罗马街头 2 000 年来依然在使用的自来水龙头，你绝对不会相信，这座城市、这个国家曾经的无比辉煌是靠对时间的挥霍和漠视建成的……

2014 年 10 月的一个下午，在苏黎世一家酒店会议厅，笔者聆听了 IMD（瑞士洛桑国际管理发展学院）著名教授乔治斯 · 豪斯（Georges Haous）先生关于《瑞士的创新》的讲演，并与之交流。他讲到，欧洲大陆的知识分子正陷入普遍的焦虑和不安，批判主义思潮流行，焦虑带来心理咨询业的发达。笔者请教原因，教授的回答是：与中国和美国相比，欧洲大陆丧失了热情，而中国却是主动进取的，甚至是狂热的……

早在 2003 年，任正非就慨叹：欧洲最终会毁于过度的福利文化。华为会不会在舒服中死去？

过往 30 年，人类经历了历史上最大规模的全球化运动。但在由西方精英们发动、设计和制定规则的全球化潮流中，谁是最大的受益者？无疑是中国为代表的发展中国家。为什么素来主张贸易自由主义的美国政府、部分企业对华为等中国企业采取贸易拒止政策？思科总裁钱伯斯在几年前的达沃斯论坛期间，就曾直言不讳地对任正非说：“America is my backyard.”（美国是我的后院。）根本原因是以华为为代表的一批中国企业，在不到 30 年的时间里冲刺到了全球产业链的高端，从而构成了对所谓“全球产业分工论”的巨大威胁。

华为等发展中国家的企业是如何走向全球并赢得竞争的主导权的？一是，互联网带来的广泛的信息共享，包括技术、资本、人才和管理的全球化流动。二是，西方国家普遍陷入依靠巨额债务维持高福利的“文明的陷阱”。15 世纪以来，源于中世纪宗教改革对人性的解放，对人的欲望的张扬，对以哥伦布为代表的冒险与牺牲精神、奋斗与扩张激情的肯定和传播，使得西方尽管备受战争、瘟疫，以及自然灾害的侵袭，仍然创造了迄今为止人类最高成就的物质与精神文明。然而，“二战”之后 60 年的繁荣与和平，使得西方多数国家染上了“富贵与傲慢的自大病”：无节制的消费、集体无意识的惰性、福利主义的意识形态……欧洲尤甚。三是，也是最根本的，中国 10 多亿人口的物质与精神的“饥饿感”所驱使下的巨大的社会活力，和追求发展的冲动——中国正经历欧美民族百年前的“狼吞虎咽”的时代，几亿中国人正投身于人类有史以来最大规模的自由迁徙，从乡村到城镇，还有数千万人走向世界各地，为财富，为知识，为实现个人成就，少数人还背负着一种自我加载的国家与民族的使命感……

他们中的一些人是 21 世纪的“东方哥伦布”，而华为和华为人，不过是最具代表性的一分子而已。

由此观之，一个民族，一个国家，一家企业的兴亡盛衰，关键在于组织中的个体与群体是否具备充沛的活力。活力是组织之魂，惰怠是组织之癌。

18 万大军，孤独行走在世界上

在西方国家中，美国是个例外。美国尽管经历了 21 世纪初的 IT 泡沫和 2008 年的金融危机，但万不可由此判断美国在走向衰落。它有能力在经济复苏和社会福利之间确立一种有效的平衡。在尖端科技领域如电子信息、再生能源、纳米技术、医疗设备等方面，美国依然独领风骚。“穷政府，富企业”的格局，再辅之以国际基础货币的独一无二的“印钞机”地位，决定了美国极有可能最快最早地走出危机。事实上，2013 年以来，美国经济开始了新一轮的复苏，这首先应当归因于美国社会的普遍活力。

2000 年，任正非向华为人推荐了一篇报道：《不眠的硅谷》。读罢全文，你才能真正体会到什么叫美国的核心竞争力。

文中写道：“这些编程人员、软件开发人员、企业家及项目经理坚守‘睡着了，你就会失败’的信条，凭着远大的理想，借助大杯大杯的咖啡，他们会坐在发出荧荧光线的显示屏前一直工作到凌晨四五点，有时甚至到 6 点，而不是舒舒服服地躺在床上。这就是参与超越时区的国际市场的代价：每天都有新的起点，不断狂热地开发着‘互联网’技术……”

“工作到深夜几乎是今日硅谷中大约20万高科技大军统一的生活方式，那些按照传统日程工作的人每天有两个交替的时段，而在高科技工业园的停车场里，可能在凌晨3点还依然拥挤不堪。而许多把黑夜当作白天的人会在夜里把家中的计算机联到办公室的网络上……”

“正如体育运动一样，高科技领域主要是年轻人的天下，这取决于衰老过程的极限。据统计，在这个行业中，35岁以下的单身男子占绝大多数——有些人在趁他们还未变老之前，拼命地、尽可能地从自己身上多榨出些产品（同时从公司领到报酬）……”

有意思的是，“垫子文化”并非华为独创，在硅谷就有完全相同的范例：“Netscape（网景）通信有限公司的员工过去常睡在铺有褥垫的指定的房间中，但是，公司已经撤销了这种房间，以鼓励员工停止工作回家去”，不过，“员工总是要求重新开设铺有褥垫的房间”。同样，在华为，你听到有人质疑“垫子文化”吗？今天，在华为员工的办公桌下，你依然会看到五颜六色的垫子。

2001年，霍大伟去华为美国研究所出差，第一次到硅谷想体验一下什么叫“不眠的硅谷”，正值当年的IT泡沫破裂，许多创业公司都倒闭了，“硅谷变成了死谷”，即使如此，当地一位科学家晚上11点多带他到思科的停车场，仍然有很多车停在那里，这位科学家告诉他，“停车场有车，肯定都在加班”……让霍大伟印象深刻的是，在和本地员工座谈的时候，他向他们介绍了华为的价值观，原以为理解会有困难，想不到大部分员工的反应是：“对硅谷人来说这是常识，以客户为中心，只有奋斗才能成功，本来就是真理嘛……”霍大伟由此认识到，华为文化与硅谷文化是完全匹配的，这种文化并非华为的独创。

华为的一位高管说：

> 我们总说华为文化外籍员工听不懂，我不知道他们为什么就听不懂。以客户为中心首先是外国公司推行按客户需求制订解决方案，解决方案就是要以客户为中心，做好才能拿到合同。以客户为中心，外籍员工为什么听不懂？以奋斗者为本，换个说法，外籍员工就听懂了。为什么他会多拿钱呢？是因为他多干活了。这就是我们的各尽所能、按劳分配、多劳多得，外籍员工也知道多劳多得，多劳多得不就是以奋斗者为本吗？

华为今天有18万员工，其中有近4万外籍员工，他们代表着不同民族、不同宗教、不同性格、不同出身与教育背景，但却跨越不同文化，在一群黄种人的领导下，30年一直毫不张扬地、意志坚定地行走在全球五大洲的各个角落……

什么是联结他们的纽带？共同的价值观与共同的愿景。

客户是华为人的鸦片

2014年1月6日，笔者在上海浦东的一家中餐馆，访谈了华为上海代表处副代表夏尊。半年多前，他还是华为利比亚代表处代表，战乱期间一直与两位中国同事坚守在利比亚，战乱结束后被调任到上海代表处。

笔者：在利比亚将近7年，印象最深的是什么？

夏尊：……有一次谈项目几乎五天五夜没上床。当时26岁，精力很好。客户约好过去谈，早饭都没来得及吃。对方只让一个人进去谈，然后我就进去了，从早上10点谈到下午4点，6个小时，中途没有喝水没有吃饭，后来还是客户提出来要休息。出来后赶紧喝了一杯可乐，吃个汉堡，抽了根烟继续再谈，谈到下午6点，客户实在受不了了，说你们精神实在太好了，我也不用操心了。客户聘请的谈判顾问是欧洲人，谈判技巧很强，压迫式的，如果谈不拢的话就要让出一个点或指标，那公司的损失就大了……那次项目签了4 000多万美元，年底扩容了3 000多万，总共7 500多万，全年市场过亿……

笔者：突破4 000万美元后，公司给了什么激励？

夏尊：升了官。合同签了之后，几个月时间就当了系统部主任。海外当时的导向是，虚位以待，跑步上岗。

笔者：利比亚战乱前夕，你在哪里？

夏尊：2月17日那天，东部乱了一阵，19号晚上规模更大。我当时在巴塞罗那参加世界移动通信大会（MWC），听到战乱的消息后，20号就从西班牙返回的黎波里，在阿姆斯特丹转机的时候，飞机上只有我一个外国人和两个本地人，空姐与我确认了好几遍是否要返回利比亚。20日晚上代表处的5位主管开会，根据公司的决定，安排员工撤离，准备分4批撤离。当时规定，今天开会的人必须最后一批走，如果谁不同意现在就可以离开会场……

笔者：讲讲撤离的过程。

夏尊：那天晚上讨论结束后，23号晚上我们送机，现场非常混乱。凌晨1点在办公室留守，有人在机场给我们说还有几个座位，我在 QQ 群里发信息，请第二批准备撤离的人全部做好准备，当时给了我们 15 个座位，我们第二批有 40 个人，我牵头送他们去机场。到宿舍接人，很多人行李都收拾好了，我现场点人，谁走谁留，所有的兄弟都很配合，没有任何怨言。那时的街道一个人都没有，一种白色恐怖的味道。

我们的本地司机很好，很感谢他。我、交付副代表和司机各开一辆车，司机说要走在最前面。最后我们走之前给了他 3 000 美元，他拒绝了，他说我送你们是因为对你们有感情，不是为了钱。到了机场后，有几万人在机场，根本挤不进去，而不是没有飞机的问题。大概 4 点多员工上了飞机，我们终于喘了口气，但是半夜也不敢走，就在机场蹲着等天亮再回家……

第二批和第三批一共 58 个人一起撤，公司帮我们订了 ISOS（国际航运服务公司）的包机，同样是挤不进机场，马耳他使馆的参赞硬是把我们领进去了。马耳他参赞夫人是北京人，对我们非常好，为我们的撤离提供了很大的帮助。我们 58 人只挤进去 48 人，机票 6 000 美元一张飞到马耳他，公司很舍得花钱，而且这张票不一定买上就能上飞机，当天挤不上去就废掉了，钱也不会退给你。于是买了退，退了买，公司总共花了一两百万美元……

我们最后一批坐的是船，也是马耳他使馆的帮助。晚上 12 点，终于坐上五六百人的小船，上船之后心里就踏实了很多。但是风浪很大，船迟迟开不了，一直到第二天下午 4 点船才开，晚上 12 点才到马耳他。我们当时的行李箱里几乎 2/3 都是食物和水，这样才支撑大家到最后。到了马耳他之后，公司直接找的 ISOS 人员来接待，送大家去酒店住。公司的安排很好，连使馆都说，华为安排得很好，不用我们管。码头、机场的散客都是跟着华为走的，我们在所有的地方都很有秩序，队伍排得非常好。

笔者：后来怎么又回利比亚了呢？

夏尊：公司希望在利比亚插一面旗帜。客户打电话说网络断了，撤到突尼斯后，我们按照公司指示，又返回利比亚。心理压力测试后，我们几个人从马耳他转到埃及，从埃及飞进利比亚。我们的观点是，不管是政府军还是反政府军，我们只认客户，客户是商业组织，第二我认老百姓，战争期间大家每天都在报平安，网络瘫了之后影响非常大。3 月 16 日，也就是禁飞的前一天，我们坐最后一班飞机回到的黎波里。回去之后马上召集本地员工去联系客户，客户很感动，马上和我们签了 200 多万美元的维护合同。本地员工能找到的都回来了，全利比亚只有华为能给出 500 LYD（利比亚第纳尔，利比亚法定货币）现金的工资。

笔者：讲讲战乱期间的感受。

夏尊：刚到后还有点兴奋，还会去楼顶上看看，时间长了靠电话跟客户联系，天热之后粮食都发霉了，吃得很不好。当时电厂没有油发电了，没电没水，还好 1 月份我们存了很多水和煤气。

笔者：将近 8 个月，每天都做什么？维护网络？

夏尊：本地员工在维护，还有客户自己也可以。我们在那边只是精神支柱。那个时候见客户，见一次顶后来见一百次。但时间长了之后，心理压力太大，刚开始还有点兴奋，后来吃不好睡不好，每天等飞机炸完后才敢睡觉，天天关在屋子里像坐牢一样。当时也没业务，这种状态持续了两个多月，我自己都觉得有点轻度抑郁症了。后来听到鞭炮声就觉得有人在打仗。

笔者：战乱期间还有什么印象深刻的事？

夏尊：有一个帮我们办签证的本地员工，战争期间一直看不到，革命结束之后成为防区总司令了。还有一个员工参加革命去保卫机场了，说可以保护我们走 VIP（贵宾）通道。有很多想不到的事情。战乱结束之后有人找上门谈业务，我们非常兴奋，所有华为人只是想着业务，业务就跟鸦片一样驱动着我们。

笔者：你从一开始到最后都坚守在利比亚，有没有想过跟公司谈条件？

夏尊：我们从来都相信，公司不会亏待员工。战后公司给我升了两级，我还是觉得没为公司做太多事情，觉得无功不受禄，心理压力很大，并且压力是大于喜悦的。很多人只看到你升了两级，没看到你做了什么。我就跟邹总提出顶到 6 月，做出些事情再离开。我认为应该给公司创造更大的价值……

笔者：给家人讲过这段故事吗？

夏尊：回家后给父母说过，他们说我很勇敢。

后来也觉得生命真的很脆弱，以前我经常在旁边超市买东西，那边有一个不到 20 岁的孩子，等撤离回来发现他不见了。他的哥哥指了指照片，意思是说他已经死了。这件事对我触动很深。

笔者：已经意识到生命很脆弱，中间你也动摇过，为什么还在坚守？

夏尊：责任。领导给我升了两级，我要把这两级挣回来。后来已经和公司没有关系了，完全靠个人的责任心坚守在利比亚。

“筛子论”：以奋斗者为本

核聚变效应：工者有其股

英国前首相丘吉尔在评价20世纪40年代的美国时，这样说：“美国像是一个巨大的锅炉，只要下面点着火，它就会产生无限的能量。”

的确，穿越大西洋抵达美洲的“五月花”号，在300年前，带给这片新大陆的除了梦想和勇气，还有更重要的制度创新、民本思想、契约精神、法制、清教徒文化，以及对私有财产的保护，对个人价值的充分尊重，这一切使得美国社会多元而充满活力，几百年来长盛不衰。比如率先由美国企业发明设计的多样化的员工激励制度，尤其是期权制度，在美国高科技公司的快速成长中就起到了巨大的“核聚变效应”。期权制度和创新精神，被称为成就硅谷奇迹的两台发动机，一个是物质力量，一个是精神力量。

全球的，包括中国的科技、金融、文化等智力密集型企业，也都纷纷向美国企业学习。

华为，从创立之初，就给具备一定资格的员工戴上了“银手铐”（与一般意义上的“金手铐”——期权制度——有所不同，故称“银手铐”，本书后面将有论述）。但客观地讲，华为的员工持股制度并非学来的，而是逼出来的。

在《一江春水向东流》一文中，任正非道出了华为员工持股制度的产生过程：“我创建公司时设计了员工持股制度，通过利益分享，团结起员工，那时我还不懂期权制度，更不知道西方在这方面很发达，有多种形式的激励机制。仅凭自己过去的人生挫折，感悟到要与员工分担责任、分享利益。创立之初我与我父亲相商过这种做法，结果得到了他的大力支持，他在（20世纪）30年代学过经济学。这种无意中插的花，竟然今天开放得如此鲜艳，成就了华为的大事业。”

无背景、无资源、缺资本、缺管理，又要与世界巨头和国企拼市场、抢人才，唯一的出路就是大家一起做老板，共同打天下。任正非坦陈：“不要把我想得多么高尚，我要是当初选择做房地产，地是我跑关系拿的，款是我找门路贷的，风险主要由我承担，我为什么要把股权分给大家？华为是科技企业，要更多的聪明人、有理想的人一起做事，所以就只能一起抱团，同甘共苦，越是老一代的创业者和高层领导干部，越要想到自觉奉献，只有不断地主动稀释自己的股票，才能激励更多的人加入华为的事业中一起奋斗……”

当然，也不能忽视的重要因素，是华为创立时的时代背景。20世纪80年代，“资本”是一个相当敏感的词，笔者1984年在西北师范学院学习心理学时，同宿舍一位某大学政治讲师，以很激烈的言辞与另两位副教授争论：“中国绝不能倡导竞争这个词，竞争是资本主义的本质，我们是社会主义国家……”这类论点代表着当时社会的主导思潮，主流媒体也在讨论：按照马克思的学说，雇用8个劳动者的企业主应该算作资本家……

在这样的背景下创立一家私营企业，那要担多大的政治风险啊！所以，在广东特别是深圳，有25年以上历史的稍具规模的民营企业，创始人大多持股不多，类似华为这样的员工普遍持股的企业有 2 000 家以上，这背后其实映射着制度演变的轨迹。

以任正非的政治敏感，他显然更加明白在当时环境下做“绝对大股东”意味着什么……

任正非是华为第一大股东，占 1.4%，其余的 98.6% 为员工持有。截至 2014 年底，在华为 18 万员工中，有 8 万多名员工持有公司股份（没有任何外部资本股东）。这恐怕是全球未上市企业中股权最为分散、员工持股人数最多、股权结构最单一的、绝无仅有的一家公司，亦是人类商业史上从未有过的景象。什么是华为的“核聚变效应”？在笔者对华为 100 多位高管的访谈中，多数人都认为是“工者有其股”的普遍持股制度——人人做老板，共同打天下。在询问到“如何评价任老板”时，几乎有一个共同的词“奉献精神”，或者“不自私”，华为“蓝军统帅”白志东的评论是：“言行一致。这是最高的评价，全世界有几个老板能做到言行一致？说把股权分给大家，20 多年来就一直分，分给 8 万多人，自己只剩一丁点儿……”

一个领导者如何包装自己都不过是伪饰，最好的权威是展现结果。

有观点认为，华为成在普遍持股带来的普遍激励，将来也会败在这一股权设计。花无百日红，万一哪一天华为发展缓慢了、停滞了，乃至亏损了，员工分红少了或者无红可分了，公司的凝聚力和战斗力就会出问题。此言并非危言耸听。那么，有什么样的制度安排可以确保一家企业在出现大幅、持续的经营危机时，大多数的管理层和员工不动摇、不懈怠、不溃散？上市公司可以做到吗？结论大概是相同的。根本还在于：发展是硬道理，唯有健康发展才有持久的对团队和个人的内聚力；反过来，发展的前提又是富有普遍激励意义的人力资源政策和良性的组织文化。

关于良性组织文化，有一位华为高管举例说，2003 年华为与思科打官司的时候，公司内部充满了悲观情绪，但最终华为赢得了这场官司。再后来和摩托罗拉的诉讼，华为心里就有了底气。现在，华为的创新和知识产权得到了全球公认。今天，无论是谁，如果要想和华为打官司，需要更多的勇气、思考和准备。华为在打官司的过程中，逐步从畏怯迟疑走向自信，再走向必胜的信念，久而久之，便形成了一种群体认知，即 30 年来公司的价值观始终是坚定的，战略上也很少有重大失败，“跟着老板打胜仗”，就成了一种文化定式，即“成功导向定律”：我们过去不断成功，今天和今后也一定成功……这种关于成功的群体信念是华为文化的重要支撑力量。

当然这种“成功导向定律”的文化也仍然是基于良性的人力资源政策之上的。

读者必须格外注意一点，“以奋斗者为本”的价值观，决定了华为本质上是肯定奋斗者，而不是股东，“工者有其股”仅是激励奋斗者的主要方式之一，而非唯一法宝。股票是对过往奋斗的认可，“作为财务投资者应该获得合理回报，但要让‘诺曼底登陆’的人和挖‘巴拿马运河’的人拿更多回报”。对此，任正非在和华为大学青年干部班学员座谈时说道：“华为确保奋斗者利益。若你奋斗不动了，想申请退休，也要确保退休者有利益。不能说过去的奋斗者就没有利益了，否则以后谁上战场呢？但是若让退休者分得多一点，奋斗者分得少一点，傻帽儿才会去奋斗呢？因为将来我也是要退休的，为了确保更多利益，那我应该支持这项政策，让你们多干活，我多分钱，但你们也不是傻帽儿。”

任正非对人性的洞悉显然是深刻的。华为要想做“百年老店”，就不能将某种制度绝对化；组织永恒的机理是导向无序，因此组织领导集团一生的使命则是：基于人性和基于时空变化的对无序的警惕与变革。

不上市，则有可能称霸世界

美国纽约，在一家著名的俱乐部午餐会上，任正非与 10 多位美国顶尖的商界人士会面，其中包括 AIG（美国国际集团）前董事长格林伯格、美国私募基金 AEA 公司董事长文森特 · 梅（Vincent Mai）等人士。当有人问到“华为为什么不上市”的问题时，任正非答道：“科技企业是靠人才推动的，公司过早上市，就会有一批人变成百万富翁、千万富翁，他们的工作激情就会衰退，这对华为不是好事，对员工本人也不见得是好事，华为会因此而增长缓慢，甚至队伍涣散；员工年纪轻轻太有钱了，会变得懒惰，对他们个人的成长也不会有利。”

华为倡导“高层要有使命感，中层要有危机感，基层要有饥饿感”的组织文化。高层干部薪水相对要高，每年分红也要多一些，财富对他们来说仅具有符号意义。这批人是少数，他们不能以物质利益为驱动力，而必须有强烈的事业心、使命感，这是一群已经完成了物质“原始积累”的精英团队，推动他们每日奋斗的是一种精神，一种源自本能的对事业的热爱和激情，非此别无其他。

相反，那些从基层一路打拼出来的中层干部，多年来一直保持奋斗本色，也往往能够得到破格提升。

但对绝大多数员工来说，“按劳取酬，多劳多得”则是最现实的工作动机。“存天理，顺人欲”，华为的价值设计也充分遵循了这一规律。“中层要有危机感”，你作为主管，凝聚不了队伍，完不成任务，斗志衰退，或自私自利，对不起，你将很快被挪窝、被降职；但经过一段时间你改变了，工作激情提升了，经过各方面考查合格了，你也可能重新得到提拔。“基层要有饥饿感”，对奖金的渴望、对股票的渴望、对晋级的渴望、对成功的渴望等，都构成了团队中每个个体的“狼性”精神，舍此，任何的高调宣传都是虚妄的。

早在1997年前后，华为就在薪资水平上向西方公司看齐，不如此，就很难吸引和留住人才。为了同样的目的，创立初期，华为就在员工内部实行“工者有其股”，发展20多年后，当年并不值钱的华为股票，现在成为员工最看重的资产之一。

任正非指出：“我们曾经是靠艰苦奋斗、技术创新而生存下来的公司，难道技术创新就没有止境？摩尔定律就永远正确？靠一招鲜就能吃遍天？我认为当有线、无线的带宽接入，达到一定的带宽，并覆盖到一定程度后，网络技术创新这套马车，就会慢下来。这个时候，有很大的市场覆盖，有优良的管理，能够提供低成本、优质服务的公司才能生存下来。华为就是要赶在死亡之前，达到这样的规模水平，并在这10年中，努力变革自己，谦逊地向西方公司学习管理，提高效率，并制定优异的人力资源机制，促使员工不断地奋斗，才可能活下来……”

任正非道出了全球IT行业最残酷的定律：与其他任何产业相比较，这一行业过去与未来所展示的是一场死亡竞赛，大家都在拼命地追赶，但赢者一定是死得最晚的那一个。怎样才能避免早死？唯有奋斗。怎样才能激发奋斗者？要靠合理并优异的人力资源机制。

“小富快跑，暴富跌倒。”不管是中国的还是西方的很多同行业公司，上市前生气勃勃，上市后不到两年，公司就开始动荡，“暴富”起来的个人要不变得不求进取，要不被竞争对手挖角，更严重的是卖掉股票后，从公司挖一批人才，自立山头，成为公司的竞争者，甚至成为可怕的敌对者。很显然，这是一种有重大缺陷的人力资源管理制度。

“不上市，就可能称霸世界！”任正非私底下这么说。这句话至少包含三层意思：一是团队的战斗精神。过多的“馅饼”会腐蚀一个人、一个组织的活力，会败坏团队的“精气神”，这是最可怕的“肌体坏死症”；不上市，有国际业界标准的薪酬待遇，每年还有可观的奖金和相对稳定的分红，“既对团队有利益的吸引，同时又可保持斗志”，这一点至少在华为实现了成功的平衡。

二是决策的可控性。以华为如此分散的股权结构，任何一家资本投资者都可轻而易举地形成相对控制权。但当以短期逐利为本性的金融资本左右华为的发展格局时，华为就离垮台不远了。

三是华为人的目标追求。华为能走到今天，并超越一些西方巨头，成为一家具有竞争力的国际公司，就是因为华为总是“谋定而图远”，以 10 年为目标来规划公司的未来，而不像其他业界同行，总是被资本市场的短期波动牵着鼻子走。资本是最没有温度的动物，也是最没有耐心的魔兽。

举例而言，当摩托罗拉投资 50 亿美元的铱星计划失败后，资本市场用脚投票，摩托罗拉从此走向了衰败；而华为曾经在 3G 产品上投资接近 60 亿元人民币，很长时期颗粒无收（或者“狸猫换太子”，把 3G 产品当 2G 卖），任正非又力排众议，不允许研发“小灵通”

产品……假使此时华为是上市公司，资本大鳄们将有何举措？结论是不言自明的，也许任正非早就下台了，也许华为早就衰亡了……

有学者颇具洞见的看法是（任正非有时也认为）：“如果华为的西方同行中有一家不是上市公司，就不会有华为的今天……很简单，中国在短期内出不了美国那样的商业战略家，但这些伟大的美国战略家必须屈从于资本的意志……”

华为何时会上市？任正非在2013年4月的股东代表大会上和2014年的两次记者见面会上，多次重申：在今后的5~8年内，甚至更长时间，华为不会考虑上市，也不会进行任何的资本运营，包括收购与兼并等。

筛子文化：简单驱逐复杂

中国有两家企业，联想集团与华为，在某一点上呈现着惊人的相似：创始人和他的高管团队的平均年龄相差20多岁。这种自然性的“父与子”“导师与学生”的年龄结构，在两家企业的成长史中是否有某些特殊的意义？

早期，处于原始积累期的华为，集聚了一群雄心勃勃的年轻人，这使得处于饥饿状态的华为几乎无所不能。严酷的外部环境以及贫瘠的资源，内部管理的各种挑战，都没能彻底摧毁它的组织意志，相反却使它内在的凝聚力更加强大。无疑，“导师”任正非是这个组织的灵魂与旗手。“他挥挥手，一个疯子就带一帮傻子，占领了上甘岭、华尔街……他代表了你的利益，你相信他啊。”华为一位高管说。

华为芯片公司总裁的感受是：“老板创业时40多岁，带了一批

20 出头的大学生，他们比较单纯，老板给了大家一个最简单的学问——对客户好，你就好。大多数人信这个思想，发现走正道也能赚钱，也就跟着他走正道了……”

当然，前提是“傻”，是相信；信则灵，信则有正念；有正确的价值观，才会在成就组织的同时成就每个个体。“聪明的人”大多是怀疑主义者，疑则不同心、不同路。任正非在27年之后总结道：“从公司过去的情况看，其实优秀的人都走光了，就剩下我们这些不优秀的人，我也是个阿甘，相信傻干会成功，所以我没走，你们也傻就留下了。过去傻成功了，你今天同样傻也会成功的，华为文化最大的特点就是傻，傻的人就是以客户为中心，在人生的路上我们是合作奋斗，每个人去自省吾身，去改变自己。”

有人问任正非：“你认为自己什么时候开始成熟了？”任正非想了想回答：“57 岁吧，这时候我才意识到，原来人际关系也很重要。”

什么在任正非的心目中最为重要？客户，“以客户为中心”的价值观；核心价值观的“核心”是“以客户为中心”。这就从根本上定义了华为文化的一元性：面向客户的多劳者、贡献者则“发财”，则“升官”，除此之外，别无其他。

2012 年底，华为在某国中标近 10 亿美元，攻克了多年未拿下的“大粮仓”，公司给参与竞标的团队 700 万元人民币奖金。第二年上半年，合同签订后，任正非又拍板再奖励 1 000 万元，时任所在地区部总裁说：“老板，已经奖励了，这次您请大家吃个饭就行了。”任正非很生气：“你自己吃饱了不管兄弟们死活，那我请你吃饭，把你的奖金股票工资都给我，我天天请你吃饭……”接着连打 5 个电话：“你要认真想想，弟兄们在一线干活不容易，要给大家分好钱啊……”地区部总裁：“老板，1 000万元太多了，我不敢要，压力太大，哪有一个项目奖这么多的？我虽然一分钱不分，但我内疚啊。”任正非：“那你告诉我多少合适……”最后按700万元发放，等于奖励了两次……

“我们要一碗米，他不是给你一斗米，他给你十斗米；你准备了一顿大餐，他给你十根金条。”——华为运营商BG总裁邹志磊认为，“老板做的事短期内不要评价，拉长看很少有人能超过他。一个项目怎么干他不关心，只要结果，他给你政策、资源，还告诉你，这本来就是你们挣的……”

说到底，华为文化很简单，但文化纵深感很强。可以复制吗？当然可以，坚持“以客户为中心”的价值创造原则，“以奋斗者为本”的价值评价、价值分配理念即可；但也难以复制，因为这种文化的一元性、纯粹性在很多组织事实上做不到，尤其是持续的、长期的坚守更加困难。

组织文化像一枚硬币，如果两面的币值不一致就会导致混乱。“在华为做事的原则是，脑子不能长草。”邹志磊如此总结华为的用人观。

多劳者、贡献者则“发财”，这条准则从华为创立之初到如今，始终贯彻得很彻底，由于“分配不公”引起的组织内讧、消极情绪以致团队分裂的现象在华为历史上很少发生；与此同时，多劳者、贡献者则“升官”的干部晋升机制，在华为也一直坚持得比较好。你要想快速进步，到非洲去，到艰苦地方去；你要想做“将军”，到上甘岭去，到主航道去。华为很少讲“培养干部”，任正非倡导的是“赛马哲学”——将军是打出来的，正所谓：“谁培养了毛泽东？谁培养了邓小平？”

华为芯片公司总裁评价道：“公司不投机，加上理想又远大，人就被激发出来了，华为大部分人内心是有点理想主义的。公司的基本概念是朴实的，老玩花样的人在公司是不会占到便宜的，最终会被识别出来，而有贡献的奋斗者，坦荡做人做事，就会脱颖而出……”

轮值 CEO 徐直军说：“为什么打仗的时候最容易选拔干部？因为战争是残酷的，首先你要自己没死，你没死就意味着你带领的队伍打了胜仗，打了败仗你自己就被围掉了，你也就起不来了。时势造英雄，战争年代产生的干部是真正的以绩效导向为基础……”“提拔谁，选谁，构建的是在组织里的一种导向。华为这么多年关键是在各种政策方面的导向，越来越让大家感受到你只要好好干，你是有前途的，你会有更好的发展舞台……大家的关注点是要把自己的工作做好，而不是去拉关系、拍马屁，要拍马屁到客户那拍去……”

历史上，华为考核干部的标准是绩效与关键行为相结合，这往往导致看素质（关键行为过程）觉得你可以，给你一个机会去干，淡化了绩效这个硬条件，带来的结果有可能是：说你行就行，说你不行就不行，导致提拔和使用干部的随意性大，可能带来用人不公。2005 年，公司高层进行过多轮激烈讨论，甚至拍桌子争吵，最后形成决议：干部选拔以绩效为分水岭，绩效在前 25% 的才看关键行为过程，没有在前 25% 的不在提拔之列。这样，就从制度层面杜绝了徐直军所讲的“胡志明小道”现象——通过拉关系、走门子、攀附山头得到晋升。

一位不愿透露姓名的华为技术专家说：“老板总讲留下来的人傻，优秀的人都走了，这是不对的，没有优秀的人怎么能造就今天的华为？留下来的人为什么头脑简单？他不需要复杂，大家都是聪明人，选择了相信就跟着你干，20多年公司就像个大筛子，把复杂的人——不见得都优秀的人筛出去了，简单的人——不见得不优秀的人筛出来了，筛出来的人跟社会上的人比显得异类，社会确实太复杂了。华为本质上是简单驱逐复杂的文化，类似于校园文化，任老板就像个导师，或者校长兼导师……”

被浇注了“鸡血”的“永动机”群体

飞机起飞12分钟后，开始剧烈颠簸，几乎是直线式地向下俯冲，崇山峻岭闪电般地从窗外掠过，任正非全身的肌肉发紧，旁边坐着他的太太和女儿。空姐紧急通知：飞机出现故障，正在返回途中……

几分钟后，飞机降落在首都机场，停机坪上，10多辆警车、消防车灯光闪烁，如临大敌。“谢天谢地！总算又活过来了。”任正非自言自语道。此时，他的神经依然紧绷着，脸色蜡黄。而他的女儿却兴奋不已：真刺激！她以为自己正置身于一部惊险剧中。

10多天后，同样的空中惊魂又重复了一次，这次发生在开罗飞往多哈的航班上。突然间，飞机忽上忽下，恐怖地来回颠簸，似乎是驾驶失灵了……飞机最后在开罗机场迫降成功。坐在候机楼的长椅上，任正非问同行者：怕不怕？对方答：不怕！我经常在医院看到病人死亡，生命太脆弱了，要活在当下，活好每一天！任正非本来想取消航班的，没想到遇到了难得的知音，于是，两个小时后，又换乘另一家航空公司的飞机，继续多哈之行……

除了在飞机上，20 多年来，公司的所有高管必须 24 小时开手机，而且不管在国内国外，总是有电话必接。在全球 100 多个国家，曾经的几万，现在的十几万员工，每天不知要发生多少事情！任正非说："好消息我不想听，知会一下我也行；坏消息我一定要知道，尤其是员工生命安全的大事，这可都是奋斗者！"

有了解内幕的人称，任正非每年乘坐飞机的次数在 100 次左右，华为的高管孙亚芳、胡厚崑、徐直军、郭平、徐文伟、陈黎芳等人都在 150 次以上。而华为的董事们、EMT 成员大约一半以上患有各种与精神压力相关的疾病：焦虑症是普遍的，再就是高血压、高血糖、忧郁症。更有甚者，郭平曾经患上了一种至今查不出原因的病症：严重到血小板异常低，但休息一段时间又莫名地康复起来……

是什么样的力量让这一群人如此亢奋，如此持续亢奋？用任正非太太的话描述任正非，"20 多年，他天天都像打了鸡血似的"——所谓"打鸡血"指的是，20 世纪 70 年代，中国各地突然流行"鸡血疗法"，只要注射一管鲜鸡血，一个人就可以青春焕发，变得年轻而有活力……当然，后来的事实证明，这是一种江湖骗术。但从此，"打鸡血"这个词便流行开了，是对那些精力旺盛、思想活跃、不知疲倦地忙碌与工作人群的形象化描述。

华为有一批人，尤其是高级干部和科学家，包括一些外籍科学家，大都具备了这种类似于"打鸡血"的特质。

背后的动力机制是什么？使命感。

关于使命感，笔者经过对华为 17 年的观察与研究，将其分为三类：一类是极少数的使命主义者，他们拥有与生俱来的使命气质，当他们选定某种人生目标时，就开始了像永动机似的思考与行动，无论逆境顺境，压力和困难有多大，他们总能快速地调动全身的应激细胞，并进而推动整个组织去面对。我们人类的确有极少数的政治家、科学家、艺术家、企业家等具备这样天然的自我牵引力，他们是所谓“特殊材料”打造出来的“异类人”。很显然，乔布斯、任正非、特斯拉电动汽车的发明人埃隆·马斯克就属于这一类人。

第二类少数人，笔者称之为“使命感惯性”人群，他们是由于责任长期驱动，而形成一种强烈的使命感。他们日复一日的努力不是靠刻意的安排，而是来自责任推动下的内心的动力。

1990年，郭平受命开发256门交换机。立项的时候，任正非找他谈话：“你们导师一年有多少科研经费啊？”郭平答：“八九十万吧。”任正非说：“我给你1 000万，你把这个东西做出来……”郭平当时就觉得“一下子有一种很神圣的使命感和责任感”，一定要把产品做出来。于是，郭平每天晚上工作到12点，经常在实验室干到通宵……后来产品做出来了，是512门交换机。但对于该产品的研发投入，到现在也不知道究竟花了多少钱，是否花了1 000万更没人知道。

长期如斯，责任就会上升到使命层面。有一些人没日没夜地工作并不感觉到快乐，每天面对的都是痛苦与压力，诚所谓“生命中不可承受之重”，但久而久之，有压力的生活成为他生命节律的一部分，一旦让他离开负重、超载的工作状态，他会有一种“生命中不可承受之轻”的失重感，因此又会渴望压力与承担。

第三类，“使命感被动”人群。企业中的大多数员工与组织是契约关系，是责任赋予与责任承担的关系。卓越的组织总是能够通过广泛传播的价值观、有效的激励机制、远大的战略、更具进攻性的文化氛围，将更多的员工卷入使命的旋风中。但客观地讲，期待全体人群普遍拥有使命感是不现实的，也是非理性的，所以华为倡导“高层要有使命感，中层要有危机感，基层要有饥饿感”，对普通员工在进行使命感激发的同时，应该更多地强调员工“敬业度”。

2009—2012 年，盖洛普咨询公司针对全球 140 多个国家的职场展开持续调查，最后编撰成《全球职场状态：供商界领袖参阅的员工敬业度洞察》，报告将员工分为三种类型：投入型（充满激情地投身于自己的工作和公司）；不投入型（投入了时间，但缺乏能量和激情）；消极抵触型（对工作感到不快乐，通过对积极敬业员工进行破坏拆台来发泄自己的不满）。

报告的结果是：“仅有 6% 的中国员工对工作敬业，处于全球最低水平……”

这一结论无疑是令人沮丧的。谷歌发布的调查是：谷歌的员工敬业度达到 99%，而美国的平均数不到 20%……

西点军校前领导力中心主任拉里 · R. 唐尼索恩（Larry R. Donnithorne）教授问及华为如何，笔者答：85% 左右吧。笔者将此信息转述给华为一位高管，对方说：你讲得保守了……

所谓成功或使命感，说到底是一种价值虚拟，或者叫作“自我感受”，人皆有之，因为这是每个人赖以活下去，不被巨大的无聊感、空虚感打垮的极其重要的反作用力。但卓越、杰出的人物往往在虚拟自我价值的过程中，融注进了更多的社会与大众的理想，所以他们的人生注定不轻松，注定是痛苦的、孤独的，背负着十字架的。

华为的领导层所背负的十字架，就是将华为这架东方商业列车驶向全球每一个角落，并且持续转动下去，以实现一种民族骄傲。

但越是如此，使命感就越强烈。华为要想活得更好、更久，就必须不断面对组织动力不足的问题，并不断地通过更大规模、更有效的动力激活机制，抵御和消减（完全消除是不可能的）“组织疲劳症”。这对组织领袖及组织领导集团提出的挑战尤其严峻：尽管永动机是“海市蜃楼”，但领袖们却必须像永动机一样，永不疲倦，在战胜“领袖疲劳症”的同时，带领整个组织与惰怠现象做斗争。

所以说，不是人人都可以做领袖的，这是天下最痛苦的职业之一。不仅是能力、品格、魅力的问题，还难在永葆活力，难在如何战胜疲劳与厌烦。这是天下最反自然规律、最反人类天性的职业。

| 第三章 |

开放：顺应者兴，逆则衰

伴随毁灭的创造性时代

“他从未把华为当作家族企业”

1993 年的某一天，任正非走在北京中关村的大街上，有同行者问他：“你怎么评价方正？”任正非答：“有技术，无管理。”那时候，方正的电子排版系统正在快速终结传统的汉字印刷技术。“怎么评价联想？”任正非答：“有管理，无技术。”对方进而问道：“华为呢？”任正非脱口答道：“既无技术，又无管理。”

任正非道出了那个年代中国 IT 企业的基本现实。但正是从那时开始，中国企业开始了追赶世界的步伐。“1993”是个标志性年份，尽管全球范围并未爆发惊天动地的大事，但于信息技术行业来说，却是非同寻常的一年。克林顿总统宣布了美国国家信息基础设施规划，简称 NII，俗称“信息高速公路”，美国从国家层面宣布和昭示一个新的时代到来：一个创造性的时代，也是一个伴随着毁灭的创造性时代，任何的创新与创造无不是以对旧事物的毁灭为代价的。

1993 年，华为刚刚诞生不到 6 年，员工总数不到 400 人，上一年度的销售额刚突破 1 亿元。这一年，华为采用模拟技术的交换机 JK1000 开发完成，但市场销售业绩不佳；研制的 C&C08–2000 门程控交换机在浙江义乌县邮电局首次被试验应用，并开始研发 C&C08 万门程控交换机。

这是华为历史上真正的起跑线，也是华为走向开放的起点。之前的 6 年，华为的目标是“超越四通”（北京四通集团公司曾经是中国 20 世纪 90 年代最著名的电子企业之一）；1993 年之后，目光已经盯在了“世界前三位”——未来电信制造业的“三分天下，华为有其一”；那时候的联想，也在编织着挑战 IBM 的梦想。

1997 年岁末，任正非率领华为的高管们横跨美国大陆，从东到西，日夜兼程地访问了 IBM、贝尔实验室、惠普公司……美国信息产业的兴亡史，令华为的高管们震撼不已：“一批一批的大企业陷于困境，以致消亡；一批一批的小企业，成长为参天大树，大树又被雷劈。不断地生，不断地死……”犹如将“500 年春秋战国史缩到一天内”。华为的高管们深刻体会到美国的开放文化和创新体制的伟大力量：英雄层出不穷，各领风骚几十年，哪怕三五年，但他们那种风起云涌、叱咤风云的创业精神，却构成了美国的宏观力量和综合国力。

圣诞节，美国处处万家灯火，任正非却和他的同僚们关在硅谷的一家小旅馆里，三天没有出门，开了一个工作会议，形成了 100 多页的讨论简报。IBM 的管理变革对华为影响至深：企业规模小就会失去竞争力；扩大规模，不能有效管理，又会面临死亡。“拼命奋斗是美国科技界的普遍现象，特别是成功者与高层管理者”，“数百万奋斗者”推动的技术进步和管理进步，才造就了美国一大批伟大公司的诞生——华为人从中找到了强烈共鸣：华为不正是依靠持续不断的奋斗精神才走到今天的吗？

而美籍华人王安创立的王安电脑公司的兴衰史，也给华为管理层以极大刺激。1971 年，王安电脑公司推出了当时世界上最先进的文字处理机——1200 型文字处理机。到 1978 年，王安电脑公司已经成为全球最大的信息产品商，王安个人财富一度超过 20 亿美元。在 1985 年《福布斯》“美国 400 名最富有人物”名单上，王安位居第 8。然而，王安电脑公司却在 1992 年宣布破产保护，公司股票价格由全盛时期的每股 43 美元跌到每股 75 美分。

问题出在哪里？封闭，故步自封。王安电脑公司具备强大的技术研发能力，但在一个共享的时代，任何企业和个人都无法独自面对技术快速变化的趋势。王安电脑公司在技术上长期坚持封闭路线，这是它走向衰落的因素之一，但最根本的原因则是企业文化的封闭性，它在鼎盛时精英云集，然而创始人王安却在公司内部推行一种家族控制的权谋式管理文化，并让自己的儿子担任公司总裁。其结果是，大批的人才纷纷出走，王安电脑公司亦急速衰落。

一个颇令人玩味的小插曲是，1991 年从王安电脑公司出走的一位年轻人钱伯斯，后来加盟思科。当思科前总裁唐·瓦伦丁（Don Valentine）在 1994 年将首席执行官的位置让给钱伯斯时，他对思科的员工们说：“钱伯斯将会使思科无往而不胜。”钱伯斯的确做到了。但在 2000 年前后，思科遇到了新对手——华为；钱伯斯也遭遇了一位来自东方的挑战者——华为总裁任正非。当然，这是后话了。

2006 年，笔者在纽约与美国投资界一位大佬交流，问道：“你怎么评价王安电脑公司？”对方茫然：“Who’s Wang’an?”（王安是谁？）当笔者解释完之后，这位大佬答：“恐怕没多少人记得这家公司了，美国是一个善于遗忘的社会……”笔者黯然思忖：名声是多么反复无常啊，显赫一时的电脑先驱者、曾经的 IT 英雄王安在人们的记忆中，似乎连最后的一点残片都抹掉了，就像谁还记得张树新，那个 20 世纪 90 年代中国互联网“第一个吃螃蟹”的风云女性？

笔者进而与之探讨：假如王安的继任者是钱伯斯或者别的人呢？大佬答：“不好下结论。但也许会好一些，因为钱伯斯是一位伟大的企业家……”

1999 年，笔者初识任正非，有一次，在深圳五洲宾馆的咖啡厅，任正非、笔者和一位陌生的中年学者一起品茶，学者对香港、东南亚华人企业家的家族式管理模式大为推崇，认为这是东方商人的成功之道。任正非极不耐烦地回应：我不关心李嘉诚、郑裕彤他们怎么做，反正华为的接班人是打出来的，谁有本事、服众、头脑开放、有胸怀、善于合作、懂得妥协，谁就是未来的领导者，而且我们是一群人，几个臭皮匠，慢慢就成长为诸葛亮了……

也就是说，早在 20 年前，甚至更早，任正非就确定，自己的子女不会接班。多年来，当一些人不断炮制“儿女接班”的伪新闻时，华为的高层们从来都是付之一笑：媒体太不了解老板，老板有世界级的野心，为了成功，他可以把绝大部分股权与大家分享，这就决定了从一开始他就没把华为当作家族企业……

2013 年以来，任正非在股东代表大会、媒体见面会上又多次明确对外宣布："我的家人永远不会接班。"其实，创立联想的柳传志、创立海尔的张瑞敏等一批有世界级野心的中国企业家，在企业治理上走的都是"任人唯贤、唯能"而非"任人唯血缘"的道路，所谓东方式企业成功的逻辑在中国大陆商界，似乎并不具有普遍的教科书意义。

王安电脑公司的兴衰史带给华为领导层的深刻结论是：在这个技术与社会快速变化的时代，封闭是没有任何出路的，唯有走充分开放之路，才能生存和壮大，也才能谈得上追赶世界同行，否则只能是死路一条。1999 年，任正非在"答新员工问"中明确讲道："华为要活下去就要学习，开放合作，不能关起门来赶超世界。我们所有的拳头产品都是在开放合作中研制出来的……"

十几年后的 2012 年，华为以董事会决议的方式总结道："公司长远坚持开放的策略，是从来不会动摇的，不管任何情况下，都要坚持开放不动摇。不开放就不能吸收外界的能量，不能使自己壮大。同时必须以批判的思维来正确对待自己，否则开放就不会持续……"

开放是华为的生存之基，发展之本。

向美国企业学习："刹车"在哪里

有一个在华为老员工中流传的段子：1997 年底，任正非把自己 10 万元买的二手标致车，换成了宝马。只要有空，任正非喜欢开着车在深圳深南大道上兜风——开着天窗，按下玻璃，打开音响，一边欣赏风景，一边听英语——那时候，任正非每天坚持学英语。某天，任老板又开车兜风，超过了一辆慢腾腾的旧车，一看，开车者是 IBM 老板郭士纳，便冲着郭士纳大喊：“开过宝马吗？”郭士纳不理会。兜了一圈，又超过了郭士纳，再喊：“开过宝马吗？”第三次，复喊，郭士纳反问：“你要表达什么意思？”任正非回答：“请问宝马的刹车在哪里？”

编造这个段子的作者想要表达的意思是：1997 年的华为处于高速成长阶段，学会了踩油门，但并没有学会踩刹车；学会了高速成长，但并没有学会对成长的管理。

这一说法无疑是片面的，华为在这一时期不仅缺乏控制系统，更缺乏的是如何“踩油门”：一套关于“踩油门”和“踩刹车”的流程，更重要、更紧迫的是“踩油门”的一套流程。这个阶段的华为仍然必须高速成长，以雄霸之气快速向全球市场拓展前进。华为，还不到“踩刹车”的关口。

1997 年末的美国之行是华为发展史上的一个重要转折点，自那以后，华为引入了 IBM 的流程管理，在战略思考上也融入了更多美国公司的经验。学习使人进步，任正非说：“拿来主义是好东西，西方已经成功了的管理思想、技术，我们为什么要拒绝呢？先僵化，后优化，再固化，这是华为必须要走的过程。”

任正非多次说过：

> 我们要学习美国先进的东西，才可能超越美国同行。在这个过程中，要把美国少数的政治家与美国人民的伟大区分开来，不能因对个别政客的反感，放弃了向美国学习。

美国是华为成长的师傅，这话一点不假。这么多年来，任正非和华为的高层们跑遍了世界，但去美国的访问无疑是最多的。华为学习美国无疑是真诚的。然而，几年后“师傅”为什么视“徒弟”为敌呢？美国怎么了？华为怎么了？

西方媒体和一些政客，总是戴着有色眼镜指责中国和中国企业“保守”“封闭”“神秘”等，岂不知，中国企业作为一个整体，30多年来的巨大进步，首要原因来自整个国家的开放精神，以及企业家阶层的普遍开放意识、开放心态，这是稍微了解一点中国改革开放史的人都不难得出的结论。

中国的历史是一部轻商贱商的历史，因此与西方相比，我国在商业价值体系、商业文化、商业管理方面并没有多少积累与传承，客观地讲，所谓“中国式管理”在很长时间里也是不存在的，更是靠不住的。无论华为、联想、海尔还是其他中国企业，在企业管理方面并没有多少系统性的创造，无不是在“拿来主义”的基础上与中国实践相结合。这一点，中国企业界的有识之士无不有着清醒的认知。

开标致车的任正非不懂宝马车的刹车系统，看起来是个调侃式的幽默，但却是有深刻寓意的：一是华为尽管是开放的，但“跟着感觉走”的开放模式对发展到一定阶段的华为又是危险的，搞得不好就是满盘皆输；中国大多数企业都曾面对过这样的“死亡谷”——由原始积累期向现代企业制度转变的“制度空白期”；华为能够实现“惊险的一跃”吗？二是开放的指向：向谁开放？向谁学习？学习什么？1997年前后，华为依靠自身摸索、习得的经验，以及企业家的个人智慧所形成的一套粗放型、口号型、本土型、朴素型的管理思想与管理模式已不能有效进行内部管理和外部拓展了，因此，任正非在一次干部大会上向公司的管理层发问：我们中间哪一位曾经管理过年销售额100亿元人民币的公司？台上台下无一人回应。任正非接下来说：那么，华为怎么办？只有一条路：向先进学习，向美国学习。

IBM的一位高管Arleta Chen（陈青茹），在1997年底送给任正非一本讲IPD（集成产品开发）变革的书，成为华为向美国企业学习管理的重要契机。IBM通过向华为传授现代企业管理的一整套制度、流程甚至文化，既赚到了高额的服务收入，又传播了IBM的文化与组织哲学，一举多得；而华为，通过全面引入IBM的管理咨询，进行“削足适履”式的大规模组织变革，熟练掌握了一整套“宝马车”的动力与刹车系统，以及整个功能体系，从而既结束了“混乱”与“无序”，又为华为进军国际市场奠定了“比西方更东方”“比西方还西方”的组织基础和文化基础。

这即是开放的力量所在。假使没有一种强大的开放勇气和决心，华为恐怕很难走到今天。由此想到美国著名商业咨询巨头麦肯锡公司、埃森哲公司等在中国20多年来的服务业绩，尽管收入不菲，但所服务的企业大多效果不彰，甚至被讥讽为“找洋医生诊病，开药方，死得更早更快”。什么原因？固然有水土不服、南橘北枳的文化障碍，但恐怕更不能排除的因素是：决策者叶公好龙式的思维，以及面对困难时，是否有坚定开放的信心和气魄？当然，开放与变革的智慧也是很关键的。

围猎华为：美国怎么了

2011年2月25日，华为新任副董事长胡厚崑在美国媒体发表了一封公开信，澄清西方媒体关于华为的各种失实报道，包括“与解放军有密切联系”“中国政府的财政支持”“知识产权纠纷”“威胁美国国家安全”等，公开信还邀请美国有关部门对华为进行调查。

“与解放军有密切联系”的说法早已有了，其根据就是华为总裁任正非之前是解放军基建工程兵部队的一位副团级技术军官；然而，在美国，世界500强企业的董事长、副董事长中曾经有2/3的人毕业于西点军校，1/3的CEO也是美国军官的摇篮——西点军校——的毕业生，西点军校培养的企业领袖相当于美国全部商学院培养的之和。“二战”以来，西点军校、美国海军学院和美国空军军官学校三所军校已经培养了1 500多位世界500强级首席执行官、2 000多位公司总裁、5 000多位副总裁，以及成千上万的中小公司企业家，那么这是否意味着这些前军官所领导的企业都与美国军方有联系呢？

“中国政府的财政支持”，源于思科总裁钱伯斯在欧洲的某个峰会上的讲演，大意谓之：思科为什么竞争不过华为？因为华为每年得到中国政府300亿美元的财政支持……华为就此向钱伯斯发了一封措辞友善的解释信：华为过去十几年的年报都是美国的KPMG（毕马威会计师事务所）审计过的，试问，政府每年300亿美元的财政支持体现在哪里呢？华为在欧洲媒体上也就此发了声明。

2013年初，美国众议院情报委员会发表了关于华为的调查报告，除了作为一家民营企业为什么有“党委”这样的质疑外，其他多数指责都被美英一些主流媒体评价为“牵强和苍白”，“充满了美国式的想象力”。而据华为前党委书记陈珠芳的回忆，当初筹备成立华为党委时，曾向美资独资企业摩托罗拉（中国）电子有限公司学习，陈珠芳亲自到摩托罗拉（中国）电子有限公司党委取经。有媒体报道，中德合资的上海大众汽车有限公司德方总经理非常支持在合资公司建立党组织，认为可以促进和提升员工凝聚力，改善劳资关系……那么，作为一家中国企业，华为为什么就不可以建立党委呢？事实上，华为的党委系统（海外称谓是“道德遵从委员会”）的确在干部的道德操守、社会责任等方面的引导和监管上发挥了重要作用。

1993 年至今，整个世界发生了史无前例的颠覆性变化，美国以其开放精神和创新文化，将人类带进了“无法复原的过去和无法预知的未来”。在过去 20 多年此起彼伏的“创造性破坏”中，美国缔造了许多伟大神话，如谷歌、雅虎、微软、思科、苹果、脸书（Facebook）等，强大的美国正是奠定在数百家“富可敌国”的超级公司之上的。

美国社会信奉的价值观是：企业是国家的核心竞争力。然而，信奉实验哲学和实用主义哲学的美国人，也推崇优胜劣汰的生物法则，所以在过往的几十年中，美国也有数不清的企业，包括一些巨头公司在强大的技术变革风暴中垮掉、倒闭、消失。

如同谷歌、思科这样一些“新贵公司”一样，中国的华为也是在过去的 20 多年中崛起的，是在向美国企业学习的过程中崛起的，也是在眼睁睁地看着一个个曾经的庞然大物轰然倒下的过程中发展起来的。

然而，从 2003 年思科起诉华为开始，华为就不断遭遇在竞争对手策动下的、来自美国政府和媒体的频繁打压，从“美国国家安全”到“不公正竞争”等，打压的理由不断升级，其目的很明确：将华为拒之于美国市场之外。深层次背景则是以贸易保护手段维护美国企业的市场地位。

2007 年之后，华为几乎每年都会遭遇西方媒体的抹黑，最常见的报道是，华为的“可疑背景”和华为向伊拉克、伊朗等国出售设备，危害美国的国家利益；更荒谬的是，《华尔街日报》公然报道“华为协助伊朗政府，追踪异见人士”，华为在一份正式回应中驳斥该指责“充满误导性语言，与事实情况严重不符”。

2007 年，美国私人股权投资公司贝恩资本联合华为拟收购美国 3Com 公司，华为作为策略投资者仅占不到 16.5% 的股权，却遭到美国部分议员的联名抵制，美国政府很高级别的官员出面否决了这项交易。

2010 年，华为拟收购美国一家小公司，交易标的 200 万美元，结果也被美国政府否决。

同年，华为以高出竞争对手的价格，拟收购摩托罗拉的无线业务，结果又遭到部分议员的抵制，而摩托罗拉的这部分业务，其中相当多的产品是华为产品贴标生产，涉及华为的专利技术。

还是 2010 年，美国 5 位国会议员联名抵制华为参与美国运营商 Sprint 的项目招标。美国部分主流媒体在此过程中也扮演了推波助澜的角色。

华为怎么了？有位资深的美国前政要人士坦言：华为成功地让任何一个竞争对手在其席卷全球市场的过程中感受到了压力和恐惧。

2012 年 8 月的一个早晨，北京丽思卡尔顿酒店，任正非在与笔者共进早餐时，有位西装革履的中年人走过来，自我介绍是美国花旗银行中国区的高管，递上名片后说：“花旗银行正在同华为讨论合作事宜，希望得到任总的支持。”任正非答道：“好啊，你找郭平就行，他是我们财务体系的最高负责人。不过，你们美国太封闭，任何事情都要附加一些政治色彩。英国很开放，比美国开放多了……”

“四大皆空”逼出开放精神

开放是一种思维方式

1954 年，爱因斯坦悲观地预言：“除了我们的思维方式，一切都变了，我们随波逐流漂向空前的灾难。”至少从过去 60 年的时空跨度看，爱因斯坦关于“空前的灾难”的判断并非完全正确。人类在过去 60 年经历了许多重大危机，包括 21 世纪以来由美国引起的两次金融危机，为什么都能艰难度过？就在于人们思维方式的改变。爱因斯坦忽略了这一根本点：恰恰由于人们的思维方式因应环境而做出的改变，从而使人类总是能够在危机中找到机会，实现新的进步。

华为 20 多年的跨越式发展，恰恰也是由于华为文化的开放性。大公司与老牌企业，往往有其高贵、傲慢、自信的历史禀赋。它们往往坚持一种固有的范式，举手投足无不展现着经典与传统，它们不屑于在潮流面前做出改变，所以普遍僵化而封闭。谷歌、苹果、华为这些新派公司为什么能后来居上？就在于它们没有历史；“没有历史”是劣势，但在日新月异的变化大于变革的时代，却很可能是优势，它可以不受任何束缚，可以打破旧的规则，并参与新规则的制定。华为正是在开放精神的推动下，形成了自身“亦中亦西，非中非西”的包容性特征，这也是华为快速成长的奥秘之一。

任正非本人，就是一位“亦中亦西，古今兼学”的开放型商业思想家。任正非具备极强的学习能力，看电视剧《大秦帝国》，对商鞅这位中国历史上杰出的悲剧性改革家，任正非充满了敬重，又充满遗憾：商鞅变法的路子是对的，可惜太激进，变革不能太激进，会人为增加变革的成本。

他极度欣赏以色列前总理拉宾，并自称是“拉宾的学生”，而在他眼里强硬派的沙龙只不过是短视的政客。拉宾“以土地换和平”的观点，体现着一位杰出政治家的远见卓识，也成为任正非治理公司的精神财富。

2009 年，任正非以美国五角大楼的“最后的晚餐”为例讲道：“现在金融危机引发市场动荡，未来的形势不可知，我们不希望下沉的是我们这一条船。既然我们只乘一条船，唯有方向清晰，坚定不移，艰苦划船……”所谓五角大楼的“最后的晚餐”，是指 1993 年美国国防部副部长威廉 · J. 佩里在五角大楼宴请各大军工企业的老板的一次著名晚宴。在这次宴会上，佩里讲道：“未来的市场竞争太激烈，不可能所有的公司都活下来。”之后的十几年，美国掀起了军工企业的合并浪潮，从 20 世纪 80 年代约 50 个主要军工供应商，到 2002 年仅剩下波音、洛克希德 · 马丁等 5 家跨军种、跨平台的主承包商。

任正非在 30 多年前有过学习毛泽东著作的“标兵”称号，在毛泽东的思想典籍中，任正非无疑获得了一些重要启示，有媒体评论，华为管理中有毛泽东思想的烙印，也是不无道理的。但如果认为任正非是在用毛泽东思想治理华为，那就大错特错了。

任正非最敬重的人物是邓小平，他对邓小平的评价，可以用得上“崇拜”一词。他多次讲，邓小平是中国几千年历史上最伟大的改革家，邓小平的思想遗产中最核心的就是四个字：改革、开放。华为 20 多年的成功，也完全得益于这两个词：开放、改革。

正因此，从创立华为那天起，华为就把自身定位为一个“开放型组织”。任正非深感不能把华为变成“土围子”：“开放是公司生存下去的基础。如果我们公司不开放，最终就要走向死亡。开放要以自己的核心成长为基础，加强对外开放合作。华为坚持开放的道路不能动摇。开放是我们的唯一出路。”

在论及跨文化管理时，华为高层的观点很鲜明：

> 对本地员工的培养不要强制他们中国化。华为文化是什么，华为文化就像是洋葱头，都是外来文化，这层是英国文化，那层是中国文化、美国文化。华为文化就是一种开放的、兼容并蓄的文化。因此对待本地员工，不要用中国的思维去要求他们，要以开放的心态去吸取他们的精华，充实我们的文化。

早在 2001 年，公司有人提议成立“博士协会”，任正非断然否定：“你这是‘反动’（阻碍前进的意思）组织，要成立就成立一个‘开放协会’。”

但是，“开放”一词，说起来容易，做起来难乎其难。中国 30 多年的开放历程不是也起起伏伏、一波三折吗？华为的前 10 年，活下来是第一命题，拿合同，抢市场，奉行狼性精神、个人英雄主义、游击做派……总之，与一切原始积累期的公司没什么显著的区别：

生存是最根本的，不能迅速长大就可能随时被踩死。中国曾经蓬勃生长的 400 多家通信企业垮掉的历史就是前鉴。

当华为渐渐长大后，开放与否便成为华为进一步发展的“生死劫”。华为天生有许多约束条件：民营企业，无资本、无背景、无技术、创始团队中无一人有过企业管理的经验，堪称“四大皆空”。这就意味着它可以无限放大组织的开放精神与进取精神：既然一无所有，就无所谓失去和失败，更没有资格故步自封。尤其在面对国际市场的时候，封闭自我就会被踢出游戏之外。

这里摘抄一段美国植物生物科学家丹尼尔·查莫维茨关于植物的新观点。

> 人们必须意识到植物是复杂的生物体，过着丰富而感知的生活……如果我们意识到所有的植物源自让它们不能活动的“扎根”这一进化上的限制，那么我们就会开始钦佩叶子和花朵里所包含的复杂的生物学。“扎根”是一个巨大的进化上的限制。这意味着植物不能逃脱恶劣的环境，不能为寻找食物或配偶而迁移。所以植物必须形成极为敏感且复杂的感知机制，让它们在不断变化的环境中生存下来。

用这一段话来形容华为的先天困境以及在困境下形成的主动开放精神，实在是再恰当不过了。

落后也是一种优势

1992 年，任正非与华为常务副总裁郑宝用、郭平等 4 人第一次去美国，这也是他们第一次走出国门，没有任何目的，唯一的想法就是感受美国，感受外部世界。在美国的10多天，他们马不停蹄地走遍了大半个美国国土，其间，任正非还患上了重感冒，住在一家教堂的小旅馆里，每天吃的是当地一位华人朋友熬的白粥，就着咸菜……那时候他们4人都无法适应西餐，后来任正非在非正式场合提出的“要国际化，首先要换胃，学会吃cheese（奶酪）”的观点，很有可能来自这次美国之行。

有一个有趣的小插曲，当时正值美国总统大选，比尔·克林顿击败乔治·布什（老布什），当选为新一届美国总统，此时的世界格局已经完全变了样，柏林墙倒塌，东欧国家改旗易帜，苏联解体，德国统一，对于长期敏于全球时政新闻的任正非来说，是难得的近距离观察西方世界的机会。有一天，在住地酒店的大堂，一群不同肤色的美国人一边盯着电视屏幕，一边扭动着腰肢狂欢，庆祝新任总统的诞生，某种意义上也是在欢呼美国主宰人类的单极世界的降临。刚满48岁的任正非也被狂欢的氛围所感染，尽量挤到离电视机最近的地方，结果却被人群挟裹着一起跳跃，而在他的西装上衣的左右口袋中装着5万美元（那是他们美国之行的全部盘缠），胸前鼓鼓囊囊的，显得十分滑稽……

落后也是一种优势。深知自身落后的华为人有一种洼地心态、海绵心态。任正非首次出国之后的20多年，有几万名华为中方员工走向了世界的角角落落，大多数人刚刚从校园走出不久就直接奔赴海外，有一些人甚至连领带都不会系，从来没有吃过西餐，甚至连英文都不会说，或者说不利索，但由于无知，他们也无畏；由于落后，他们也谦虚甚至谦卑，他们中的绝大多数人把整个世界当作一所巨大的无围墙校园，强迫自己每时每刻以开放的胸怀向外部学习，从语言到习俗，到饮食着装，一直到制度、思想、技术、文化……

华为人力资源委员会办公室负责人吕克，曾经担任印度研究所所长，在他任所长期间，明确规定办公室的任何区域都只能用英语交流，下班后中方员工也要尽量用英语对话，这不仅快速提高了员工的英文水平，也拉近了外籍员工与本地员工的心理距离。如今华为在全球的近 170 个国家和地区的分支机构，大都把这一做法制度化了。

在华为前常务副总裁费敏的感受中，华为从发展初期乃至到后来的很长时间里，“方方面面像是一个小版本的美国，无论企业文化、工作氛围、人际关系、团队协作、价值评价、部门间的配合、从上到下的创业干劲，以及对产品、对市场的看法……都与美国很相似，这使得华为在内部管理上既简单又容易理顺，在对外的全球合作和与客户打交道方面也自然容易接轨”，“美国是最发达的市场经济体，各方面都有很好的基础，企业内外各方面资源条件都要好一些，建起一座百年企业大厦相对容易些。而在中国，当时几乎是在沙漠里建一座这样的大厦，华为比美国硅谷同样的公司要难很多很多”。所以，华为就得更开放地向别人学习，学习是进步与发展的唯一阶梯。

陈黎芳，华为董事，负责全球公共关系事务，经常代表公司在世界权威论坛发出声音，与美欧日等各国政要、学者、媒体人士等进行沟通交流，用任正非的说法是“她打交道的都是大人物……”。陈黎芳的最大特点是善于倾听，超强的分寸感和平衡力，以及学习能力，读书之杂和数量之多，对外部信息之敏感，即使在华为这样的学习型组织中，也是为数不多者之一。

31 岁的华为芯片公司 CFO（首席财务官）叶晓闻，是暨南大学的双学士、香港中文大学的双硕士，在华为工作的 8 年间，每年平均购书 100 本以上，每周平均读书两本左右，他这样认为："华为一开始和西方公司是 0 和 100 的关系，所以，只能有唯一的选择——如饥似渴地学习。等我们和对手越来越接近时，老板又总是在公司构筑洼地，上上下下倡导自我批评，防止自大和封闭，结果高地（西方公司）的水都流到华为的洼地来了……"

华为无疑是互联网、全球化时代的最大受益者之一。2014 年上半年，笔者两次赴日本，有幸拜见了稻盛和夫等日本著名企业家，日本一家百年历史的大型商社社长说："华为是世界性的公司，有全球大平台，日本企业的纵向能力很强，通过与华为合作，我们可以将产品卖向全球……"

美国人将华为洗白了

2003 年，是华为的低谷，也是一个重大的转折关头。元旦刚过，中国的春节前夕，1 月 22 日，全球数据通信的巨头企业思科，对华为发起猝不及防的进攻，思科起诉华为侵犯知识产权，起诉书长达 70 多页，该诉状实际上几乎涵盖了全部的知识产权法类别，起诉地点选在美国得州东部马歇尔镇的联邦法庭。美国律师分析思科之所以选择这样一个诉讼地点时说："该法院以快速审结知识产权诉讼案见长，以判罚严厉著称，而马歇尔镇民风则保守排外。"

一时间，西方媒体，甚至包括众多的中国媒体几乎一边倒地将华为视为"丑陋的小偷""技术窃贼"，华为陷入了"灭顶的危机"

之中。思科亚太区某华裔高管公开扬言：这一次，一定要让华为付出倾家荡产的代价。

思科为此谋划了一年之久，从美国政府到中国政府相关部门，从律师团队到舆论准备，从法庭选择到起诉时间的精心设计；而华为，显然没有足够的思想准备。

仓促之间，华为的高层团队被迫应战。是美国人，教会了华为什么叫作国际规则，也教会了华为“照猫画虎”——以国际方式应对自己的美国对手。诉讼战初始，有人建议华为高举“捍卫民族企业”的大旗，以获得国内媒体和政府的支持，华为的决策层否定了此观点。他们认为，这是一场国际官司，起诉法庭又是在美国最保守的得州，“围魏救赵”的做法只会使事情更复杂，华为要敢于应诉，敢战方能言和，哪怕失败了，虽然痛苦，但却不见得是终点。相反，如果过分强调“民族企业”的一面，即使暂时度过危机，但却是华为走向国际化的终结。

而事实上，IT 行业的全球化特征也决定了华为不可能是一家纯粹的“民族企业”。原因在于：华为起步之初，面对的就是世界级的竞争对手——既要与它们竞争，又要向它们学习。其中首先是要学习，用华为某高管的话说：“过去 20 多年，我们占了很大的便宜，有人领路，阿尔卡特、爱立信、诺基亚、思科等都是我们的领路人。”领什么路？产品方向、市场方向以及管理模式等，但更重要的是，一套国际商业规则。

20 世纪 90 年代前后，在中国家门口的通信市场的竞争，是中国商业史上最大规模、最早的国际化商业竞争，它既为后来中国各行业的国际竞争开了先例，提供了经验，同时也快速培育打造了一批以华为、中兴通讯为代表的具备国际竞争本领的中国公司，它们不但成为西方公司在中国市场的强劲对手，甚至也成了在全球市场的共同“领路人”。显然，华为如果把自己定位在“民族企业”，而不是全球性定位，如果不像它的对手们那样拥有叱咤国际的雄心与欲望的话，它一定不会走到今天，成为行业的全球领先者。而实践也表明，那些把自身定位于“民族企业”的中国公司，也大多很难走出国门。

商业是无民族性的，市场是无国界的，世界 500 强的欧美公司，有几家是高举民族或国家旗帜的？它们的野心是全球，但它们却成为自身国家实力的核心组成部分。华为的领导层认为：“全球化是不可避免的，我们要勇敢地开放自己，要积极与西方竞争，在竞争中学会管理。十几年来我们从来没有提过我们是民族的工业，因为我们是全球化的。如果我们把门关起来，靠自己生存，一旦开放，我们将一触即溃；同时我们努力用自己的产品支持全球化的实现。”

任正非从不惧怕做出决定，而且他坚信，每一次的危机把握得好，都可能是一次重大机遇。在美国，华为以昂贵的价格聘请了好的法律顾问，在诉讼和媒体两条线上与思科展开正面较量，其间的跌宕起伏、惊险曲折，完全不亚于商战小说的情节。一年半之后的 2004 年 7 月 28 日，这场被 3Com 全球总裁布鲁斯·克勒夫林称为“有趣的戏剧表演”的官司，终于尘埃落定，双方以和解告终，各卖各的产品，各付各的诉讼费，没有道歉，更没有赔偿，而且判定思科永久不得就同一问题起诉华为。

从 2003 年开始，华为的产品长驱直入，突进到西欧、北欧以及整个欧洲大陆，进而打入日本、南美、北美市场。到 2010 年，华为销售额的 70% 来自国际市场。一个没能被思科打趴下的事实，就是对华为最好的宣传：瞧，华为是干净的，美国人将它洗白了；它也是有实力的，连思科也惧怕它。华为企业网的一位高管感叹：华为的企业网产品在美国的知名度远高于其他区域……

思科等西方公司令人难以忍受的自大与傲慢，是激起中国企业竞争心的一大因素。2003 年的某个晚上，华为北京研究所的几十位 30 岁左右的研发人员，在集体聚餐后大多喝醉了，一个个引颈狂喊："不相信我们打不败思科，我们不相信 !!!"一次随意的聚餐活动变成了誓师会……

10 年后的 2012 年，正是这个拥有近万名研发人员的北研所，研制出了 400Gbit/s 的路由器，领先于思科 12 个月以上，并已在全球多数国家的客户中获得商用。

20 年前，思科是 IP 技术的倡导者，而如今，华为的北研所，则已成为世界前列的 IP 研发中心之一。

企图独霸世界的华为一定会灭亡

在思科起诉华为这场灾难性的危机和扭转危机的过程中，华为其实学到了更多。持续近两年的诉讼，华为经历了法庭最严厉的审查，几乎每一个毛孔，都被放大镜照了个遍。自此以后，华为要进入欧洲尤其是美国市场，都要经历西方客户甚至政府机构的轮番"拷问"。

一位国内政府部门的领导问任正非："华为进入国际市场有些什么经验，能否向别的企业介绍一下？"任正非答："就是遵从法律。一定要遵守所在国的法律、联合国的法律……同时视美国国内法为国际法，因为美国太强大，它可以依美国国内法，在任何地方打击你。中国法制不健全，或者执行太灵活、无规则，使中国一些企业没有形成严格的管理。它们以为在国际市场上，也可以如鱼得水，结果使自己陷入困境。”

任正非告诫公司高层：不能让对手为华为下定论。商局是活的，怕的是指挥者的头脑是僵化的。华为要想不被别人定义为“神秘的黑寡妇”和“鲁莽的角斗士”，就得全面走向开放，尽管华为自认为过去是开放的，正因为走了开放之路才有了发展，但别人仍然指责你“封闭”“另类”，说明华为的开放还是不充分，所以华为还要更加开放。任正非打了个形象的比喻：人家热情邀请你去做客，结果你却到人家客厅脱鞋，挠脚丫子，那一定会引起主人的厌恶和排斥，华为绝不做这样的无礼者，我们要以更开放的姿态向人家证明，华为是按国际规则做事的。

2010年前后，华为已经从“落后者”一路追赶成为领先者之一，落后所赋予的“另一种优势”，即谦卑的、开放的文化优势是否还能坚持，还要坚持？华为能否走出“强则霸”“大则傲”的历史性陷阱？一次高级干部会上，任正非以极其冷峻的口吻告诫大家：

> 任何强者都是在均衡中产生的。我们可以强大到不能再强大，但是如果一个朋友都没有，我们能维持下去吗？显然不能。我们为什么要打倒别人，独自称霸世界呢？想把别人消灭、独霸世界的成吉思汗和希特勒，最后都灭亡了。华为如果想独自称霸世界，最终也是要灭亡的。我们为什么不把大家团结起来，和强手合作呢？我们不要有狭隘的观点，想着去消灭谁。我们和强者，要有竞争也要有合作，只要有益于我们就行了。

华为跟别人合作，不能做“黑寡妇”。黑寡妇是拉丁美洲的一种蜘蛛，这种蜘蛛在交配后，母蜘蛛就会吃掉公蜘蛛，作为自己孵化幼蜘蛛的营养。以前华为跟别的公司合作，一两年后，华为就把这些公司吃了或甩了。我们已经够强大了，内心要开放一些，谦虚一点，看问题再深刻一些。不能小肚鸡肠，否则就是楚霸王了。我们一定要寻找更好的合作模式，实现共赢。研发还是比较开放的，但要更加开放，对内、对外都要开放。

华为发展壮大，不可能只有喜欢我们的人，还有恨我们的人，因为我们可能导致很多个小公司没饭吃。我们要改变这个现状，要开放、合作、实现共赢，不要一将功成万骨枯。前 20 年我们把很多朋友变成了敌人，后 20 年我们要把敌人变成朋友。当我们在这个产业链上拉着一大群朋友时，我们就只有胜利一条路了。

华为的开放观：开放但不结盟

拿来主义与交“买路钱”

“第一次，一家中国公司在 2008 年名列 PCT（《专利合作条约》）申请量榜首。华为技术有限公司，一个总部设在中国深圳的国际电信设备商，2008 年提交了 1 737 项 PCT 国际专利申请，超过了松下电器和飞利浦。”

2009 年 1 月 27 日，世界知识产权组织（WIPO）在其网站上公布 2008 年全球专利申请情况时，用了这样的表述。

在强调自主创新的当下的中国，华为这个“世界第一”赢得了中国媒体的狂欢，少数国际媒体在称赞的同时，也表达出质疑和警觉。

但是，在华为内部，却一片平静。

在这个“世界第一”面前，华为没有举行任何庆功活动。相反，在 EMT 会议上，一些高管还专门批评了申请这么多专利带来的负面效果：“数量第一不代表质量，你收了多少专利费？”

10 年静悄悄的变革，使得华为文化积淀了一种独特的风格：冷静、理性、克制以及自我批判的精神。当华为第一次进入世界 500 强时，公司一位高管一大早走进会议室这样宣布：告诉大家一个不幸的消息，公司进 500 强了。没有人有欣悦感，更没有人倡议搞什么庆典活动。华为其实一直在延缓进入 500 强的步伐。

华为的领导层很清楚，尽管华为已经具备强大的技术实力，但在全球信息技术的大棋盘上，华为仍然是后进者，是一个举足轻重的棋子而已。

至今为止，华为没有一项原创性的产品发明，主要做的、所取得的，是在西方公司的成果上进行了一些功能、特性上的改进和集成能力的提升，更多的是表现在工程设计、工程实现方面的技术进步，与国外竞争对手几十年，甚至上百年的累积相比还存在很大的差距；对于华为所缺少的核心技术，只是通过购买的方式和支付专利许可费的方式，实现了产品的国际市场准入，并在竞争的市场上逐步求得生存。这比自己绕开这些专利采取其他方法实现，成本要低得多，由于华为支付费用，也实现了与西方公司的和平相处。

2010 年，华为向西方公司支付的专利许可费为 2.22 亿美元，2013 年为 3 亿美元。仅支付给美国高通公司的知识产权费用已累计接近 10 亿美元，在中国公司中无疑是最多的。不过这换来的，是华为几百亿美元的合同销售额。曾经，华为研发部门的负责人在向任正非汇报研发成果时，面有得意之色，任正非笑着说："你什么时候可以不让公司交这 2 亿美元了，再来吹牛吧！"

费敏主管过华为的研发，他的观点是，工业是个供应链体系，华为过去长时间的创新，就是不断地贴近市场和领悟客户需求，基于别人最先进的芯片、基础软件和操作系统，开放架构，整合资源，再去做系统和网络解决方案及产品，更好地满足客户需求……

坚持客户需求导向，就需要坚持研发文化的开放性。而开放也是被逼出来的。公司一位高管形象地比喻，华为把红旗从山脚扛到了山腰，又把红旗插到了山顶，但从山顶看下去的时候，却发现山脚、山腰都被别人包围了。专业领域的基础专利几乎全是西方公司的，华为十几年的技术积累陷入了山脚、山腰的十面埋伏之中。

怎么办呢？不下山，会被困死、饿死。要下山，也不能抢、不能偷，硬打硬拼难有胜算。只能留下"买路钱"，支付专利使用费，或者专利互换。

从 21 世纪初开始，十几年来，华为遭遇过的专利交涉案件有若干次，动不动西方公司的 CEO 就写信给华为高层，说你们侵犯了我们什么专利，我要起诉你，一开价就是天文数字。思科起诉华为的案例在当时对华为构成了巨大压力，今天这样的事情已经是家常便饭了；而华为也屡次因专利被侵权而起诉西方公司或其他公司。这样的忽而战云密布，忽而握手言欢的情景，在全球电信业界屡见不鲜，最后多以和解而告终。为什么？用郭平的话讲，这就是世界规则。你要想加入国际俱乐部，你就得交“买路钱”，按国际规则办事，吸收别人的长处和优点，应用了别人的专利哪有免费的道理？那是人家用金钱堆积起来的成果！反过来，你使用了我的技术发明，你也得交钱，这才是公平的（从 2010 年开始，苹果、高通等西方公司每年向华为支付不菲的专利费）。大不了大家互换专利嘛！

2008 年以后，华为与西方公司在专利战方面平静了许多，虽时有硝烟弥漫，但基本上能达到和平共处。然而，和平共处是开放的产物，也是打出来的，是实力的较量和抗衡的结果。华为高层预言：未来 3~5 年，会有一场全球范围的“专利世界大战”，中国大概只能在西方公司挑起的战争面前，打一场防御战和保卫战，华为对此不可掉以轻心。

好在，这些年与西方公司打来打去，华为有自己的实力，也积累了经验；但最基本的，还是华为的开放战略和开放思维，这是华为不断制胜的重要法宝。

结盟就会把自己捆死……

谚云：成功看对手。思科起诉华为事件，于思科和华为都是里程碑式的，思科从此变得越来越防守和封闭，华为却变得越来越开放和进取。

华为全面反思自身的战略态势：完全“走自己的路”显然行不通了，好在发展了 10 多年之后的华为，也强大得多了，抵挡风雨的能力足够强了。前 10 年喧嚣、躁动、嘈杂，狼性十足，无所畏惧，发展就是硬道理；后 10 年隐忍、沉默、克制，于无声中图变革，静水潜流中谋扩张，不知不觉间，华为成长为世界级大公司。船大浪高，但船大了，抗风浪的能力也强了，与对手平起平坐、对价谈判的格局大大不同了，所以华为完全可以更开放一些，更勇敢一些，“与狼共舞”也许就能后来居上。华为一改过去单打独斗的做法，开始奉行的理念是：让利、共赢、妥协、合作，但不结盟。

任正非指出，当今世界，新技术层出不穷，市场更是变化无常，华为不可能什么都自己从头做起，华为也没有独吞天下的本领，即使排位世界前几名的西方巨头也没有一统天下的能耐。相反，只有强强联合，有竞争有合作，企业才能越做越强。

2005 年，华为领导层进而把与竞争对手的合作提升到改变公司未来发展格局的高度：“几年前我们提出以土地换和平，加大与友商的合作步伐，实现优势互补，共同为客户创造更大的价值。经过了七八年，我们终于让相当多的人认识了我们，很多友商开始视我们为朋友。在为客户提供优质服务中展开竞争，在降低开发成本上进行合作，这些管理格局的变化，已经明显反映到我们的发展态势中来了，未来公司的发展将发生很大的历史性变化。”

这些年来，华为广泛开展世界范围的技术和市场方面的合作，与包括竞争对手在内的国际大公司建立战略伙伴关系，先后与得州仪器（TI)、摩托罗拉、IBM、英特尔、朗讯科技等公司成立联合实验室或合资公司，在印度、英国、法国、瑞典、意大利、俄罗斯等国设立研究所，在华为 16 大研究所中，有 8 大研究所在中国之外；同时，也与客户建立了 31 个联合创新中心，其目的主要是共同研究客户未来的需求；与全球上百所大学进行多形式的合作创新，从而形成了华为高度开放的研发模式……

然而，合作不等于结盟，结盟就会把自己捆死。结盟是反开放的，是开放的对立性思维，会让华为进入另外的封闭体系，甚至被结盟的另一方吃掉。历史上国家与国家之间、企业与企业之间这样的例子太多了。20多年来，华为坚持不与任何行业巨头建立所谓的统一战线或排他体系，在华为领导人看来，一边倒的“战略联盟”就是在为自己制造更广泛的对手，这对华为不是好事。

思科起诉华为案结束的第二年，美国微软公司总裁鲍尔默到深圳华为总部拜访任正非，开门见山地提议：希望华为不要参与到针对微软的反垄断阵营中。任正非答：反垄断是政府的工作，有利于创新，也有利于社会进步和消费者，但这不是华为的职责，华为也没有这个实力。任正非清楚，华为正是靠反垄断击退了思科的强势诉讼，这是为生存而战。但华为不会主动地反垄断。我们为什么不能同时在几把伞下待着呢，左手举着微软的伞，右手举着别的巨头的伞，你卖高价，我低一点，也赚了大钱。我打倒了你，太阳晒得我满身大汗，汗水又浇肥了我脚下的小草，小草以低价侵占我的地盘……我才不干吃力不讨好的事呢！

“一杯咖啡中汲取宇宙能量”

2011年10月的一个下午，谷歌北京办公室，谷歌董事长施密特与华为总裁任正非会面。

施密特开门见山地对任正非说：“华为是中国最成功的企业，你们正在改变世界，您是一位伟大的魔术师。”

任正非答：“我们还处于18—19世纪工业革命‘成本+质量’的时代，我们首先是因为傻，才进入了这个行业。过去20年，中国的劳动力成本低，我们占据了优势，随着中国劳动力成本的快速上升，我们的优势将不复存在。几年之后，华为的销售将达到600亿美元，不能只靠不断扩大规模，摊销变动成本，存活下来。”

施密特道：“我一生的梦想就是将整个世界联结起来。谷歌和好几家公司有紧密合作，相信华为一定是未来的领导者……”

任正非道：“2012年这股洪水只能是越来越猛，不会消退的，当然我指的是信息流量的洪水（众人笑）。谷歌提供洪水，我们提供管道。我们一直相信，这个世界充满了巨大的机会。”

施密特表示完全认同。

73岁的任正非，思想始终处于高度开放的新鲜状态，他最大的爱好就是阅读和交流，读的书涉猎很广，从政治、经济、社会，到人文等各方面，中外历史方面的书读得最多，而最少的则是小说和经营管理方面的书刊。任正非说：“小说太假，不真实，管理的书都是教授们闭门造车，读了限制思想，真正的管理哪是几条原理那么简单。”而与各色人等的思想交流更是他最重要的工作内容。

30年来，任正非走遍了全球绝大多数国家，从最落后到最发达；与全球数百位政治人物、商业巨子、学者、竞争对手、科学家甚至艺术家、寺院中的僧侣等各色人物有过无数沟通、观点交流的任正非，无疑有着更广阔的视野。可以说，任正非大概是中国企业家中与全球各界人士交流最多、交流层次最高的人，这使得他成为中国最卓越的企业思想家之一。

任正非鼓励和要求华为的高层管理者和科学家：要敢于用一杯咖啡，与世界上的大人物碰撞思想。地球村就是一个开放式大学，处处有学问。

为什么是“咖啡”（这是一个形象的说法，是指会议中间休息时，端杯咖啡到处乱晃，不知道你会碰到什么人，交流几句），而不是茶？“茶”更具东方韵味，“咖啡”则是世界文化。任正非要让华为在今天这个动荡的世界旋涡中，牢牢站在主潮流上。

自称是“土老帽”的任正非，个性直率明了，从不云遮雾罩。美国得州州长、共和党总统候选人里克·佩里（Rick Perry）在和任正非会谈之后评价：“任正非是个非常有趣的人，讲话很直率，就像是在得州长大的……他可不会只说你喜欢听的话……”佩里还评价道：“华为意味着高标准……”

而华为董事长孙亚芳，则比较洋派，她在哈佛商学院进修过，流利的英文，优雅的风度，任正非称她为“华为的名片”。而任正非，每一次的交流都能产生巨大的气场，无论和谁会谈，总是在很短时间内成为谈话的主宰者，并时不时地产生“创造性摩擦”。但孙亚芳却很懂和各类大牌人物沟通，更有耐心和技巧。

胡厚崑，华为副董事长，轮值CEO，曾经主管华为全球市场业务。胡厚崑的身上有一股安静的力量。在世界各类相关的峰会论坛上，比如达沃斯论坛，胡厚崑经常与孙亚芳、郭平、徐文伟、陈黎芳等周旋、穿梭于各国大人物之间，以“走廊咖啡”的轻松方式与对方交谈。这几年，华为进军美国市场连番受挫，胡厚崑、郭平等人多次赴美，与美国政界、商界、智囊机构、公关公司的各类头面人物频繁交流，坦率沟通，并且接受质询。

同为华为副董事长、轮值 CEO 的郭平，在思科起诉华为的官司中，曾经在美国待过近半年时间，被称为诉讼战的“前敌指挥”。这场诉讼战，以及后来的与摩托罗拉的诉讼纠纷等，使郭平在美国的 IT 界和律师界有了一定名气。

用一位美国人士的话说：西方并不都是铁板一块，欧盟和美国的观点就有分歧，甚至英国和美国也常有差异（事实上，华为在英国的投资与贸易一直是顺利的。——作者注），美国的企业也不都是一个声音。华为的开放性交流是正确的，美国市场一定会接纳华为，只是时间问题。

华为人则相信：东方不亮西方亮，西方不亮有南方，迟早天下都会亮起来的。只是，华为需要的是一个时期的战略性忍耐。好在，华为这么多年，一直是在忍耐与进攻的反复交替中螺旋上升的。

重要的是，按任正非的说法，“内部外部就是要心胸放开。不要想到我、我、我，要想到地球、地球、地球，你要想到你将来对地球有贡献，你就感到很光荣就行了”。

开放是一门思想艺术

显，则险矣

我们这个时代，有一种对安静的恐惧。草根出身的华为，以十几年的时间，成长为让西方同行畏惧的“东方幽灵”；以 20 多年的时间，步入行业第一阵营的序列，而且位居全球通信行业第一。起初，没有太多人相信，这个企业的成功是市场竞争的结果，甚至西方一些人以战略小说般的臆想，为华为拼凑了很夸张的背景；少数局内人、局外人认为，华为成功的背后，一定有不同寻常的非市场因素，不然——华为为什么不上市呢？

怎么可能？一家中国企业，在不到30年的时间获得如此巨大的成功，以至对一批西方公司构成强大威胁……

为什么是华为，而不是别的企业？

……

中国企业家的普遍困境是：你高调，别人指责你“忘乎所以”；你沉默，别人会揣测你有“难言之隐”；放大镜、显微镜和哈哈镜始终在你的周边晃来晃去，直到你悲壮地倒下、死去，一切才能重新归于安静。

相当一个时期，华为对媒体有一种近乎病态的畏惧，在这个唾沫也能化作海啸的互联网时代，任正非看到的是更多的悲剧英雄。20世纪90年代每一年的“十大杰出企业家”，大多已经夭折了，倒下了；21世纪头10年的“财富榜”每年评选的前10名，硕果仅存的还有几位？那些在媒体的字里行间跳动的知名商人、在聚光灯下光芒闪烁的时代人物，如今，仍然叱咤风云的，还有几人？

改革开放以来，中国诞生了一批商业冒险家。靠炒卖瓜子创富成名的年广久；打破国企“铁饭碗”的步鑫生；被称为“企业承包第一人”的马胜利；从农民变身企业家的鲁冠球；成为国企改革者的褚时健；把长虹做成“彩电大王”的倪润峰；热衷于在政治与商业边缘行走的传奇商人牟其中；用排山倒海的广告占领市场的史玉柱；创造“海尔模式”的张瑞敏；领导联想从“技工贸”变身“贸工技”的柳传志……

在所有这些企业家冒险奋斗的故事中，有相当多的企业家，没有抵挡住诱惑，在各自企业最关键的时刻，开始进入与媒体热烈拥抱的狂欢。其结果是，很多“明星”最后成了瞬时划过天际的“流星”。这是中国企业家的悲剧，也是我们民族商业变革史上不幸的一页。

爬坡难，成功不易，但毁灭比缔造要更加容易和迅速。悲剧在于，当一个企业家颠倒了自身角色，穿上了无法挣脱的红舞鞋，以涂满油彩的演员形象大放光彩的时候，那些喝彩者、鼓掌者又恰恰可能是你最早的抹黑者和最终的掘墓者。而当你曾经的光芒褪尽时，亦会被大众遗忘在某个寂静的角落。

这正应了那句话：眼看他起高楼，眼看他楼塌了。中国30多年的开放史、改革史，同时也是一部无数的商界流星纷纷升起又急急陨落的、充满了悲喜色彩的历史长剧。昨日指点长空，风光无限；今日遍地黄花，一派萧索。何故也？一句话：显，则险矣！争利于市，乃商人之本性，从商之要义；而逐名于朝，却是商人之大忌，经商之歧路。熙攘之红尘无疑有既定的角色定位，从某种意味上讲，“明星”的桂枝专属于从艺者和从政者，以及其他阶层者去攀折，唯独企业家和从商者要远离，甚至越远越好。名利不可兼得，就像从政者不得趋利，商人亦不应竞名。30年的中国商史，有太多的商界强人耐不住寂寞，在些许的成就和有缺憾的辉煌面前，被动或主动地将自己置于炫目的聚光灯下，或五色杂陈的聚会中，去寻求飞蛾扑火那一刹那的快感，其结果往往是，名成矣又败矣，而利亦失矣，甚或身裂也。相反的是，那些有足够定力的孤独者，才有可能成为中国商界的独孤英雄，也才有可能造就世界级的相对长寿的商业帝国，他们个人，也许在当下默默无迹，但他们，很可能就是浩浩商河中的那颗恒星——相对于宇宙中的流星而言。

1998—2008：开放与封闭的错位 10 年

关于华为的开放，一直有两种截然不同的评价。一种是华为领导层的观点，任正非说："华为不可能回避全球化，也不可能有寻求保护的狭隘民族主义心态。因此，华为从一开始创建就呈现出全开放的心态。在与西方公司的竞争中，华为学会了竞争，学会了技术与管理的进步。因为，只有破除了狭隘的民族自尊心才是国际化，只有破除了狭隘的华为自豪感才是职业化，只有破除了狭隘的品牌意识才是成熟化。"

1998—2008 年的 10 年，是华为历史上最开放的 10 年，或者说，是华为向西方全面学习的 10 年，华为与全球 400 多个运营商建立了合作伙伴关系，以 IBM 的 IPD、ISC（集成供应链）变革咨询为主轴，华为在多个方向与美、欧、日的 10 多家咨询公司开展合作，全面打造和提升适应国际化市场的管理平台。华为曾经的采购部总裁是一位德国人，"当了两年，整个采购体系从小农的采购体系全部转变成了现代的采购体系。在当时 IT 泡沫破灭最困难的时候，我们能降低成本 20 多个亿。在采购体系上，我们已经进入了国际水平"；华为首席信息安全官约翰 · 萨福克（John Suffolk）曾经是英国政府的首席信息安全官，在华为工作两年后的印象是："人们对华为的表面认识并不是真正的华为，它非常专业，开放，有诚信”；“成就客户的价值观使得华为在英国游刃有余，也体现了华为和英国在价值观和工作方式上的高度契合”；“华为的流程非常系统化，我也是注重流程的人，流程很枯燥，但非常重要……华为的文化就是耐心、努力、可以解决任何问题”；“华为的出发点不是立足于如何赚钱，而是如何满足客户需求，这是华为成功的首要原因”。华为的外籍员工达到4万人左右，在美、澳、欧等国家（地区）的华为当地公司中担任董事长或总裁的也大多是外国人；华为与国际上的竞争对手既有竞争关系，又是合作伙伴。

这一切，难道还不能证明华为是一家开放的公司吗？问题出在华为的媒体战略，或开放战略方面。

开放是一门思想艺术。什么时候打开窗户，什么时候打开门，什么时候门窗全开，向谁开，向哪个方向开，开到多大，其实都是颇费周折的。

应该说，华为的领导层从中国对外开放的渐进性中悟到了很多治理企业的思想。本质上，是要全方位开放，这是20世纪80年代以来的世界大势。但开放的主动权、节奏、方式等要掌握在自己手里，依据自身公司的发展阶段和实力等展开不同梯级、层面的对外对内的开放。

1998年，是华为坚定开始“削足适履”式变革的第一年，华为的高层领导们深悉：这样一场“全盘西化”式的流程变革，一定会引起企业内外部巨大的思想震荡，甚至大规模的抵制，搞得不好，不但变革会流产，企业也有可能崩盘。要知道，开展一场让流程取代人、让自动化取代个人意志、让表格化剥夺人情化的组织大变革，在以往的中国企业中从未发生过，迄今为止成功进行的也并不多。因此，最大限度地减少外部因素，尤其是媒体的干扰，就显得尤为重要了。用华为副董事长、轮值 CEO 徐直军的观点来阐述似乎更有道理：一件事关全局、事关企业生死的大事，最好还是少一些干扰条件，在本来就够复杂的内外环境之下，成败皆无定数，如果再搅进来媒体的沸沸扬扬、全程播报、说三道四，有七成把握恐怕也变成四成了。华为好在能耐住寂寞，甚至僵硬地排斥媒体 10 年之久，不然，也许早就垮掉了。这也因为华为不是上市公司，没有义务向媒体发布各类信息。当然，今天不同了，华为的根本变革完成了，与 10 年前相比，抗风浪的能力也强了。

然而，媒体和社会大众则持另一种看法，不知从何时起，华为被冠以“封闭”“神秘”“不开放”等形象，没有太多人关注华为在市场、技术、经营与管理方面大踏步的开放理念与开放实践。

在这里，读者也许可以有另外一种视角：中国一些对媒体充分开放的公司，却在研发、市场、组织变革等方面缺乏足够的开放格局与气魄，与华为的开放战略相比，孰优孰劣？显然更耐人寻味。

华为与媒体的疏离始于 1998 年。这一年，华为销售额达到 89 亿元，在国内四大通信设备供应商“巨大中华”中位列榜首。华为人第一次攀到第一座山顶：中国第一。这时候，任正非和华为感受到的，不是攀爬到山巅的喜悦感、成就感，而是从未有过的孤独、焦虑、茫然，以及难以言说的恐惧。

下一步，华为的出路在哪里？华为正在谋划新的未来，同样也面对着一次蜕皮式的组织结构与文化的再造。这时候，华为开始反对接受各种采访，拒绝参加各类企业家论坛，对纷至沓来的颁奖、评选类活动更是像鸵鸟一样躲避。

在做到中国行业第一的位置之后，华为坚决坚定地选择了沉默。这一沉默就是 10 年，在任正非看来，这正是为了他个人、团队、企业能够更专注于公司自身的变革与发展，而不为已有的成功所羁绊。少了外部诱惑，华为才能全力前进。

1998—2008，沉默的 10 年。而在这 10 年，华为进行了一场历史性变革。在这个阶段，需要的是安静、理性、忍耐和坚持，华为做到了。而与此同时，问题也出来了。

“更开放一些，天不会塌下来”

可以说，一部华为成长史，就是一部危机管理史。从早期的资本危机、人才危机、管理危机，到竞争对手们无所不在的围追堵截，到体制的排斥与认同，到几乎年年月月爆发的各类突发性事件，30 年来，华为几乎可以说是伤痕累累了。但华为终究还是挺过来了，成长起来了。正如“扎根”于大地的植物一样，由于“扎根”这一巨大的进化上的限制，迫使植物为了适应环境，就必须以顽强的意志不停歇地从大地吸取营养和水分，以壮大自身的根须；同时，以最大的忍耐抗击和迎接毫无遮挡的风霜雨雪、炎阳酷暑，并竭力开放和伸展全部的枝叶，从而在不断的适应与改变中茁壮成长。

2006 年 5 月 28 日，华为再度遭遇危机。一位叫胡新宇的 25 岁员工，因病毒性脑炎经抢救无效不幸逝世，这成为媒体追逐的焦点事件。媒体指责和抨击华为是“血汗工厂”，将病逝者定义为“过劳死”，甚至直接批评华为长期赖以生存和成长的奋斗精神——“垫子文化”。而在互联网中，尤其是天涯论坛上，舆论更是沸沸扬扬，他们从胡新宇病故的事件中引申出对华为管理文化的质疑，认为华为是“半军事化管理”，对外封闭、神秘等，不少发帖者一看就是华为的员工。

任正非、孙亚芳和华为的领导者们最初的反应是愤怒、困惑与不解，甚至以强硬的姿态要求公司有关部门追查发帖者，并追究媒体“不实报道”的责任。的确，这是华为从未遇到过的新挑战。

客观而论，华为是一家开放型公司，任正非也是一位思想高度开放的企业家，从创立之初，就旗帜鲜明地反复讲“开放是华为的生命”“不开放就是死路一条”。的确，华为在经营管理、技术研发、市场拓展方面始终坚持着充分开放的方针，并在组织变革方面大胆向西方企业看齐，甚至“全盘西化”之后再优化，这都体现着华为与中国大多数公司的不同：华为的对外开放是彻底的、充分的。

但是，实事求是地分析，华为在内部的组织文化方面，开放度是远远不够的，甚至显得僵滞和封闭。

从企业管理的历史看，军队的组织文化、结构、效率等对现代企业的管理思想影响至深，任正非所推崇的《蓝血十杰》一书中所描述的10位美国退役军人对福特汽车公司进行管理变革的故事，就是最具代表性的例证。前军人任正非，也把军队文化的诸多元素熔铸进了华为的文化中：纪律、秩序、服从、进攻精神、永不服输、统一意志、团队意识等，这在华为的组织体系中一直是值得骄傲和标榜的精神特质。曾经有员工在一次座谈会上向任正非提问：“军人生涯对你最大的影响是什么？”任正非答道：“服从。”

服从是军人的天职，是否也是企业中员工的天职呢？答案是肯定的，也是否定的。我们说，现代企业的管理派生于军队，这话不假。一个以清晰目标为追求的商业组织，假使没有权威以及对权威的追随，没有等级架构以及对等级的维护，这个组织一定是一盘散沙，也一定很难生存下去。在标准化、流水线的制造行业，在大工业时代，尤其如此；同时，在一个企业的初创阶段也是如此。可以肯定地说，华为的前十几年，正是因为高度权威下的统一意志，才形成了这个组织强大的执行力和战斗力，也从而使公司度过了历史上的若干次危机，并在危机中赢得机会，获得成长。

但是，2005 年前后，华为的内外部环境都发生了变化。首先，华为迎来了“80 后”一代的新员工，这是在互联网时代成长起来的“新新人类”，他们富有个性，既反叛又从众，既独立又依赖性强，既开放又自闭，但总体上，“更自我”应该是这一代人的核心特质。华为传统的那一套组织文化还适合他们吗？

“胡新宇事件”引起的连锁震荡说明，华为面对着文化与制度的双重危机。成功非常脆弱，挫折常会接踵而至。如果说，胡新宇病故是个偶发事件，媒体大肆炒作使公司高层感到委屈和愤怒的话，那么，后来两年之内陆续发生的几起因不同原因导致的“80 后”员工自杀事件，导致网络舆论和大众媒体一边倒地加以指责，就不能不引起公司高层的警觉了。

危机逼出全面开放。2005—2008 年的两三年，华为经历了一个组织文化的自我批判与对抗过程：面对越来越透明的媒体环境和华为员工群体的结构性变化（“80 后”逐渐成为公司主体），华为文化要不要进行调整？华为过去偏于僵硬的身段要不要变得更柔软一些？华为文化中哪些方面必须坚持，哪些方面必须改变？华为要不要以此为发端，创立一个更民主更开放的组织氛围？

任正非说：“此一时，彼一时也。华为走到今天，该到改变的时刻了，要国际化，还是要更开放一些，有什么不可以争论的呢？天不会塌下来……”

有员工在“心声社区”批评某地区部负责人，负责人找到“心声社区”主管，打听该员工的工号。此事反映到任正非那里，任正非答复道：以后再有人问，一律把我的工号告诉他。

任正非说：“真理越辩越明，要相信员工多数对公司是有责任感的。而允许异见，是战略储备。开始我们想当然地认为是有风险的，现在看来是多余了。而且，‘群众斗群众’，管理者的压力不是也小了吗？实践证明，公司的决策越透明，越能够听到来自员工的许多好的建议，员工的思想也容易达成统一，总是少数人关起门来决策，迟早会出大问题。”

2010 年底，华为 6 万多股东在全球 100 多个地区、300 多个投票点投票选举 51 位股东代表，9 名候补代表，股东代表再选举华为新一届董事会，一切都是在开放、民主的氛围下展开，没有任何的人为干预，结果整个过程轻松、平静，而且顺利。

战略务虚会是华为多年来重大决策实施前的“诸葛亮会”，2010 年之后，不同内容的务虚会也大大增加了，而且会议的形式更加自由，更加民主化。华为正在构建一种“适度权威 + 可控民主”的决策体系和文化氛围。

华为与媒体的关系也大大改善了。2010 年，任正非以罕见的口吻说：“在舆论面前，公司长期的做法就是一只把头埋在沙子里的鸵鸟，我可以做鸵鸟，但公司不能，公司要攻击前进，华为到了这个时候要允许批评。”

从 2012 年开始，华为几乎所有的“门”与“窗”都打开了，先是轮值 CEO 们、董事会成员在全球各地欣然接受媒体采访，发布公司的各类最新信息，就各类所谓“敏感问题”坦然发表观点；接着，期望做华为“唯一鸵鸟”的任正非也在华为国际顾问们的一再建议下，于 2013 年 4 月首度在新西兰与当地媒体界交流，之后又在法国、英国与全球主流媒体的记者会面，回答诸如个人背景、政治信仰、股权结构、治企理念、接班人问题、个人爱好等几乎所有能够覆盖有关华为和任正非本人的各种谜团……2014 年 6 月，任正非又与中国 20 多家媒体的主编、记者进行了充分而坦率的交流。

2015 年 1 月 22 日，任正非在瑞士达沃斯论坛的闭门会上，接受了英国 BBC 记者的访谈，并面向全球媒体进行现场直播……美国《外交政策》杂志撰文称，这是此次达沃斯论坛的三大亮点之一。

自此，华为已经没有所谓“神秘面纱”了，而董事会又进一步决定，不能将信息安全过度化，华为没有多少需要保密的，无论是一般性的技术与市场信息，还是大部分的公司领导讲话、决议等，能发到内部网站的都发出去，华为要学会在互联网的透明时代打明牌……

| 第四章 |

妥协：丛林中的生存之道

史鉴：妥协拯救了一个民族

历史学家钱乘旦的华为之行

钱乘旦，北京大学历史系教授，著名的英国历史研究专家。2003年11月24日，钱教授为中央政治局领导开讲《15世纪以来世界主要国家发展历史考察》的学术报告，引起过不小轰动——不是事件本身，而是他所表达的历史观。

一个半月之后，钱乘旦应邀到华为做报告，题目大同小异，内容也基本相同。钱教授一开场就先提要求：不录音，不做笔记，不要对外扩散。台下800多位听众，大都是华为中层以上管理干部，包括任正非、孙亚芳等公司高管。

几年过去了，中国社会的思想活跃程度早已今非昔比，而钱乘旦教授关于同类话题的公开讲演也越来越开放，越来越得到主流社会的认同。由钱教授担任学术指导、中央电视台制作的政论电视片《大国崛起》，在2006年播出后，成为当时最热门的话题之一。任正非亲自安排，华为购买了200套《大国崛起》的DVD光盘，发送给公司高管们，要求大家观看和讨论。

2003年岁末，正是华为进军国际市场的转折时期，“一个陌生的市场进入者”，一场国际诉讼将这张陌生的面孔传遍全球。世界将如何接纳这家被冠以“规则破坏者”形象的中国企业？而华为又将以怎样的姿态切入西方人主导的国际商业游戏之中？华为面临着太多难题，尤其是跨文化的冲突。

钱乘旦教授为华为人掀开了迷蒙的历史与文化的纱帘。阅读、参观、与西方人交流等国际化操练，对准备全面进军全球，尤其是欧美市场的华为来说，显然是远远不够的。华为人还需要有对西方文化和制度方面的系统认知，并从中提炼出“制胜于域外”的思想武器。

西班牙、葡萄牙是怎样崛起的？西班牙有50万平方公里的国土，600万人口；葡萄牙只有9万平方公里，当时人口仅200万。但在15—16世纪，却是这两个小国瓜分了世界。原因何在？基于重商主义的国策是根本。在重商主义的旗帜下，它们走出国门，进入海洋，“第一经商，第二掠夺，经商不过瘾就掠夺”，以一种血腥的暴力、直接的抢劫、赤裸裸的争夺，获得对世界金银财富和疆土的占有。冒险精神，国民对欲望的张扬，高度统一的国家意志，进取与开放的原始激情，代表着那个阶段“两牙”国家的主要特征。

17世纪，一个更小的新兴国家取代了西班牙和葡萄牙，这就是面积仅有4.5万平方公里，人口只有100万的荷兰。“荷兰有一个绰号叫‘海上马车夫’，非常贴切地表达了这个小国的特点：在世界海洋上到处跑，跑来跑去运输商品，赚取无数的商业利润。到1700年，荷兰拥有1万多艘商船，荷兰沿海布满了港口，港口中停泊着无数船只，桅杆竖立在那儿就好像是树林一样。”（钱乘旦）荷兰还创造了早期的信贷制度和金融体系，更重要的是创造了银行。荷兰人把重商主义推向了比较成熟的阶段。

荷兰作为“世界的中心”维持了一个世纪左右，到18世纪就衰落了，取而代之的是英国和法国。“这两个国家在资本主义发展阶段都各自接连走出了两步：第一步是从早期重商主义走向晚期重商主义；第二步是从商业主义走向工业主义。这是走向现代世界的关键两步。”（钱乘旦）英国人开启了实业立国的新兴资本主义时代，这也是为什么英国长期繁荣与兴盛的重要因素之一。

17世纪，英国的人口不过400万，只相当于同时期西班牙人口的一半，法国的1/4。到大英帝国鼎盛时期，成为“日不落帝国”，人口也不过4 000万。但是，它却控制着50块殖民地，统治着3.45亿人口，和1 160万平方英里（1平方英里≈2.59平方千米）的土地（相当于英国本土面积的96倍）。

然而，真正让华为高层震撼和引起系统思考的是英国的“光荣革命”。钱乘旦教授这样总结：“1688年的英国光荣革命有意识地避免了暴力和战争，有意识地避免发动下层民众，从而根本性地解决了谁来领导国家的问题，专制主义统治不复存在了。”从此英国出现了持续300多年的国家稳定。这是英国历史上最后一次革命，没有流血和牺牲，却达到了革命的目的。靠的是什么？理性精神之上的谈判与妥协。国王、贵族、社会冲突的各方，通过讨价还价、争吵与辩论、唇枪舌剑的威胁与利诱，各自后退一步，最终达成各利益阶层的和解。“唇枪”代替了肉体的消灭,“舌剑”化解了暴力与血腥。妥协，这个在中国人眼里的贬义词，成为资本主义制度最具建设性的思想营养，并最终哺育了全球最强盛的资本主义国家——美国。美国学者亨德里克·威廉·房龙评价美国的制宪会议时指出：妥协拯救了一个民族并建立了一个帝国。

上中学时就开始关注美国历史的华为前常务副总裁费敏，在清华大学上学期间，虽然读的是工科，但却把大量时间用于阅读关于美国制度研究方面的书籍和文章，尤其对美国宪法的产生过程，其中的故事、观点，甚至很多细节，特别是立宪者们不同的政治智慧津津乐道，从而也深刻影响了他的个性与工作风格：花大量的时间说服每一位合作者和部下，以多数人认可为决策的前提。在费敏眼中，早期的华为“就像个小美国”——关起门来争吵，拍桌子，争得面红耳赤，经常吵到夜里两三点，多数人有共识了，形成决议，出了门就得意志一致，坚决执行……

然而，华为在一些媒体，尤其是西方媒体眼里，却被塑造成“攫取、独裁、不包容”，很显然，这将严重阻碍华为开拓国际市场的步伐；的确，在华为创立以来的十几年，正是以其“饿狼扑食”“海盗文化”的进攻性风格，才在几乎不可能获胜的严酷环境下脱颖而出。“攻击性前进”甚至“自杀性竞争”，在一定程度上成为华为文化的标志性文身，但也成为华为进一步发展和强大的桎梏。

在华为内部管理上，费敏认知中的“小美国”是客观和真实的，但高层决策的“一言堂”、研发和市场部门的“主管意志”仍是主导现象，而正是这种高度集权甚至独裁保证了华为10多年的统一意志，推动了公司的高效运作和快速成长，同时也带来了很多失误，尤其是用人方面的失误。

华为董事长孙亚芳反思道："公司多少年来的身段太刚硬了，发展到后来开始变得僵硬。华为需要做出改变。"西方大国崛起和衰变的历史故事，带给一个东方企业什么样的启示呢？

丛林智慧：妥协是金色的

客观地讲，华为从创立之初到现在，每个阶段都充满了妥协。任正非自己创办了公司，却不断地将股权稀释给团队，由绝对控股变成"工者有其股"，这难道不是妥协吗？向谁妥协？向成千上万，甚至18万人中60%的人群进行利益妥协，以最大的奉献精神和牺牲精神换取了华为20多年的众志成城，这在中国乃至全球的规模性企业中也是罕见的。

有学者将任正非的这一做法称作"赎买政策"，通过显而易见的、可以量化的、富于激励的物质交换，将组织中的每个人捆绑在同一条船上、同一架战车上，驱使众人服从同一个权威，指向同一个目标，在统一的旗帜下共同奋斗。同一个权威是谁？任正非。同一个目标是什么？世界级通信企业。统一的旗帜是什么？以客户为中心，以奋斗者为本，长期坚持艰苦奋斗——华为的核心价值观。

任正非则毫不掩饰地将此比喻为"分赃文化"：一个登高一呼的海盗老大，率领着数万名大小海盗，扑向茫茫大海中的船只，以最大的杀伐之声和最快的速度，尽情竭智地抢掠金银财宝，谁抢到的战利品最多最贵重，谁分到的份额也就最大。“海盗头子”既是打劫的指挥者，又是冲锋在前的战士，还是战利品的分配者。所谓“公平”是建立在“多劳多得”的原则之上的，是建立在效率基础之上的。这自然也对别的“饥饿”的人群形成吸引力，于是，追随者、加盟者越来越多，20 多年便形成了十几万人的充满战斗性的集团军。这是笔者关于华为“分赃文化”的形象化描述。

事实上，大多数中国企业，并没有解决好如何“分赃”——财富分配——的问题，“公平分赃”与“就地分赃”是一家企业最基础的激励原则，但显而易见的是，许多公司发展多年，仍然在这些最简单、最基础的管理信条上困惑不已，这中间既有领导的认知问题、品格问题，也有操作方面的问题，但首先是认知的问题。

卓越的领导者无不具有这样的“分赃精神”和妥协意识。但是这种“有肉同吃，有酒同喝”的原始性的妥协文化，也容易导致领袖迷信、个人专制与独裁，造成组织气氛的紧张与压抑。没有紧张感的企业一定会垮掉，但弦绷得太紧也会断掉。2000 年前后的华为正处于这样一个紧张有余、内外压力过度、任正非个人集权的时期。这一时期的任正非，更是神经高度紧张，甚至总是处在恐惧状态，“我天天思考的是失败，对成功视而不见”，忧心公司随时会垮掉，垮掉以后怎么办？

曾经，任正非几次半夜惊悸：公司每月要发出 3 亿多人民币的薪水，万一发不出薪水了，怎么办？

然而，华为的不寻常之处，在于整个组织不断自省的能力和自我批判的精神。2000 年，针对公司在选拔干部方面的“一言堂”现象，任正非首次提出“在用人问题上要有妥协的思想”，这不仅是对高层干部讲的，更是对自我的要求。他在一个场合讲道："不能总是力排众议，用人问题更要广开言路，广泛听取不同意见。"

2004 年之后，也即是钱乘旦教授在华为的讲座之后，华为开始组织公司的中高层管理者系统地学习和思考关于西方大国现代历史方面的一些文章、著作和电视讲座。西班牙与葡萄牙为什么由盛转衰？海盗精神退化了，富则骄、则奢、则败。荷兰为什么紧随其后崛起又没落？贸易与金融至上，资本至上，实业空洞化，过度投机毁掉了帝国的繁荣。而英国后来者居上，既占据了海洋，向全球扩张，又开启了以制造业为中心的工业时代。同时更重要的是以"光荣革命"为发端，奠定了西方资本主义的制度文化，这即是，以妥协替代暴力。"民主是灰色的，妥协是金色的""妥协是政治的灵魂，如果不是其全部的话"（英国政治学家阿克顿之语）。政治以冲突开始，以妥协终结。200 年前的美国宪法便是妥协的结果，以至在今天，美国人仍然惊叹和感激当时制宪者们的理性精神。

商业的灵魂难道不是妥协？至少部分如此。"商业没有敌人，只有对手。"长于与西方竞争对手谈判的郭平说。华为从 2001 年开始，就在各类公开或私密的文字中称"竞争对手"为"友商"。商战中到处可见的谈判、合作、对立、冲突，达成契约的过程无不处处体现着妥协，只有妥协才能共赢。而企业内部的决策，团队之间的合作，也只有靠互相之间的妥协才能达成，不然企业就会被内斗或独裁的"企业政治"打垮。

2007 年 12 月，香港，任正非与美国前国务卿奥尔布莱特一行会谈。昔日在国际政坛以强硬、铁腕、鹰派风格著称的世界第一大国"外交部长"，以难得的感性语调对任正非说："见您之前，我拜读了您的《我的父亲母亲》《华为的冬天》等文章，印象很深，人类的感情是相通的。”奥氏也讲了自己父亲的几件逸事。

就是在这次会面中，任正非针对客人的提问，阐述了华为成长和成功的思想逻辑。也是第一次，任正非将“开放、妥协、灰度”三个词并列在一起，认为这是华为公司从无到有、从小到大、从弱到强的快速发展的秘密武器。

半年之后，任正非在公司干部大会上系统阐述了开放、妥协、灰度三者之间的关系，占较大篇幅的是关于妥协的论述。

> ……在一些人的眼中，妥协似乎是软弱和不坚定的表现，似乎只有不妥协，方能显出英雄本色。但是这种非此即彼的思维方式，实际上是认定人与人之间的关系是征服与被征服的关系，没有任何妥协的余地。
>
> 妥协其实是非常务实、通权达变的丛林智慧，凡是人性丛林里的智者，都懂得在恰当的时机接受别人的妥协，或向别人提出妥协，毕竟人要生存，靠的是理性，而不是意气。
>
> 妥协是双方或多方在某种条件下达成的共识，在解决问题上，它不是最好的办法，但在没有最好的方法出现之前，它就是最好的方法，因为它有不少的好处。
>
> 妥协并不意味着放弃原则，一味地让步。明智的妥协是一种适当的交换。为了达到主要的目标，可以在次要的目标上做适当的让步。这种妥协并不是完全放弃原则，而是以退为进，通过适当的交换来确保目标的实现。相反，不明智的妥协，就是缺乏适当的权衡，或者坚持了次要目标而放弃了主要目标，

或是妥协的代价过高遭受不必要的损失。明智的妥协是一种让步的艺术，妥协也是一种美德，而掌握这种高超的艺术，是管理者的必备素质。

只有妥协，才能实现双赢或多赢，否则必然两败俱伤。因为妥协能够消除冲突，拒绝妥协，必然是对抗的前奏……

“一定要东风压倒西风，或者西风压倒东风吗？为什么不可以东西南北风一起大合唱呢？”几年前，任正非在和笔者喝茶之余畅谈“妥协”的意义时这样说。

“战”与“和”：一切基于实用主义

要拉宾，还是要沙龙

商场拒绝走向极端，政治亦如此。2001 年 3 月，任正非在《华为的冬天》一文中这样评说以色列总理大选：“什么叫领导？什么叫政客？这次以色列的选举，让我们看到了犹太人的短视。拉宾意识到以色列一个小国，处在几亿阿拉伯人的包围中，尽管几次中东战争以色列都胜了，但不能说 50 年、100 年以后阿拉伯人不会发展起来。今天不以土地换和平、划定边界，与周边国家和平相处，那么一旦阿拉伯人强大起来，他们又会重新流离失所。要是这样，犹太人再过两千年还回不回得来，就不一定了。而大多数人，只看重眼前的利益，沙龙是强硬派，会为犹太人争得近期利益，人们拥护了他。我终于看到一次犹太人也像我们一样短视……”

什么叫领导？就是在面对危机的尖峰时刻，不盲从大众，胸怀未来，并且善于因势而变，将国家或组织领出危机的卓越人物。拉宾就是。

什么叫短视？英国一位著名的商人马世民在和任正非交流时说：“历史上最大的一次人才大迁移是‘二战’后，300 万犹太人从苏联和波兰出走到中东、美国……”

犹太人是人类组织史的奇迹。一个流浪了两千多年的民族，却始终拥有共同的文化文身，有强烈的自我意识和危机感，有全世界各个角落的犹太人“同属一个团体”的精神意志，而且，这一切，是从几千年的族系基因完整传承下来的。也许正由于此，犹太人在当今世界的大棋局中，才有着左右东西两半球的力量。

以色列，是流浪了两千多年的犹太民族的一座精神家园，定居在以色列的犹太人和全世界的犹太人当然要誓死捍卫它的存在。这是一个总目标。为了达成这个目标，以色列与周边的阿拉伯国家包括巴勒斯坦持续战争了几十年。

拉宾做出了妥协：以土地换和平。犹太复国主义者的后裔拉宾，思考的是以色列的持久安宁，而不是着眼于一城一地之得失。拉宾被杀害了，短视和善于取悦大众的鹰派人物沙龙上台了。政客沙龙被称作“战争屠夫”。但在一系列强硬政策连续受挫后，沙龙在后期也选择了妥协，承认中东和平路线图，承认“以色列不可能永远占据巴勒斯坦领土”。沙龙虽不像拉宾富有远见，但本质上是一个务实派，一个机会主义者。

学习拉宾，还是向沙龙看齐？任正非说：“我是拉宾的学生。”有一位著名的企业家说过：“为了公司，让我给别人下跪都行。”任正非在华为仅占 1.4% 的股权，但华为是他的事业，某种意义上华为是任正非管理思想的实验场，所以从古今中外任何思想宝库和组织实践的范例中，吸收对华为有用的成果，成为他基本的思维范式。

向拉宾学习远见，向沙龙学习务实。但不论是富有远见还是务实的政治家与企业领袖，妥协都是其必不可少的。“给别人下跪”有些悲怆的色彩，但跪下却又能站起来，岂不一样伟大？

在中国，尤其如此。当柳传志挺直着前军人的腰板在论坛上传经论道时，有几人知道这位与任正非同岁的“教父级”商人，有过多少曲折甚至屈辱的经历呢？

2003 年思科起诉华为的初期，公司高层确定的战略是：敢战方能言和，小输即是胜利，与此同时，任正非又反复强调，韩信从别人裤裆下钻过去，结果成了大将军……

铁腕与柔性，进攻与妥协

两军对垒，非战即和。或战或和，皆取决于目标实现的方略与路径。零和游戏是体育竞技的常规形态，但在军事战争和商战中却代表着极端，战争是外交无奈之后的另类外交，和而不成，只好诉诸暴力，以战而逼和；敢战方能言和，挑战与应战无不是为了给谈判桌上的博弈增添筹码。西点军校的训示有“永不妥协”的皇皇律条，但别忘了，那是给士兵们说的，战场上的兵勇们必须“闻鼓声而纵，闻金声而止”，以澎湃的气概去攻城略地，以斩获敌方首级的多寡为晋级的阶梯；永不后退，别无退路，不放弃，不回头，单向度地冲锋与前进，几乎是战场或商场一线的标准文化。市场前沿的销售队伍，从将到士，无疑要有十足的狼性、战斗性、韧性，甚至匪性，容不得丝毫的摇摆与含混。但在统帅部里，在公司决策层，谋士们与领导者们则可能在酝酿着另一种棋局——以战场或商场的战绩业绩为标的，去寻求终结双方的厮杀：妥协，利弊权衡再三再四之后的妥协，以共赢共谐为结果的妥协。当然，这种妥协是前线的将士们不妥协的意志打出来的，所以，妥协也是为了人力牺牲最小化，资源消耗最小化，目标实现相对最大化的明智之举。同样，每一次的妥协以至结盟都只是暂时的、松散的，都只是为了一次性或几次性的市场瓜分；成果瓜分之后，到了新的战场，也许又是对垒与拼杀，又是一轮战与和的较量。对手也许变了，新对手的战术也完全不同，但战略上的规律则是相似的：战以和为目的，妥协无处不在，妥协意在双赢，妥协是为了长远……

笔者欣赏管理学家王育琨的一篇文章：《华为的中庸密码》。在这篇千余字的评论中，颠覆了媒体关于任正非和华为的许多概念性标签。标签之一是，任正非绝不中庸，绝不“和稀泥”，而且坚决反对下属干部无原则地“和稀泥”。抱怨与中庸，是中国文化之中类似基因的负面因素，其涉及面之广、影响度之深，几乎无所不至。不抱怨、不中庸、完全按事理来处理事情，由任正非传播开并坚持了下来。

为任正非下这一定义的作者叫周君藏，他曾经做了 12 年的《华为人》报总编辑。以媒体人的视角，周君藏看到的是平面的、表面的任正非，而非多面的、立体的商业思想家。任正非的身上充满了坚定与灵活、铁腕与柔性、理性与感性、强悍与软弱、攻击性与妥协精神等多重矛盾，华为的文化图谱也混杂着亦中亦西、传统与现代、保守与创新的多种基因。杂交的物种更具活力和顽强性，这是生命科学所揭示的真理。

任正非在《从“哲学”到实践》一文中讲道：“中国长期受中庸之道的影响，虽然在要求稳定上有很大贡献，但也压抑了许多英雄人物的成长，使他们的个性不能充分发挥，形不成对社会的牵引和贡献，或者没有共性的个性也会对社会形成破坏……”

但他却又在多个场合讲：华为的成功在于不走极端。老祖宗的“中庸之道”保证了公司没有垮掉。华为前员工梁国世在《土狼突围》一书中曾写道：1996 年，有一次，他陪同任正非在保加利亚雪山脚下散步，任正非问梁国世：“你知道华为为什么能成功吗？”梁国世答不上来。任正非脱口而出：“中庸之道。”

王育琨由此评论道：“常人只看到任正非火暴的性格，偏执狂似的颠覆，刻骨铭心的超越，却不知道，偏离只是表象。真正活在他内心的，是一刻接一刻的回归，一刻接一刻的平衡。做人、办企业，绝不会是沿着一条既定的坦途走就行的。”

理论是灰色的，生命之树常青。理论也是丰富的、变化的，因时因势而对立或统一的，不能以僵化的、固定的模板去看待思想的流变，任何的变化都必须围绕着确保“生命之树常青”。任正非倡导妥协精神，但他又讲：“在奋斗这个问题上我们不容妥协，不奋斗的人、明哲保身的人，该淘汰就坚决淘汰，否则无法保证公司的长治久安。”也即是说，在价值观方面无商量的余地，企业的价值观就是企业的灵魂，必须纯粹到极致。

任正非在另一篇讲话中指出："开放、妥协、灰度这些内容，基层员工学不学不重要，基层员工学习一下调整一下关系也没有什么不好，我经常看他们学偏了，但是我们高层人员要坚持学这些内容，就是我们在内部要达成团结和统一……"

任正非没有明言的是，"开放、妥协、灰度"作为一种思维方式，对内，是一种良性企业政治文化，运用得当，有利于高级干部的互相包容，开阔心胸，换位思考，合作共事，不至于形成"诸侯政治"：互相封闭，各自为政，情绪对立，山头主义。

凯文·沃茨（Kevan Walts），前美林集团全球投资银行联合总裁，现任汇丰银行全球联合总裁，在投资行业工作了35年，经历过很多投行，他在比较华为与美国公司的管理时说，美国公司一个高层走了，一堆人被清洗掉了，还带来高层洗牌，这就形成了部落式的管理。一人兴邦，一人衰邦，每次都是痛苦的经历。而华为则不同，不仅CEO轮值的做法让人耳目一新，而且离开公司的高层还仍然为公司的管理提供咨询建议……

对外，"开放、妥协、灰度"作为一种思维方式，则是一种战略设定：多方押注，多边合作，亦敌亦友，有战有和，互相利用，实现共赢。

高级干部是战略家，要懂辩证法；而基层员工却不能有太多的"权变"思考。

战与和，进攻或妥协，都是基于是否对华为短期或长远有利的实用主义立场，而非某种一成不变的教条。

“薇甘菊战略”与“投降主义”

进攻是最好的防御

“思科与华为之争”的背后，是华为的快速崛起在西方世界引起的焦虑与不适应。2001 年前后，美欧一批大公司像联手共谋似的，差不多同一时间，纷纷登门，对华为进行“专利围剿”，要求以 1%~7% 的销售额支付专利费。

无疑，这对一个“野蛮成长”的中国企业来说是从未有过的巨大挑战。向拉宾学习——“以土地换和平”，正是在这样的背景下提出来的。“野猪冲进瓷器店”，不是被驱赶出去，就是被宰杀掉，有没有第三条道路？有，那就是臣服“瓷器店”的规则，并登堂入室，成为规则的遵循者和共同制定者。

华为法务部总裁宋柳平曾经颇为忧虑地说，华为的成功缘于没有敬畏心理，而华为全球化的一个巨大挑战，也在于缺乏敬畏心理，特别是缺乏对法律的敬畏。

“以土地换和平”的妥协计划是由法务部牵头，主动与各个国际公司进行谈判，签订付费许可协议，与此同时，华为的高层集体认识到，知识产权是高压线，是关系公司生死存亡的颠覆性力量；华为要形成上上下下对法律的普遍敬畏心理，也要加大力度构建自身的知识产权防线。与思科的官司之后，华为开始启动“08 战略”：从 2005 年至 2008 年，以三年时间实现与跨国公司的专利平衡。在公司层面，设立了专门的专利战略领导机构，各个产品线设立了专利委员会，用来挑选、审查和决定专利的战略及策略，有些撒手锏专利可以用于进攻，足以摧毁对方，形成冷威慑……大量的普通专利形成拱卫之势，加大公司专利墙的厚度与宽度。

至 2014 年 12 月底，华为共申请专利 7 万多件，拥有专利授权 38 825 件。在全球专利布局和综合应对能力方面，华为正在超越自己的西方对手们。

2010年以来，华为80%以上的专利费是支付给美国高通公司的。

专利积累的根本前提是研发投入的力度。有学者不无见地地指出，看一家公司的财务报表，就大致知晓它有没有未来持续的竞争力。企业比拼的是耐力，需要的是长跑运动员，而不需要“百米爆发力”。过去的 20 多年，华为始终坚持按销售额的 10% 投入研发，2001—2013 年，累计投入研发 2 000 亿元人民币，2010 年以后，又进一步加大对基础科学的投入，2012 年研发投入占销售额之比为 14%，2013 年占比 12.8%，2014 年投入 408 亿元人民币，占销售额的 14.3%。2015、2016 两年，研发投入分别占比 15.1% 和 14.7%。

若干年来，华为每年的员工薪酬之和、上缴国家税收和研发投入三项指标一直远远高于当年的利润，从而构筑了华为在全球竞争格局中的硬实力。

这种硬实力自然也体现在与西方公司在法律层面的较量。2002 年以来的 10 多年，法务部每年要接手 2 000 个左右的案件，大多与知识产权相关，有时每天有四五项诉讼，其中不少是“流氓专利公司”所为，也有相当一些涉及与西方大公司的专利冲突，除了专利互换、交叉付费、面对讹诈的灵活应对，还不时要展开法庭内外的“掰手腕”。

对中国企业颇有借鉴意义的是，过去 10 多年，华为法务部利用欧、美、中三大市场的司法资源平台的能力超过了西方公司，其前提是在美国主战场拥有优势，学习、了解和熟练运用美国的法律惯性和文化。华为累计在美国的上百起案件，没有输过一场。

宋柳平的感慨是，美国的政治环境和媒体宣传是不需要事实的，竞争对手的 lobby（陈情、游说）也不需要事实，但美国的法律是需要事实和证据的，因此，“对美国的司法制度有信心”，美国的司法审判采用 Discovery（显示证据）程序：其核心是将一切事实都摊在阳光下，基于事实的逻辑，所有人都容易得出结论。

“事实”基于实力。华为自然不是一家完美的公司，华为也时常有员工缺乏对法律的敬畏，而做出有损公司形象的事情，但第一，这是公司禁止的红线；第二，每有此类事件发生，则毫不护短地将其曝光，接受法律的裁定和舆论批评。华为的全球化竞争必须奠基于透明与实力的基石之上。

“进攻是最好的防御。”2013 年底，任正非在华为上海研究所召开座谈会，当无线产品线某负责人信心满满地向他夸耀针对未来技术演进的防线战略时，任正非不无忧虑地讲了上面这句话，并以此为焦点，展开了大段的论述……

唯有攻击性前进，才有日益强大的实力。

聚焦客户，而不是对手

“把 3G 的拓展总部搬到荷兰去……”2003 年，华为高层对无线产品线发布命令。拒绝机会主义路线的华为，以接近 10 年的时间持续聚焦于 WCDMA 的研发投入，使得公司很长时间在 3G 市场上处于被动地位。由于中国未发牌照，华为只能掉转火力，向欧洲尤其是西欧市场发起进攻。欧洲是爱立信、诺基亚、西门子、北电网络、阿尔卡特的大粮仓，爱立信和诺基亚两家占有很高的市场份额。

汪涛，华为无线产品线总裁，10 年前受命组建一支 15 人的“尖刀队”奔赴荷兰。2005 年 1 月，位居公司常务副总裁的徐文伟被任命为欧洲区总裁，统率华为的欧洲战场。

荷兰是华为无线产品在欧洲的桥头堡，为此专门在一家酒店的 808 房间成立了“808 作战室”。但不到一年时间，最先采用华为分布式基站的荷兰最小的运营商 Telfort 被别人收购，华为的基站也被竞争对手搬迁掉了。转折点是沃达丰西班牙公司——由于竞争的需要，在战略上开始试着接纳一家东方厂商，华为进入了其视野。

机会从来都是抢出来的，而不是等出来的。当时沃达丰同时有两个项目在运作，一个在埃及，一个在西班牙，“沃达丰从未与华为合作过，最有可能把埃及项目交给我们试验”，这是公司当时一些人的想法。徐文伟和汪涛却“不信这个邪”，他们将拿下西班牙确定为“塔山战役”，进入沃达丰西班牙，其意义不仅仅是进入沃达丰欧洲，更重要的是对全球市场的辐射性影响。

怎么办？首先是系统规划与攻防演练，从客户关系、技术支持、产品服务以及交付等每一个环节进行反复模拟：客户为什么选华为？为什么必须选华为？华为与客户的战略匹配在哪里？尤其是，客户不得不选华为的理由是什么？最后提出一个口号：To Be No.1（沃达丰在西班牙位居第二位，排在第一位的是西班牙电信）——我们两家携手，合作起来成为老大。怎么超越对手呢？使用最先进的技术和产品。这就是华为刚刚诞生不久的 SingleRAN 基站。

问题还在后面，当时的华为在西班牙什么都没有，在欧洲也没有样板点，没有技术队伍，没有服务交付体系……客户怎么相信你的综合能力呢？最简单的问题之一是，从中国国内来的专家，签证怎么解决？为此，华为专门找到西班牙驻华大使，请求大使给客户信函，如果华为获得这一项目，将在签证方面支持华为。

交付是最大的挑战。首先是发货，2008 年之前，华为的大部分设备是从中国海运到欧洲，紧急的时候还要空运。华为所有的竞争对手都在欧洲，可以承诺 4 个星期之内到货，而华为需要 8~10 周才能到货，这就逼迫一线的作战团队在合同有可能签下来的前两个月，从深圳总部先借货到德国的集散地，签约之后再发给客户……

"集中优势兵力，打歼灭战"，这一毛泽东十大军事原则之首的重要思想，被华为发挥得淋漓尽致。沃达丰西班牙之战，集中了华为欧洲片区无线产品线最优秀的客户经理、产品经理、技术人员、商务谈判专家、交付专家，以及徐文伟和汪涛这样的一线指挥员等。结果，华为拿下这一项目的 70% 的合同，遍及西班牙所有的大城市。

"围而不打"，是林彪在东北解放战争时期的战术原创，也被徐文伟他们用在了欧洲的商战上：机会还没有成熟，保留一支小分队，保持沟通渠道，但却"围而不打"；相反，"我与你的竞争对手合作，不断在你面前晃来晃去，通过你的对手让你知道和了解华为，帮助你的对手和你竞争"，等到机会成熟了，资源差不多了，再快速切入，蜂拥而上，一举攻下目标。

"一点两面三三制"，也是林彪的发明。早在 1992 年，任正非就在公司内部倡导这一市场作战原则，费敏、李杰二人由于理解得比较深刻，结果被破格提拔。何谓“一点”？就是尖刀连在城墙上撕个口子，不计代价地撕个口子，用手榴弹、导弹都行，一次不行两次，两次不行三次……口子突破后，千军万马从两翼压过去、冲上去，“华尔街就拿下来了”……迄今为止，这一原则仍被华为全球一线的各级指挥官奉为经典……

华为拥有一以贯之的进攻性风格，这得益于它根深蒂固的学习能力，包括向中外军队学习管理。多年来，华为也向美国军队学到了许多有价值的观念、战略，以及战术思想。华为内部流行的管理词汇包括两大类，一类是向 IBM 学的大量的英文字母缩写，比如 IPD、ISC 等；另一类则是大量的军事词汇，比如战役、战场、前线后方、后勤保障、铁三角、海豹突击队、将军、炮火、片联、攻山头……这就使得这样一支庞大的商业集团军始终充满了强悍的扩张力和执行力。

得益于此，华为在全球市场攻城略地，不断地、快速地获得了一个个成功，从欧洲到拉美，到独联体到非洲，以及亚太和北美的大部分区域。2013 年，华为无线产品在 LTE（长期演进技术）的全球竞争中，拿到了 142 个新合同。欧洲各大运营商都与华为建立了紧密的合作关系。

2005 年，华为在中国之外的销售额仅 5 亿多美元，而徐文伟在赴任欧洲区总裁的首次亮相会上，确定欧洲区的目标是：5 年实现 30 亿美元的销售收入。在徐文伟调回总部的 2008 年，合同金额实现了 29.98 亿美元。2013 年底，合同金额增长了近一倍。

一家来自东方的中国企业，在发明通信的欧洲大陆，不仅作为挑战者而存在，某种意义上，它代表着一种外来的撼动：是对欧洲传统的势力范围和心理优越性的冲击……

"不能被挑逗的红布牵着走"

2008 年岁末，任正非首度提到"薇甘菊战略"。此时，全球金融危机爆发不到 6 个月。薇甘菊是南美的一种野草，它疯狂成长的速度超过了所有的植物，植物学家将其定义为"每分钟一英里"的恐怖野草，它只需要很少的水分和养分便能够蓬蓬勃勃地恣意成长，闪电般覆盖周遭所有的植物，使得它们走向窒息和衰亡。

"薇甘菊战略"启动了华为的第二次"弯道超车"，第一次"弯道超车"发端于 2001 年的美国 IT 泡沫。正是依靠"薇甘菊"这样的精神气质，华为从一个"四大皆空"的东方"草籽"，在与西方公司极其悬殊的非对称竞争中，爆发成了通信行业令人生畏的"东方幽灵"，并在 2008 年之后的不到 5 年时间，跃升为全球的行业领导者。

然而，华为在产品和市场两端的薇甘菊式的"二元张力"，却有一个唯一指向：客户。华为聚焦的是客户，而不是对手。在华为看来，对标对手并没有错，但以对手为靶心，则是资源的巨大浪费，是背离华为"以客户为中心"的核心价值观的。而事实上，那些把更多精力和能量用于羁绊、打压甚至企图置竞争对手于死地的企业，很少因此而兴盛、崛起，或者很难逆转自身走下坡路的命运轨迹。因为这是舍本逐末之术，而非成长之"正道"。

毋庸置言，尽管华为聚焦的是客户，但华为的快速蹿升，也确实构成了对西方公司传统地盘和成长空间的挤压，从而不可避免地带来摩擦与冲突。思科与华为之争不过是最具代表性的一剪缩影。

彼此伤害是大企业的本性，握手言和并继续前行同样是大企业的本性。原因很简单：谁也输不起。华为与思科双方，曾经以超人的智慧彼此斗得头破血流，尽管战火是思科一次次地烧起来的——钱伯斯具有一种美国式的斗士性格，但钱伯斯却视任正非为“值得尊敬的对手”，而华为也给予钱伯斯很高的礼遇。

2005 年 12 月的一天，思科与华为诉讼和解一年半左右，钱伯斯考察华为。考察途中，他去了趟洗手间，并“顺道”巡察了一下员工食堂，然后若有所思地对陪同他的郭平说：“看来你们是很有竞争力的……”而当他走进一间研发办公室时，400 多位在场的华为人起立鼓掌，向这位强悍的对手表达敬意。他没想到华为的基层员工也这么尊敬他。他明白，华为高层是理智的，而基层员工在毫无准备的情形下，这么欢迎他，在当时他无疑很感动。

竞而不破。任正非与钱伯斯最近一次见面是在 2014 年的北京首都国际机场。交流完其他话题后，钱伯斯邀请任正非访问美国，任正非笑答：“美国暂时不去了，美国是一个小市场……”钱伯斯：“你认为是小市场，我就踏实了……”钱伯斯又邀任正非去他们家做客，任正非又笑答：“以后吧。我们先去欧洲喝咖啡，欧洲更浪漫一些……”

与美国对华为的贸易拒止政策完全不同的是，“浪漫的欧洲”对华为张开了欢迎的臂膀。敬重实力、崇尚公平，代表着欧洲文明一贯的传统。英国、法国、德国等国家的政要以及欧盟高级官员多次会见任正非和华为其他高管，华为也向欧洲多国投入巨资，兴建研究和开发机构，与此同时，也与各大运营商建立联合创新中心，并从客户那里获得了大量合同。欧洲成为华为的“大粮仓”和战略高地。

问题同样出来了：如何化解欧洲对手们的疑虑？早在 2009 年，即任正非提出“薇甘菊战略”的第二年，他又在公司内部高调警告“不能独霸世界”，并倡导妥协主义。法国电信准备让华为和爱立信搬迁阿尔卡特－朗讯的设备，孙亚芳对华为欧洲区负责人发火：“你们疯了？在法国居然要搬阿朗（阿尔卡特－朗讯）的设备？你们怎么理解商业生态环境的……”任正非也打电话：必须执行命令，不许搬……即将到手的合同硬生生地被废止了。

2013 年，华为某国代表处与运营商达成协议，搬掉爱立信的基站，升级和部署华为的设备。此事被公司董事会知晓后，代表处和主管运营商 BG 的负责人受到严厉批评，并责成写检查在公司内予以通报，同时知会给爱立信高层。

爱立信一位高管曾经讲道，如果爱立信这盏信号塔熄灭了，华为和整个业界将找不到未来的方向。任正非的观点是：我们要把对内对外的妥协都大张旗鼓地讲清楚，华为不是要灭掉谁家的灯塔，华为要竖起自己的灯塔，也要支持爱立信、诺基亚的灯塔永远不倒，华为不独霸天下，友商的概念是华为提出来的……

2012 年底的市场部大会会场，有一条很醒目的横幅：欧洲企业在中国市场的成功代表着华为的诉求。近几年，华为一直在配合中国政府相关部门推动对欧洲电信企业的进一步开放，比如科技部 863 计划项目第一次对欧洲企业开放，爱立信、诺西等被允许参加科技部资金支持的 5G（第五代移动通信技术）项目，工信部重大科技项目也首次向欧洲企业敞开大门，诺西初次参与无线重大专项，上海贝尔、阿朗也参加了无线重大专项和部分 LTE 研发项目……

妥协换来更广阔的生存空间。2012 年前后，欧盟贸易专员多次发起对华为、中兴的“双反”（反低价、反补贴）调查，而爱立信、诺基亚等欧洲公司却站出来为华为背书：华为并非低价倾销。但即使如此，任正非仍然在多个场合，包括与中国政府官员交流时讲：“华为要举白旗，我多数情况下是投降派！我们要把价格提到和爱立信一样高……欧洲是优质粮仓，不能让非洲的弟兄们挣血汗钱，去补贴欧洲区，欧洲多赚点，非洲弟兄的压力就小一点，也平衡了欧洲的商业环境……”

西班牙，巴塞罗那世界移动通信大会。2014 年 2 月，在华为的客户酒会上，一位英国绅士与笔者谈到西班牙斗牛比赛，结尾意味深长地说：“……不能被挑逗的红布牵着走，那是朝被杀死的路上走……”

那天，我们还探讨了乌克兰危机。

并非一个人的奋斗故事

独裁与“有益的专制主义”

领袖意味着抉择。所以，在众多领袖人物的身上，我们看到的显而易见的品质是：果断，甚至武断；敢于拍板甚至独裁。乔布斯曾经说：“我认为那种领导团队集体决策的办法很愚蠢。这会延误产品的上市时间，同时也是推卸责任的表现。”乔布斯拥有典型的独裁个性。

希特勒是公认的独裁者。几十万德国军队在战场上与盟军厮杀时，希特勒在一座城堡的地下室啃咬着地毯，恐惧与焦虑笼罩着这位最高统帅的全部身心。“灵魂浸满了压力”，有位评论者这样描述领袖们。但当有部属或者外人在眼前时，希特勒展示出的永远是坚定、果敢、不容置疑。

霍华德·休斯是美国休斯飞机公司的奠基人，一生轰轰烈烈，充满了冒险和刺激，被美国民众称作“世纪英雄”。但他的个性却专制乖张，一方面自驾飞机飞行，几次差点丧命；一方面却时常把自己关在门窗紧闭的屋内，长年不洗澡，只是不断地用纸巾揩擦身体……

企业派生于军队。企业与军队有太多的相似之处：在规定的时间和空间下，达成规定的目标与任务。这就从本质上赋予了企业领袖或军事指挥官们一种特性：独断乾纲，一言九鼎。换句话说，只有具备了这类个性的人才能承担领袖的角色，这就不难看出，美国杰出的企业家中，为什么有相当多的人出身于军队。

英国籍的华为首席信息安全官约翰·萨福克在谈到任正非时说道，在美国和英国，只要有过从军经历的人都会为此而自豪，华为也应该为自己拥有一位军人出身的领袖而骄傲……

企业和军队都需要某种“有益的专制主义”，这概源于人类的从众本性。从众是生物界和人类社会的普遍现象。雁阵的形成是由于独雁的不安全感；羊以群为单位而行动；即使最具独立精神的孤狼，也常常要抱团出猎；蚂蚁也从众，蚁类世界的井然秩序反映着群蚁对自我的不自信，对他蚁和组织的仰赖。故组织的出现和形成从根本上讲，是由于绝大多数单个生物或个人的安全感的缺乏、方向感的缺位，以及自信心的缺失，所以，组织乃是从众文化的必然产物。然而，从众的实质却是从一，就像组织的核心是领袖。领袖者，蜂王也，孤狼之首也，羊司令也，蚁帅也。领袖要能“无中生有”，众生皆惑我独醒，于混沌中指画清晰；要能“画饼充饥”，面对绝境时给追随者以希望，使众生能望梅止渴，共度时艰。故而，在许多情形下，领袖必须以一言九鼎之势去面对群众，独断乾纲。客观地讲，在某种重大事变的关头，即使你想与人共享信息，共同决策，共担风险，恐怕也难——他人方寸已乱，还眼巴巴地待你撑住呢！更何况，重大的、紧急的许多决定，也容不得雀舌群鸣，众议纷扰。要记住，领袖也会从众，也会耳根软，也会优柔寡断而错失机会，一次尚可，两次可谅，再而三之，则领袖徒名无威，从众者们便也作鸟兽散了……

从这种意义上讲，领袖的独裁风格也是大众的集体不承担造成的。谁能担当，谁敢于负责任，谁就具有了出任领袖的基础条件。这一点，在西方公司中非常明显。西方的政治体制崇尚民主决策，但西方公司却是标准的“CEO 文化”，CEO 在企业的战略规划、人事任命、经营决策等方面拥有至高无上的权力。所以，“一人兴邦，一人丧邦”的现象在西方公司中屡见不鲜。

霍华德 · 休斯以其孤注一掷的决策风格获得了成功，也丧失了很多机会；乔布斯偏执而独裁，缔造了苹果帝国的神话，但早期的乔布斯，恰恰由于过分专制和乖张，几乎被赶出了苹果公司……

曾经一个时期，在一些媒体记者眼里，神秘的任正非也是个

“独裁者”。霸道、专横，甚至有些粗鲁。他可以当着外人的面，用很难听的语言训斥公司的其他领导，搞得对方经常下不来台；情绪失控，是他多年来的常态，甚至在与政府官员会谈时，也会突然呛声发火；在有些时候，他更是失去理智，用脚踢身边的员工……在与人交往时，他也缺乏耐心，滔滔不绝地唱“独角戏”，并不断打断别人的发言……

的确，任正非是位极富牵引力的领袖，在华为10多万员工中拥有足够的威望和强大的“气场”，在公司的决策层代表着至高的权威。正因此，也很容易形成“一言堂”和个人独裁，这种现象在华为发展的前十几年相当明显。尽管在经营决策甚至用人方面，任正非放手乃至放任，但在个别干部的使用方面却过于坚持己见，以致出现一些重大挫折……

“把权力关进笼子里”

方圆世界，有方亦有圆。无方正何言圆通，无妥协亦无坚守。任何人与任何组织概莫能外。所以，一流的领导者既善于发起进攻，又巧于退守和妥协。退守、防御、让步，均有妥协的意味，但并非妥协的本质含义。妥协，是一种最有效的沟通艺术，也代表着民主制度的精义所在。何谓“民主”？一圈人喧嚣叫嚷之后，大嗓门与小嗓门达成的某种音频的共振而已。所以，前提是进攻，是咆哮，是各抒己见，各打各的牌，尽情地发表各自的主张与思想；然后，又是比较，比噪音的分贝、音色，比噪音的合调性与可控性，比发起不同声音者的话语权的大小，等等。充分宣泄与充分比较之后，“妥协”便成为民主音乐合成的核心元素。各执己调的乐手无疑是组织涣散的祸首，而以退让换得双赢的乐师则值得尊敬。这里面的关键人物是指挥者，即组织的领袖。九鼎不可轻举，一言不得妄下，领导者断不能动辄一言九鼎，也绝不可闭塞视听，做独奏者；同时，更要紧的是，为大目标计，为组织的团结计，为集思广益计，领导者在坚守根本原则的前提下，又要做最先妥协的旗手。进攻需要旌旗招引，妥协亦需登高一举；唯此，组织内的每个人才会上行下效，以坦诚之意畅所欲言，以理性精神互相妥协。因此，常见的结果是，并非最好的决策是正确的，合适的决定才可能是最好的选择。这既是妥协的功效，也是代价，但这种代价又是必要的付出……

美国前总统乔治·沃克·布什（小布什）有一句名言：人类最为珍贵的发明就是把权力关进笼子里（见小布什自传《抉择时刻》）。的确，世界第一霸主国的领袖，表面上拥有至高无上的权力，但美国的政治制度决定了，任何领导人都只能握有适当的权柄。白宫 8 年，小布什的一系列内政外交决策，都常常掣肘于参众两院、民主共和两党的无休止辩论之中，以及内阁成员的意见分歧之中。小布什以其牛仔个性总想挣脱“笼子”的束缚，却屡屡被捆住手脚，只能在多方博弈、妥协的框架内做出决策，并付诸行动。

理论上，“政治是众人之事”，商业是 CEO 的文化。但同时，公司的治理结构中却包含董事会、监事会这样的最高领导机构和监管机构。独裁和从不妥协的乔布斯是个神话，但有论者残酷地称：乔布斯死逢其时。假使乔布斯再活 10 年，再做 10 年苹果公司的 CEO，并持续坚持他专制的领袖英雄主义风格和封闭的产品开发路线，也许（只能是也许）苹果公司会经历“成也乔布斯，败也乔布斯”的又一次大坠落，这样的故事在商业史上屡见不鲜。

一贯强势的任正非承认，华为过去的管理实行高度的中央集权，是有非常大的风险的，这个风险就是“人在阵地在，人亡阵地亡”。任正非说：“我们不可能再把任何风险寄托在任何一个人的生命上。幸亏前几年我没有跳楼，我要是真跳下去怎么办？”因此，在新时期，华为要“通过文化、制度和流程来建立越来越科学化的管理，同时越来越放权，越来越加大监控的力度，这是两个轮子，都得并行……”。

但这一切的实施，首先在于领导者的自觉。领袖要打掉江湖老大的做派和唯我独尊的“帝王思想”，企业的权力制衡文化才能真正形成。任正非说：“个人意志要有个筛选的管道，那就是集体决策。领导者要学会在开放状态下决策，在约束状态下决策。面子是次要的，不要怕丢面子。”所以，在华为的董事会、EMT 会议上，当任正非的意见、观点被否决时，他会激烈地坚持，但共识则会达成。“不是我的要求都会被满足，我常常被大家否定。”任正非说。

2004 年，华为高层经过集体反思，确定了一条原则：干部任命实行一票否决制。2009 年之后，又进一步实行“三权分立制”，用人部门的 AT（Administrative Team，实体组织行政管理团队）有干部建议权和建议否决权，上级部门的 AT 有评议权和审核权，党委（道德遵从委员会）有否决权和弹劾权。三权认定之后，还要在公司网站公示 15 天，最后才正式任命。此外还有两年期的回溯机制，两年内被任命者如有重大失职或严重不称职，用人部门的 AT 成员还要承担集体推荐的责任……也就是说，任何人包括任正非，在用人问题上都不能个人说了算，都必须向决策集体的全体成员“妥协”。

事实上，这几年任正非属意的好几位干部在讨论对他们的提拔时，都曾经被集体决策的“多数票”否决了。

2011 年 1 月 15 日，华为新一届董事会、监事会成立，CEO 任正非和董事长被定位为“虚位领袖”，对此，任正非这样进行阐述：

> ……为了未来干部的成长，我和董事长都会作为虚位领袖在董事会里存在，虚位的责任是什么，就是否决，就是我们不同意就会否决，否决以后，董事会再去拿出方案来，当你们的方案我们认为还不行，我们再推翻你们的方案，再在更大的范围内去讨论，这可能就没有我们在小公司时决策那么快，但可能避免犯大错误。这样就能充分发挥大家的主观能动性，积极地去管理，我们的否决权就是在帮助大家……今后董事长的职责主要是弹劾干部，选拔干部还是按照流程和制度来。我在制度建设和文化建设上，起到辅导职责，辅助性的责任。虚位要耐得住寂寞，不然就会把你们折腾得死去活来。任何一个决定都有酝酿期、成熟期、决定做出期、执行期。频频地做指示，就是不断地破坏流程。寂寞是一种痛苦，为了华为的成功，也得忍受……

作为领袖的任正非，在自觉地思考如何把个人的权力“关进笼子里”，华为的管理文化也一步步地趋向民主化和科学化。任正非说：我们处在一个大好时代……所有的大公司、竞争对手，他们都不可能实行华为的机制；所有的小公司也没有我们这样的大品牌，在出现机会的时候我们有能力把机会全部拿到手里……

思科的钱伯斯关心任正非何时退位，媒体和一些关注华为的人士也常常把华为的兴亡系于任正非一人，这显然是种误判。华为，并非一个人的奋斗故事，而是一群人，十几万人的群体合作、群体奋斗……

| 第五章 |

灰度哲学：欲望的激发与控制

太极八卦：人性万花筒

“实事求是四个字，做到好难、好难”

30年前，笔者在师范院校讲授心理学课程。有一次，在课堂上，笔者拿出一把放大镜让几个同学观察自己的皮肤，然后让学生描述观感，有女同学居然惊叫起来，直喊“不忍目睹”，而其他同学的一致反应是：毛骨悚然。

笔者就此展开分析：世界上从来没有完人，任何人包括伟大人物都是丰富的多面体，善恶兼有，美丑皆具，真伪共存。而一些所谓的坏人也并非一无是处，也都有人性闪光的一面。关键是你用什么尺度、站在何种视角去评判。笔者由此忠告学生：第一，在人的问题上，是非不可太清楚，爱憎不必太分明，这样你才能拥有更多的朋友，你的心态才会平和；第二，既然人皆非圣贤、非魔鬼，所以对任何人也不必仰视，更不可俯视，“平视”是正确的相处之道；第三，对自己尤须正确对待，不恰当的自恋自赏与自轻自贱都是在犯绝对主义的错误，都不利于个人的成长。

这样的思想在20世纪80年代初的大学校园，显然是受到抨击的，“是非不可太清楚，爱憎不必太分明”的观点，如果舍掉前提条件，在今天也会遭到指责。但在笔者看来，中国社会当下的诸多对立与冲突、焦虑与紧张、仇视与敌对、浮躁与喧哗等，不仅缘于利益分配的落差，更大程度上在于我们的文化太缺乏包容，太缺乏互相之间对差异化（包括身份、个性、生活方式、阶层、地位、观念等）的宽容和理解，尤其缺乏站在对方立场去思考的思维习惯。作为国粹的京剧的脸谱化、模式化艺术范式，其实是我们从古至今对现实人生的客观表达。

然而，艺术是艺术，观念是观念。现实的人和丰富的人生却完全遵循着自然的轨迹。管理着几十个小孩的幼儿园老师和一个治理几亿、十几亿人口的国家领袖面临的共同问题是：没有完全相同的面孔和完全相同的个性。千人千面千性格，既说明了丰富性，又表现着复杂性。俄罗斯前总统梅德韦杰夫在2012年新年致辞中煽情地说：“我们是各种各样的人，但我们的力量正在于此。”一位偏僻乡镇的村长在参选村委会竞选后的感言是：“人心比井还深，能治理好一个村，也就能治理好一个县……”

人性如宇宙，宏阔又渺小，守恒又多变，有规可循又奇幻莫测。“守恒”源于遗传，但后天的教育背景、家庭环境、生活经历又赋予了每个人更多的丰厚与复杂。所以，识人、择人、改造和使用人，尤其是把各类不同的人组合在一起，并长期融合在一起，向着同一个方向迈进，这其实是天下最富挑战性的工作。从帝王到乡吏，到单个家庭，只要有所谓“组织”的地方，就都有如何把握人性的尖锐命题。

至 2016 年底，华为有 18 万多名员工，90% 以上接受过大学教育，有 165 种国籍的外籍员工 4 万人左右，全公司员工平均年龄 33 岁。在中国的企业组织中，华为的员工构成最具特殊性：知识分子为主体和青年人为主体的庞大队伍，且国别成分最复杂。因此，华为面临的人性的挑战就更艰巨和困难。

当你深入研究华为的经营模式、管理制度、组织架构、企业文化、变革史之后，你不能不得出这样的结论：任正非其实是位卓越的人性管理大师。华为的成功不是技术，不是市场，更不是资源，而是对人性洞察和驾驭的成功。

人性固然复杂多变，更多的人所构成的个性组织固然更多诡杂和变数，但任正非把这一切都扎了个结，定为“灰度”：既然无法参透，倒不如认可、容忍甚至欣赏。

德国诗人歌德说：“从理智的角度向下看，人生犹如恶疾，世界如同疯人院。”那么，换一种视角呢？

任正非说：

> 如果我们通过任职资格审查选拔出来的干部是一种非常完美的人，这种人叫圣人，或叫和尚，外国人叫教父。这不是我们所希望的，我们希望选出来的是一支军队，是一支战斗力很强的军队。通过这次任职资格审查，我们要用科学的评价体系，大幅度提升我们以前感情化的管理。但感情化管理也有一

个非常典型的特征，就是不求全责备，不要求每个人都成为完美的人。

2015年初，任正非在人力资源委员会干部沟通处人员的座谈会上讲道：

……我们真正的干部政策是灰色一点，桥归桥，路归路，不要把功过搅在一起。不要疾恶如仇，黑白分明……干部有些想法或存在一些问题很正常，没有人没有问题。如果我们不坚持宽容的政策，今天业务上做假账，就不会有四五千人的申报……说明我们的宽容政策发挥了很大作用，我们要继续宽容下去，我们不是生死敌人，是同一个战壕中的战友。同一个战壕中的战友，哪里搞脏了一点，洗掉就行了。没啥了不起。不要那么纯洁，至少干部部门不要那么纯洁。如果戴着有色眼镜看人，世界上就没有好人。你们要反复学习“开放、妥协、灰度”。

任正非要求干部沟通处成为“理解干部心声，缓解干部压力”的负反馈机制，做公司与干部沟通的桥梁，“要学会站在干部的一面，而不是站在组织的一面来开展工作”，做干部的“知心人”，而不是“特务”——“有些事情你们知道了就烂在肚子里……”

而与此同时，华为对审计、稽核等监管体系也有一套明确的理念：监管的目的是要千军万马上战场，支撑业务有效运作和商业成功；监管体系一定是善于妥协的系统，敢于做右派，通过妥协，形成冷威慑，最终还是为了业务发展。

任正非要求：审计人员要有不怕做“右派”的心理，才会实事求是。“实事求是这简单的4个字，想做到好难、好难呀”，所以，“审计人员还要站在被审干部的个人立场上，而不仅仅是在审计的立场上展开工作。如果只会站在审计的立场上，常常达不到目的”。

华为高层的目的是：放下包袱，开动机器，千军万马冲上上甘岭。“上甘岭”意指什么？5年内达到年千亿美元的销售额？全球ICT行业的战略无人区……总之，无论是什么样的“上甘岭”，要想攻克它，唯有“遍地英雄下夕烟”，18万人“尽尧舜”……

任正非曾经用中国传统哲学的太极八卦图阐述“灰度理论”：太极圈里的白鱼表示为阳，黑鱼表示为阴。白鱼中间一黑眼睛，黑鱼之中一白眼睛，表示阳中有阴、阴中有阳的道理。万物都在互相转换，互相渗透，阴中有阳，阳中有阴，阴阳相合，相生相克。比如一个人，优点与缺点相互对冲又相互生存。一个组织的辉煌与衰落也都是同宗同源，互为因果的。

更进一步，任正非又从西方历史观的角度分析道：

> ……是新教伦理揭示了中世纪宗教改革的哲学思维，这是对人性释放的哲学思维，它叫资本主义精神，从而开创了对人性的差异化的承认，对差异化也给予了保护，这种对人的权利的保护，释放了个人努力的主观能动，促进了发展。资本主义有两大假设：第一，人是自私的；第二，人是贪婪的。其制度的特征是，约束住人性的缺陷，放开人性的努力。

华为的管理层正是在对人性的深刻洞悉的基础上，创设并推广华为的核心价值观：“以客户为中心，以奋斗者为本，长期坚持艰苦奋斗。”

人性的一切复杂性、丰富性、多变性在这里都被简化了，都变得清晰了：每一位华为人，只要有物质或精神或物质与精神并重追求的原动力，并认可“多劳多得”的华为价值观，无论有多少缺点或个性缺陷，都可以在华为找到施展才华的用武之地。

可以认为，“灰度管理”是任正非首创，并付诸实践的。

秀才·战士·枭雄与将军

1990 年，23 岁的胡厚崑大学毕业的第一份工作是在华为做维修工程师，任正非要求所有的销售人员先从做维修工程师开始，这对那些自视甚高、头脑中充满了知识人的优越感的青年大学生来说，是一个心理挑战。

2001 年，华为领导层错误判断，“国家将很快发放 3G 牌照”，为了备战 3G 时代的“弯道超车”，实现在 3G 产品上“第二年 100 亿的销售目标”，一下子从各高校招聘了 6 000 名大学生，结果 2002 年一开始就发现形势不利，3G 牌照发放遥遥无期。那么，新招的 6 000 人如何消化？最后决定先将他们安排到维修等用户服务体系。但许多新员工不同意，认为“去用户服务是干苦力活，我们是来做研发的”……一时间群情躁动。在任正非与新员工的对话会上，有人跑上讲台对任正非发火：“你一口气招那么多人，是不是头脑发热？”

秀才到“战士”，是个人“华为化”与被组织化的重要阶梯。对华为来说，简言之，大浪淘沙。要在恒河的数亿粒沙子中筛选、淬炼出“脸皮厚”、神经粗糙、个性坚强的“钻石”和“金子”。华为一茬一茬、一波一波的“秀才”，包括今天的“80 后”“90 后”，大都是这样被“改造”了的，他们是华为概念上的“战士和将军”。

华为董事会秘书江西生，20 多年前登门拜会某县邮电局局长，推门进去，正眼都不敢看对方，满面涨红地将公司资料放在局长桌上：“局长，这是我们公司的材料。”未等对方答话，转身就跑出了门……十几个月后，他竟然是华为第一任市场部负责人，胡厚崑、毛生江等都曾经是他的“徒弟”。

任正非的“不要脸才能进步”，就是在这一背景下提出来的。

胡厚崑曾经在广西百色县邮电局客户的走廊里等了两天，才有机会进门拜访客户；李健（现片联副总）在尼日利亚做产品经理时，费尽周折，被允许可以和客户方的总裁见一面，结果在总裁的门外等了三个多小时，最后在总裁上厕所时将对方堵在厕所门口，获得了一次会面机会……

李健也是研究生一毕业就到了华为，他在学校时担任过学生会主席和省学联委员，但到了华为，“一切从头开始，华为是靠业绩说话的”，任何人过往的辉煌在这里都会被“清零”，所以，任何人都必须战胜自我，包括虚荣、自大、卑怯、浮夸以及惰怠的心理。40℃左右的天气，李健一个人拎着电脑和投影仪，穿着西装打着领带，从早到晚地拜见客户，三个月下来，签了 3 000 多万美元的合同，一年后签了接近 2 亿美元的合同，第三年达到 4 亿多美元。连续 4 年，尼日利亚代表处的销售业绩一直排名全球第一，被称作华为的“上甘岭”，李健在短时间内被连续破格提拔了三级，从一个最底层的产品经理火箭般上升为西非地区部副总裁、总裁，管理将近 2 000 人。

“会傻笑吗？”前华为北非地区部总裁彭中阳对一位个性内向、

英语也差的员工说，“不会讲，不敢开口，就对客户傻笑啊。”笑是快速拉近人心距离的丝线。这位“80后”的新员工居然真这么做了，见了客户就是满面笑容，结果，深获客户认可，也很快拿到了合同。

魏承敏（现南太地区部总裁）1996年在河南做售后工程师时，曾经和同事连续三天三夜，在冰天雪地的乡下，坐大巴、手扶拖拉机，也包括自驾车，晚上在矿山、村镇为客户维修交换机设备，饿了就在农户家吃，困了在机房小睡一会儿……甚至还有一次在客户机房的地板上连续住了一个月……

脸皮就是这样磨厚的，意志力也是这样一步步地变得坚韧起来，个性也从而变得粗糙和“匪性”。华为早期有八大“土匪主任”：“喜群居，吃杂食”，“大碗喝酒，大口吃肉”，敢拍胸脯，能打硬仗，不惧权威，敢于抗上，爱兵切也用兵狠……他们在进华为前，大都是国内名牌大学的优秀生，或者是国有企业的业务骨干，也大都属于“秀才型”的气质，但在华为，他们却变成了“战士”，个性中大多嵌入了某些英雄或“枭雄”的做派。

20多年来，华为的“将军”“统帅”序列中，积淀了数百位、上千位这样的枭雄式人物。

那么，作为领袖的任正非是如何将他们的雄心撑得大大的，又如何将个体的意志张力，化作群体的凝聚力与战斗力？

坐而论道，起而奋斗

什么是华为的精神动力学？

是普遍持股制吗？是金钱吗？不可否认，在一个以追逐利益最大化为目标的商业机构中，员工对财富自由度的追求是最基础的人性动力，华为 30 年的急剧扩张式发展，重要前提之一就是形成了一套“以奋斗者为本”的财富激励和财富分配机制。

但仅仅是“银子”分得好，那只能是“乌合之众”。聚散皆因财，组织则无魂；无魂则忽聚忽散，难以持久壮大。

华为最核心的精神动力机制之一是：吹大牛——坐而论道。

郑宝用是华为曾经的“2 号人物”，笔者问他：“你对任总的第一印象是什么？”郑宝用答：“太能吹了！”笔者接着问：“那么你呢？”郑宝用笑着说：“我比他更能吹……”李杰体会很深的是：“在华为学会了吹牛，早年，老板和郑宝用在隔壁的房间吹，我们一帮人在这边吹，人人都被吹得热血沸腾……”

吹什么牛呢？在华为年销售额不到 1 亿元人民币时，郑宝用说华为未来将做到 1 000 亿；任正非则撸起裤管和袖子，对刚刚从校园出来的年轻人说：20 年后，华为将是世界级的大公司，全球通信行业四分天下，华为有其一；半年后，变成了“三分天下，华为有其一”，日本被他轻松地刷掉了（一些老华为人印象深刻的镜头之一是：有一天的中午吃饭时间，员工们正在餐厅吃饭，任正非从厨房快步走出来，戴着围裙，挥舞着锅铲对大家激情洋溢地喊：“20 年后……”上百位员工先是错愕，接着兴奋、鼓掌——那是任正非第一次讲“20 年后……”）。

这是一个“夜半吹口哨”、互相壮胆的华为时代，也是一个非常好的建立信心的时代。创立之初的前 10 年，每到晚上 9 点左右，任正非经常端着一个大茶缸，来到研发人员简陋的办公室，把大家叫到一起“坐而论道”，20 多岁的小青年们被任正非一通激励：“你们好伟大啊！你们今天干的事情比贝尔实验室做的事情还要伟大……”年轻的工程师人人清楚，贝尔实验室是美国的“科技心脏”，但每个人都被一种强大的气场感染，“吹完牛，就觉得浑身有使不完的劲”，接着去加班、去奋斗……有时夜里很晚了，“老板又把大家拉出去吃夜宵，又是一起豪气冲天”……

20 年之后的 2014 年，美国的贝尔实验室衰落了，华为成为全球百家最具创新力的公司之一。

“人有多大胆，地有多大产”，1993 年之后的持续多年，华为每年的销售额都翻倍增长，每到确定下一年的销售目标时，大家都普遍认为“不可能完成”，但每次都能够突破整个组织心理天花板的极限。长期主管市场体系的胡厚崑说：“每年都是拍脑袋定目标，年年都完成了。”所以，每到年底市场部开大会时，市场部的几百人、几千人集体站起来唱一首老歌：《真心英雄》……

什么叫组织愿景？说到底，是一种组织牵引力。为什么那么多优秀的知识青年愿意追随任正非，那么多“枭雄式”的“李云龙”愿意集结在统一的旗帜下，向着同一个目标前进，就是因为这个目标或者愿景足够远大和宽阔，能够寄托和容纳他们的个人雄心、远大抱负、成就感。

这个愿景是如何产生的？吹牛，论道；先是一个人讲，一群人将信将疑；反复地讲，少数人信了；持续地讲，更多人也信了；20 多年不厌其烦地讲，10 多万人被卷进“晕轮效应”中，结果这个吹出来的“牛”或者“愿景”就被衍化成共同的组织情绪。

青年人的天性非常符合集体无意识哲学。但青年人的狂热如果总是被“乌托邦”的幻觉击碎，被“海市蜃楼”警醒，他们也最容易走向集体的反叛和个人主义的疏离。所以，组织的愿景必须宏大，这样才能点燃青年人心中的火焰；但组织又必须将愿景付诸行动，付诸个体激情燃烧之后的奋斗；唯有个体融入群体之后的一致奋斗的行为，才有可能使"吹牛"变成现实，使"不可能"的未来变成实实在在的"通天塔"。

华为前党委书记陈珠芳曾经是华中科技大学研究员、工商管理学院常务副院长，退休后加盟华为。刚进华为不久，她对徐直军说："我是真的打工者，你们有股票，你们才是老板……"徐直军说："陈老师，那只是一张白纸，你以为呢？"华为许多老员工在很长时间里都不在乎所谓"股权"的价值。2002 年配股时，规定个人要从银行贷款购买，有人去问陈珠芳："我到底买不买？"陈珠芳答："你到了外面，拿了钱还不是要赌吗？你还不如跟着任正非赌……"

2001 年前后，UT 斯达康想挖余承东过去，承诺给他很高的待遇，尤其是价值不菲的股票，余承东婉拒了。余承东身上刻上了很深的华为"文身"：一边吹牛，一边战斗。用余承东的话说："任总的特点是，地图画得大大的，地图画好了，大部队全压上去……我们都向老板学到了这一点，用未来的希望之光凝聚大家，不是钱的问题……"

余承东的绰号叫"余大嘴""余疯子"，在华为这样的以激进分子为主体的中高级干部群体中，余承东更为冒进，更敢挑战"不可能"。任正非这样说："就让余疯子搞黑与白去，我们多点灰度，不正好和他对冲一下……"

1996 年被余承东招聘进华为的侯金龙是华为 GSM 的创始人，到了 1998 年余承东又开始一个人拉队伍，搞 3G 预研。华为的无线产品线具有典型的“土匪扩张型”的特点，10 多年来，在徐直军、余承东、万飚、汪涛等人的带领下，从几个人急剧膨胀到今天的几万人，承载着公司 1/3 以上的销售额和一半以上的利润，但也曾经七八年的时间，无线产品线没收入、没利润，只能向公司借钱给大家发奖金。靠什么凝聚队伍呢？志向与愿景，以及“王者之气”。“我带的队伍要有王者之气，在哪里都要干到最好，能够超越任何对手……”整个队伍从上到下被煽惑得嗷嗷叫，结果，WCDMA 是华为第一个向海外发达国家出售的产品，并从欧洲扩展到了世界各国，包括中国。在余承东执掌终端产品线的过去六年多时间里，华为的手机业务也开始在全球业界有了一定地位。

终端的志向在哪里？余承东对内对外张扬的“牛皮”是：“我们要成为全球最领先、最赚钱的一家公司，我们会一路向上走的，短期两年可能会艰难和痛苦，未来的爆发力量会非常强，我们要为未来积蓄强大的爆发力，没有面向未来的能力是不可能走得很远的，我们在任何领域都要有核心能力积累……”

“萝卜”与“坑”的辩证法

英雄是上甘岭上打出来的，也是被激发出来的，更是在舞台上“折腾”出来的。舞台逼仄，蜗牛壳里办“道场”，道士们岂能大展法术？更遑论高手云集？所以，组织的核心使命之一，就是不断扩张，不断满足和创造客户需求，这既是实现组织愿景的唯一选择，也是为了组织自身的良性发展。徐直军在解释华为在运营商业务之外，又向企业网业务扩展的原因时，说道：“很简单，不扩张，这么多人怎么办……”

这背后的潜台词应该是：权力拥挤，一个坑几个萝卜抢着上，就会带来事实上的权力倾轧。能量是守恒的，需要消耗的，指向客户则组织发达；指向内部，则你争我夺，天下纷攘。

“一个萝卜一个坑”，是中国人对人力资源管理的形象说法，组织管理的相当一部分任务，说穿了，就是持续不断地“挖坑”“找萝卜”，让“坑”与“萝卜”适配……

很显然，“一个萝卜一个坑”的负性影响是可怕的，会形成山头，也会带来惰怠。组织在早中期的相当长时间，是位置多，“萝卜”少，人力资源部门甚至组织领袖必须花大量的时间，满世界为“坑”找“萝卜”。但与此同时，也必须警惕山头和惰怠，防止“坑”与“萝卜”的过度联结，并形成适度、良性的竞争。华为的中基层干部每年实行 10% 的末位淘汰制，公司董事会成员每隔 5 年由股东代表大会进行重新选举，都是激发组织活力、防止人事板结的重要举措。

“小萝卜”占“大坑”行与否？这其实牵涉一个原则问题：敢不敢在干部使用上冒险和试错？早期，华为的干部任用风格相当激进，大多数二十出头的年轻人都有过一两年被破格提拔两至三次乃至 5 次以上的“火箭”经历：26 岁的郑宝用担任公司二把手；27 岁的李一男，进公司一年后直线提拔为中研院院长、常务副总裁；刚进入华为不到三个月、半年的研发工程师，不少人都被压上项目负责人的担子，“人你去找，事你去干”，公司只管给钱给平台，结果，无数的“小萝卜”在“大坑”里快速发育，边战斗边成长，不到20年，许多人才四十出头，就成为全球通信领域颇具权威的技术专家、管理领袖。例如，主管华为固定网络产品线的查钧，年仅 44 岁，却被华为员工称作“查老”，他 1997 年进入华为，如今管理着 1.4 万人的研发团队。

王海杰回忆，2003 年，摩托罗拉与华为谈判，放弃自身的无线产品研发，贴牌生产华为的产品。谈判结束后，晚上大家去酒吧喝酒，摩托罗拉主持谈判的技术组长，也是 GSM 研发的总工程师，一位白发苍苍的老科学家，他问华为主持 GSM 谈判的组长王海杰：Jack，您今年多大？王海杰回答：32 岁。对方黯然：我进摩托罗拉时你还没有出生，我从事无线研发 30 多年了，却被你们一家做了 10 年不到的公司超越了……说完后，趴在酒桌上哭了。

10 年之后的王海杰，担任华为上海研究所所长，管理着上万人的研发团队。

“华为的用人标准是成王败寇”，在白志东看来，这是任何企业的天然选择。舞台足够大，但你自身的成长力有限，或者怀揣异志，自然会在剔除之列。

冒险的代价是风险。这些年，华为在用人问题上也有不少失误，这就要求公司在干部的“选用留育管”方面走向规范化与标准化。但是，10 多年来构建的、越来越流程化的一整套干部任用、提拔的精英制度，也在一定程度上埋没了一批更具潜力的人才，也不利于在全球化的格局中广揽世界级的良才。

“鸡”与“蛋”孰先孰后？这是个古老的哲学话题，华为高层对此有过激烈争论，最后基本统一到“先有鸡，后有蛋”的假定前提上来：先肯定鸡的存在，能不能生出蛋，生出多少蛋，生出来的是金蛋还是臭蛋？一切由实践去检验，大不了多几只不生蛋的鸡，调整一下不就得了，关键是，用人哲学基于开放的大逻辑，就会有更多的金鸡“群贤毕至”，华为的事业不就更加兴旺了吗？

20 世纪 90 年代中期，全国工资最高的是华为。一些国企、政府部门有意见，教育部专门就此开过一次会议，会上不少人指责：华为把劳动力价格抬高了……华为一位高管在私下里对这一指责的回应是：华为把知识分子的工资抬高了，使得一部分人留在国内创业，相当于把自己养肥的鸡留在家里生蛋，然后把蛋高价卖到国外；如果他们在国内找不到感觉，跑到国外去生蛋，然后西方人把蛋再高价卖回中国，哪种做法对国家更有利？

这些年，华为吸引了不少“外国鸡”来华为生蛋，然后把蛋卖向全世界……这无疑和华为偏于开放、激进、勇于试错的人力资源文化有很大关系。

“大萝卜占小坑”行不行？在华为，一个高级干部突然被任命为某个代表处代表、地区部总裁，或者去某个基层部门担任主管，已成司空见惯的现象。市场部总裁毛生江被安排到山东代表处做代表，公司副总裁徐直军被派到上海代表处做代表，终端部总裁万飚被转任到俄罗斯地区部做总裁，公司常务副总裁徐文伟被下派到西欧地区部做总裁……大多是从管理上千人，甚至上万人的队伍，转任后只管几十、几百号人……

“为什么这样折腾干部？”有人不理解，甚至哭过，也有人因此离开了公司。但在华为，这是很重要的一关：烧不死的鸟是凤凰。干部能上能下，不断挪坑，在不同的“坑”里历练，就是所谓“之”字形的成长路线。华为高级干部中的绝大多数，出校门后，只在一到两个公司（政府）干过，青春几乎全耗在了华为，但他们在华为却大多经历过 5~10 个甚至更多的不同岗位，有人就曾在 23 年间换了 15 个以上的部门，现任华为监事田峰就曾在公司换过 10 个以上的岗位……既锻炼了全方位的能力，又淬炼了意志。

然而，“小坑配大萝卜”还有另一层战略意图：虽然眼下的“坑”小，但它却是公司未来的战略高地，配备一位三星、四星级的上将过去指挥一个连、一个团，目的就是利用上将的战略眼光、影响力以及调配资源的综合能力，将“小坑”迅速撑大，包括队伍、市场、客户渗透力、销售额与利润等，都能够加速度获得扩展。

这里同样是“成王败寇”的逻辑。“大将军”到了小舞台，却迟迟达不成快速扩张的目标，对组织的贡献不大，那么，也同样会被问责，包括回不到原有的职位。

什么叫组织最大的公平？用人赛马制。马是跑出来的，跑出来的马才服众，才会竖起一个组织最鲜明的风向标。

创新之敌：黑白不兼容

领袖胸怀：“垃圾处理厂”

10 年前，任正非翻阅一篇回忆毛泽东和身边工作人员的文章，毛泽东说过一句话：水至清则无鱼。任正非大发感慨：泥沙俱下，才可以叫作“河流”。领导者要有胸怀和气度，领导的责任就是制度建设，筑堤坝。堤坝要坚固，要有一定的高度；河道要宽，有坡度，有起伏，水流才能有速度，又不会溢出去。还要有泄洪的闸门，让不同意见有出气口，不至于积蓄成灾难。

也有人形象地比喻：称职的领袖人物或领导者，他们的胸怀无不类似于“垃圾处理厂”——回收、分类、加工。组织或团体，本来就是鱼龙混杂之所，信息滋生和传播的阵地，同时，也是不同人性冲突的竞技场。有位叫殷罗毕的作者在《私人水下城市》的文章中写道：“人类在世上的烦恼和精神病，大半都出于和人类在一起待得太久。抑郁症、狂躁症、强迫症、精神分裂、妄想症，几乎都来自一个原因、一个问题：在别人的眼中，我究竟是怎样的？”

领导者的重要职责则是：创建正确的组织评价体系，使个人追求与组织目标相统一，同时，能容忍每个人不同个性的自由张扬，但又要疏导和抑制自我情绪对他人和组织的破坏性影响。组织的“亚文化”形态健康与否，其实在根本程度上决定着组织的生死。而“亚文化”的核心问题则是“小道信息”和谣言的传播力与杀伤力。

有企业家更极端地说：“与其随地大小便，不如就地建厕所。”“厕所”建在哪里？建在各级领导者、管理者的胸怀之上。让员工有正常的管道自由表达意见，包括错误的、虚假的、恶意的、偏激的……管理者们不能“容丑”和“纳污”，“丑”和“污”就会无节制无边界地肆意涌流，四处扩散。

因此，“垃圾处理厂”的比喻可能更形象一些。善于倾听信息，不可掩耳盗铃，用任正非的话说，“你抗拒什么，什么就会扩大”。

领袖的耳朵要软，眼睛要锐利；对信息要善于分类，哪些是建设性的，哪些是无用的，哪些是破坏性的，哪些是放射性的或腐蚀性的，然后再进行加工处理，该“填埋”的“填埋”，不让它发酵；该“焚烧”的“焚烧”，该“生物降解”处理的就“生物降解”，披沙拣金，利废兴宝，既清洁了组织环境，又强化了组织动能。

所以，领袖又要有清醒的头脑、易受感染的心灵，以及强有力的手腕。

一个时期，互联网上有不少关于华为和华为领导人的负面信息，明眼人一看，就知道是华为内部的员工发布的，抱怨、抨击、流言、似是而非的“揭秘”……如何应对？公司高层有过激烈的争论，但最终还是统一到了“开放、妥协、灰度”的共识上。任正非说，人长嘴就是要说话，人多嘴杂，噪音自然就多，这是一种客观存在，靠堵和查是不能解决问题的，反而会助长不良舆论。公司决定设立“心声社区”，鼓励员工就公司的制度、政策、决定等发表意见和看法，员工之间也可以自由辩论。几年之后，这个被称作“华为的透明外衣”的“罗马广场”，竟成为公司高层收集民意、上情下达的重要平台。

“心声社区”是华为民主管理机制的重大创新和实验，运行 5 年多来，变得越来越成熟和开放，既是正能量传播的巨大管道，又是 18 万人“思想意见的集散地”，同时也是对各级管理者全频谱、多频谱的观点、作风和行为的“扫描仪”。上自任正非、董监会成员、各业务 BG 负责人、研究部门主管等高级干部，下至基层主管，都或多或少地被“围观”过，有些高管还遭到过几万人次的尖锐批评……当然，公司高层也从员工的广泛参与中汲取智慧，发现人才，用任正非的话说，在大量的跟帖中，看到将星在闪耀……

源与流：包容是一种力量

《我的父亲母亲》是一篇脍炙人口的文章，被翻译成了多国文字，许多人读后深受感动。但在任树录（任正非弟弟）看来，却是“有些平淡，他在外面上学，并不太了解父母遭遇的太多苦难”，他讲述的镜头之一是：被打成“走资派”的父亲有一次从外面回到家，面带笑容不断地对母亲念叨，“刚才有人向我打招呼了，真好真好”……一个高级知识分子由于所谓“历史问题”，在精神上被凌辱，被大众唾弃，被自己的同事和学生孤立，偶尔得到街边一位陌生人的问候，居然让他露出了久违的笑容，感到受宠若惊……

其实，青少年时期的任正非，何曾未遭遇过被无知和褊狭打击的经历？因此，在他创立了华为、掌握了一方天地时，他最珍惜和刻意创立的华为文化本质之一，就是包容与宽容。

关于宽容，任正非有过生动的演说：“宽容是领导者的成功之道……任何工作，无非涉及两个方面，一是同物打交道，二是同人打交道。一个科学家，性格怪僻，但他的工作只是一个人在实验室里同仪器打交道，那么，不宽容无伤大雅。一个车间里的员工，只是同机器打交道，那么，即使他同所有人都合不来，也不妨碍他施展技艺制造出精美的产品。但是，任何管理者，都必须同人打交道。有人把管理定义为‘通过别人做好工作的技能’。一旦同人打交道，宽容的重要性立即就会显示出来。”

这几年，华为刻意在公司倡导和配置反对的声音，甚至在组织体系上构建与“红军”唱反调的“蓝军”。而且从蓝军的优秀干部中，选拔红军司令。“只有能找得到华为死穴的人，上来后才能改进组织。”

白志东是华为接入网的发明者，也做过上海代表处的代表和定价中心负责人，每到一处工作，总有“异端之举”和“异端言辞”。他个性自由，敢于直言，很怀恋20世纪90年代的华为：“没人管，想干什么就干什么，只要能把东西做出来就行……”笔者问：“你这样的个性，为什么能在华为待下来，一待20年？”白志东答：“被容忍的。华为文化还是能接受一些事情的……”在徐直军的提议下，白志东在华为构建蓝军组织时，被任命为“蓝军司令”。

任正非说：

> 蓝军存在于方方面面，内部的任何方面都有蓝军，蓝军不是一个上层组织，下层就没有了。在你的思想里面也是红蓝对决的，我认为人的一生中从来都是红蓝对决的。我的一生中反对自己的意愿，大过我自己想做的事情，就是我自己对自己的批判远远比我自己的决定还多。我认为蓝军是存在于任何领域、任何流程之中的，任何时间、空间都有红蓝对决。如果有组织出现了反对力量，我比较乐意容忍。要团结一切可以团结的人，共同打天下，包括不同意见的人。进来以后就算组成反对联盟都没有关系，他们只要是技术上的反对，只要他们不是挑拨离间、歪门邪道，要允许技术上的反对。百花齐放、百家争鸣，让人的聪明才智真正发挥出来。允许异见，就是战略储备。

余承东的研究生导师对他的评价是：“不适合在企业或社会上工作，适合做专家。”他自认为是“天马行空侠客派，激进派，不安分分子，鲇鱼，不大讨领导喜欢，与中国文化的和谐与中庸精神相悖”……但华为给刚从大学校园里出来的余承东的第一印象是：

一个神奇的地方，有的人学校没毕业，有的人被原单位开除，有的人从单位偷偷跑到华为，很多人没身份，上班很自由，有人玩游戏，有女生背墙练倒立，也有将脚放在电脑键盘上……但大家工作起来很玩命，每天都在10个小时以上，管理也很混乱，电脑也没加锁，有人把硬盘摘出，整个研发资料就被复制走了，然后投奔竞争对手……

余承东经历了华为从混乱到规范化管理的全过程。某种意义上，规范化必然会在许多方面限制个性，打磨掉一些人的锐气与棱角，但余承东的个性依然很本色，也许他是任正非批评最多的高级干部之一，但他却说："老板脾气很火暴，但内心宽厚，华为还是很包容，我活下来了……"

其实，任正非并不推崇巴顿将军、李云龙式的干部，他更欣赏艾森豪威尔，一个从将军到战略家、到统帅的领袖人物。余承东被派到欧洲做总裁时，任正非对他说：你要学会做领袖……

但华为更多的干部不是领袖，是充满了优缺点、个性鲜明的将军和士兵，如何对待这大多数的人呢？还有，如何对待历史上犯过错误的干部和员工呢？

乔布斯去世那天，正是中国国庆长假期间，任正非一家在云南丽江度假。听到乔布斯的死讯后，作为乔布斯崇拜者的任正非的小女儿，提议在酒店的户外餐厅默哀，一起度假的公司同事和家人在音乐的环绕下，围站成一圈，静默一分钟。十几天后，任正非在与人交谈时说道："中国不具备产生乔布斯的文化土壤，我们的社会太缺乏宽容，对知识产权也缺乏保护。上亿的中国人悼念乔布斯，为什么就不能对中国自己的企业家多些包容呢？有包容才能有创新，才能诞生伟大的商人。”

任正非没有说出的是，一个不允许犯错和失败的民族常常会扼杀掉民族的创造力和精英人才。乔布斯是个怪诞的人，不谙世故的天才，年轻时还曾吸大麻，美国文化却给了他最大的宽容。英国街头到处矗立着人物雕像，既有伟大的思想家、艺术家、贤君，也有历史上的千古暴君、小丑。而我们国家，何时能抛弃非黑即白、非正即邪的善恶二元论的思维惯性呢？60年前朝鲜战争中的中国战俘们，回国后几乎无一例外地被当作“变节者”受尽磨难；而美国战俘在其本土却受到不亚于英雄般的礼遇……

过去10多年，任正非到处在讲一个例子，美国的宇航之父克劳金，做过“二战”时德国的党卫军军官，苏联的宇航之父科罗廖夫，反对过斯大林，他们都是死刑犯。但两个意识形态完全对立的国家都给了“死刑犯”戴罪立功的机会，结果美、苏早期的航天争霸就成了两个死刑犯的竞赛。

现代计算机之父阿兰·图灵认为，有一天机器将强大到能像人类一样思考，但图灵“英勇、悲剧的一生”反驳了人的心灵和机器没有区别这一概念，“图灵的生命是有血有肉的复合体”，因此，他比机器脆弱而复杂。1954年6月7日，41岁的图灵自杀身亡——他是被英国社会的不包容与文化偏见杀死的——他生前是同性恋。

图灵以他的天才大脑缔造了人类的信息技术时代。华为有一个实验室的名称是：图灵实验室。

人非圣贤，孰能无过？古人中不乏清醒的智者。但我们主流的文化却是“是即是是，非即是非”，黑白不兼容。问题是人皆有缺点、污点、阴暗面，如果你不能包容他的缺陷与错误，你就只能做孤家寡人。

为什么中国许多公司兴起得快，也衰落得快？创业者或管理者的狭隘与不宽容也是重要原因。

2013 年下半年，华为董事会通过了一项决议：《团结一切可以团结的力量》。

2016 年初，笔者在华为“心声社区”发表了《不完善的英雄也是英雄》一文，持续两个月左右，十万以上人次浏览，上万人在网上激烈辩论，在华为之外的媒体和网络上也有数万人就此话题展开讨论。宽容、宽厚、宽松，是创新型组织的必需氛围，这其中既包括对人才的精神关怀，也包括为五湖四海的人才创造“因人而异、而需”的工作环境——“吸引人才不是将他们都围进中国来，而是将种子播撒在最适宜的土壤里……”

2014 年 6 月，华为副董事长、轮值 CEO 郭平会见了爱尔兰总理恩达 · 肯尼。恩达 · 肯尼问，华为为何选择在距离爱尔兰首都都柏林 280 公里之外的科克（Cork）建立研究所？郭平回答：因为那里有一位网络架构的大牛人，他只愿意待在家乡，华为就在其家乡为其建立了一支研究团队。

和而不同、欣赏差异、尊重人才、围绕目标、聚焦工作，让全世界的优秀人才在华为展现才华，是华为的核心人才观。某跨国公司总裁评价道：到今天为止，华为是全世界唯一用好了中国人才和非中国人才的公司。华为的 16 位 Fellow（院士）中，有 9 位外籍科学家，7 位中国科学家。

“花了很多钱，买了个大花瓶”，诚如徐庶在曹营，只拿待遇，不做贡献，对曹营是损失，对徐庶也是不幸，这样的“皆大痛苦”

是华为所忌讳的现象。华为追求将科学家的思想商业化与实现科学家、工程师相结合，最终研发成果为市场所用。这即是，既用待遇留人，更用事业激励人。

领袖要摒弃“帝王思想”

2012 年元旦，任正非发表了在 EMT 会议上的讲话《一江春水向东流》。华为内部网站三天的点击量达到了 60 万人次，在国内各大网站和媒体中也激起了巨大反响：这是那个一贯强势、神秘的任正非吗？这是真正的任正非吗？

是的，这就是任正非的真面孔，一位骄傲、自信、恐惧和孤独的混合体。在文章中，他自述道：小时候，妈妈给我们讲希腊大力神的故事，我们崇拜得不得了。少年不知事的时期我们崇拜上李元霸、宇文成都这种盖世英雄，传播着张飞“杀”（争斗）岳飞的荒诞故事。在青春萌动的时期，突然敏锐地感觉到李清照的千古情人是力拔山兮的项羽，至此“生当作人杰，死亦为鬼雄”又成了我们的人生警句。当然这种个人英雄主义，也不是没有意义，它迫使我们在学习上争斗，取得了较好的成绩……

但是，正是这种“英雄崇拜”的人生哲学，给他的个人履历添加了太多的坎坷。小学、中学总被同伴们排斥，大学加入不了共青团，当兵多年也没加入共产党（任正非加入中国共产党是在当兵多年之后），“处处都处在人生逆境”，孤立、孤独是他 40 岁之前的真实描述。

从没有做过领导的任正非，在过了不惑之年之后，创立了华为。

与一切草莽英雄打天下的经历相似，创业初期，“落草为寇”，不分彼此，“分银子”、“排位子”、称兄道弟、分股均产……一派“梁山泊结义”的热闹景象，这就是早期华为的真面孔。

> 我是一个人创建了华为，当时在中国叫个体户，想组织千军万马，是有些狂妄，不合时宜，是有些想吃天鹅肉的梦幻。我创建公司时设计了员工持股制度，通过利益分享，团结起员工，那时我还不懂期权制度，更不知道西方在这方面很发达，有多种形式的激励机制。仅凭自己过去的人生挫折，感悟到与员工分担责任，分享利益……
>
> 在华为成立公司之初，我是听任“游击队长”们发挥的。其实，我也领导不了他们，前 10 年几乎没有开过办公会类似的会议，总是飞到各地去，听取他们的汇报，他们说怎么办就怎么办，理解他们；听听研发人员的发散思维，乱成一团的所谓研发，当时简直不可能有清晰的方向，像玻璃罩中的苍蝇，乱碰乱撞，听客户一点点改进的要求，就奋力去找机会……更谈不上如何去管财务了，我根本就不懂财务，结果后来没有处理好与财务的关系，他们被提拔得少，责任在我。也许是我无能、傻，才如此放权，是各路诸侯的聪明才智大发挥，成就了华为。我那时被称作甩手掌柜，不是我甩手，而是我真不知道如何管……到 1997 年，公司内部的思想混乱，主义林立，各路诸侯都显示出他们的实力，公司往何处去，不得要领……

任正非以极其坦诚、质朴的语言再现了原始积累期的华为。有学者认为，中国的社会组织在早期的成长中，一般都充斥着朴素的平均主义文化和简单的民主形态，比如太平天国的早期、同盟会的早期。但当组织壮大时或霸业有成时，组织领袖的专制风格便开始膨胀起来，大权独揽，小权亦独占，上上下下唯“老板”马首是瞻，任何不同意见或建议都会轻易被扼杀或否决。这在中国的各类组织中，甚至高等学府、科研机构、各类协会里面，几乎是普遍存在的现象。

中国人有根深蒂固的“帝王思想”。可惜的是，这一点在中国的企业中也十分严重。10 年前、20 年前创业时乃一介平民或系低层官员下海经商，或一转业军官，或一农民，或一教员……若干年后，斗转星移，占得一处商业地盘时，就开始不可一世起来，自视甚高，自我膨胀，唯我独尊，专断独裁，企业内个人崇拜之风炽盛，甚至荒诞到将企业的成功归结为“自家祖荫的风水”，而不是几十年的群体奋斗……

悲剧在于，当企业家变成以“老大”自居的“帝王”时，企业的管理文化就开始“黑白分明”起来，而“黑”与“白”的标准则完全依据“老大”的喜怒好恶，而不是客观的“灰色”“灰度”。

当“一个领袖、一个声音、一个思想”统治一个组织时，这个组织就开始肢体僵硬，离崩溃不远了。

任正非是华为公认的企业领袖，但不是“帝王”。媒体为了耸人听闻的效果，总喜欢给那些有巨大气场的强势领导人冠之以“帝”或“王”的称号，这其实是很大的误解和偏见。帝者王者，无疑是高高在上者，也无疑是挂在天上的被风干的“思想木乃伊”，远离现实，自我封闭与被封闭，金口玉言，字字金科玉律，“最高指示”谁也不可置疑。在这样的“帝王”所缔造和驾驭的企业帝国里，一切都是高度秩序化的、非黑即白的、空气紧张甚至让人窒息的。

很显然，当人们赋予乔布斯“帝王”的桂冠时，不是在颂扬他，而是对他的误判与亵渎。任正非总是在撕去披在他身上的“皇帝的新衣”，总是在说，我什么都懂一点，什么又都不懂，我不过是华为的“文化教员”而已。“我在技术上、管理上、财务上，基本是个半明白人，处在边学习边实践的状态。因此，我必须，也只有谦虚地团结一群人，发挥集体管理的作用去推动企业的发展。”

在华为 2012 年的一次常务董事会的民主生活会上，有人提议对任正非进行评价并投票：老板（任正非）懂技术吗？有 7 人投否定票；老板懂市场吗？又有 7 人投否定票；接着问，老板懂管理吗？有一人投否定票。投“老板懂管理”否定票的是华为副董事长徐直军。这位湖南籍的小个子精力充沛，敢于直言，商业嗅觉敏锐，“是只狡猾的小狐狸，鼻子尖尖的，总能先于他人闻到任何的机会”，但他又深谙合作之道。正是他，在接待中国银行董事长肖钢时说，华为的 IPD、ISC 是一个非常大的变革，任总就懂几个字 IPD、ISC，内容就不明白了，但他坚定不移地推行，把不合适的人调开，这个巨大的管理工程变革实施历经 14 年，才有今天的研发水平和端到端的交付水平，培养了服务于全球客户的能力……

徐直军还原了真实的、有所为有所不为的、带有强烈任氏风格的任正非。是的，任正非对技术、市场甚至企业管理并非都懂，只能算是“半瓶子醋”。但任正非的确是一位管理思想家，用任正非自己的话说：“我 20 多年主要是务虚，务虚占七成，务实占三成。”他将自己的角色定位于：学习、思考、交流、传播……

少年创伤记忆：饥饿与共享

2012年以来，华为在全球走出了被“妖魔化”的影子，人们通过华为越来越开放和透明的举动，终于意识到，这家来自中国的高科技企业成功的背后，有它令人信服的故事经纬和哲学架构，即一套简明的、基于人性欲望的价值观所牵引下的有血有泪、有欢乐与苦难、有充实与绝望的一部群体奋斗史和财富创造史，同时，也是一部人性管理思想的探索史。

笔者在新加坡国立大学商学院访学期间，不止一位教授好奇地探究：华为的管理理念和实践，显然是现行的东西方管理教程无法完全覆盖的，许多方面也溢出了旧有的框架与范式，甚至是华为自身的独创，比如两次大辞职的变革举措等。问题是，它的源与流出自哪里？

笔者答：在《我的父亲母亲》中去找吧。这篇写于2001年的“口水话”的散文，可以说是华为创始人任正非极其坦诚的内心独语，既是对父母的奠文，也是对自己说的话，同时也是对公司内外部员工、社会大众以及各类关心和猜忌华为的人的一次表白。华为创立30年的全部思想与实践的源头都可以从中寻出脉络。

“饥饿”的印迹，在这篇散文处处可见。在56岁的任正非的心底，20世纪60年代的大饥荒留给他的最深刻的画面，是每天早上母亲塞在他手中的一块玉米饼，而这是“从父母和弟妹口中抠出来的”；每到月末几天，母亲四处去向他人借两三元人民币，以度九口之家断顿的饥荒；两三人合盖一床被子，而被单下面是稻草；大热天从没穿过衬衣，总是穿着厚厚的衣服，因为家中没有换季的衣服……

饥饿感，是留存于经历过长期忍饥挨饿年代的一代人的共同记忆，从而形成了一些人或多或少的“少年创伤记忆”，这种积淀无疑会对每个成长中的个人的性格、人格构成或深或浅、或多或少的影响。有学者以观察而非实证的判断，得出假定性结论：饥饿带来的心理创伤，使 20 世纪 40 年代至 60 年代出生的人，普遍对“短缺”恐惧，而当这种恐惧或焦虑遇到释放的机会，便会衍生出普遍的贪婪，对具象的财富、抽象的权力、功名心等超限的渴望。学者举例：你看 50 岁至 70 岁这些人多数在饭桌上的表现，一是点菜多，不管人多人少都是一大桌，二是大都狼吞虎咽，吃饭速度快……他们的走路也都是急匆匆的，少一些从容不迫……

笔者暗自笑了：笔者不正如此吗？任正非更是如此。

贪婪，我们暂时假定它是个中性词，它也是人类历史进步的最大动力之一。贪婪滋生出改变世界的雄心。中国过往 30 年的经济腾飞，正是基于两代人巨大的饥饿感和由此催生出的狂热而充沛的冒险精神、进取精神，这既成就了一批卓越的各领域的精英领袖、企业家，也奠定了国家的强大实力。当然也有诸多的冒险者毁于贪婪的失度与失控。

任正非无疑是贪婪的。2007 年的某一天，当他在听取日本代表处代表阎立大汇报代表处业绩时，颇不耐烦地说：“我不想听这些，我要的是整个世界！”正是这种以“整个世界”为坐标的胃口和企图心，才带来了一批中国企业包括华为，在不到 30 年的时间获得了世界级的成功。

然而，对任正非来说，巨大的贪婪心仅是其个性特质的一极，与之对冲乃至于对立的另一极则是：对个人和整个组织欲望的节制，或者共享。华为的劳动者普遍持股制、“深淘滩，低作堰”的经营与管理理念、与友商共建全球商业生态平衡的竞争合作观等，无不体现了一种强大的理性认知与把控。

“活下去”是华为发展的最大动力，也是它曾经最低和最高的组织纲领；“活下去”的唯一法宝是奋斗与进取，是血与泪的付出。而“一起活下去”，与员工、客户、竞争对手一起共存共荣、共同分享和共同发展则是长期“活下去”的必要前提。如果客户被“竭泽而渔”并走向衰落，华为也就失去了“活下去”的全部理由；员工不能从公司发展中充分分享成果，利益大幅倾斜于股东和少数管理层，公司能持续、健康地“活下去”吗？而缺失了竞争，对行业既是灾难，对独霸天下的唯一“王者”来说，也预示着从巅峰走向深渊。

华为这样一些管理哲学，我们仍然也能够从《我的父亲母亲》一文中找到渊源。父亲任摩逊备受“黑白哲学”打击，备历磨难但信念不改的人生经历，某种程度上塑造了任正非在管理公司过程中的巨大包容心、意志力，以及奉献精神。在任正非创立华为之初，就与父亲探讨过与员工“共同持股”的想法，获得了曾经在20世纪30年代学习过经济学的父亲的大力支持。

但在笔者看来，对任正非人格与个性塑造影响力最深的是他的母亲程远昭。笔者曾就此询问过任正非的弟妹们：任总的个性更像谁？共同的回答是：妈妈。似乎许多卓越的中外人物背后，都有一位伟大而平凡的母亲。她以及她们无不在子女人格发育的少年期，赋予了子女某些独特的、共同的品质，比如坚毅、忍耐、包容、勤奋、自律、自尊等，除此之外，程远昭留给15岁少年任正非的还有

“共同活下去”、一个也不能死掉的关于群体生命的信念，以及基于此信念之上的公平的“控制所有人欲望的配给制”，即“严格的分餐制”“保证人人都能活下来”……在《我的父亲母亲》这篇朴素的散文中，任正非两次假设：如果不是“配给制”，也许“一两个弟妹活不到今天……”这是多么深痛的“少年记忆”啊！

合理的逻辑推论是，华为的“以客户为中心，以奋斗者为本，长期坚持艰苦奋斗”的核心价值观，其文化心理的原点即在于此。

“最大的自私是无私”，这是任正非30年来经常挂在嘴边的一句话。人皆有私，人皆有贪欲，愈是生命张力强悍、饥饿感强烈的人群愈是如此。但是，要想成就更具使命感的“大私”，就更需要自我对欲望的节制与平衡：分财则众人共创财富，财富则有持续滚动的增量；分权则人尽其能，权力则会有最大限度地发挥；而即使是功名心，任正非也经常将某个自己的观点的“发明权”硬生生地转嫁予某个同僚或部属——“我要的是成功，面子是虚的，不能当饭吃”“面子是给狗吃的”，后面这句话据说是任正非父亲母亲的“名言”……

尽管我们认为中国社会今天有些“物欲横流”“欲望无边”的样子，但事实上，仍然有一大批卓越的各界人群，他们是有坚守的，有使命精神的，他们将个人的贪婪有效转化为一种群体和组织的雄心，在欲望的张扬和控制方面做到了动态的平衡。很显然，一个商业组织不能时时为追随者“画饼”——足够阔大的“世界饼”“中国饼”，就无法激荡起一茬茬、一群群的追随者持久的竞争激情，无法满足他们对财富、权力、功名心的源自本能的欲望诉求，企业的持续成功将是不可能的。但同样的命题是，欲望必须有节制，无论是组织自身，还是组织中的每个人，尤其是创始领袖和各级管理者。

当任正非创立华为之初，确立了“奋斗者共享”的机制后，就命定了华为选择了一条不归路：基于契约之上的信用文化。员工愿意接纳“奋斗者、贡献者则发财、则升官”的价值准则，就等于赋予任正非和华为的各级管理者一种“信用额度”：你们是真的并且长期准备遵循并实施这套价值创造、价值评价和价值分配的原则吗？你们乐意并且准备长期节制个人的财富最大化、权力最大化、功名最大化扩张的冲动吗？很显然，确定一种好的制度固然不易，但让好的制度不变形、不走样并长期坚持，其实更具挑战性。信用一旦透支，员工会选择“不在一棵树上吊死”；普遍或大幅透支，就是企业崩溃之时。当然，与之对应的是，员工背离契约之上的信用准则（信用是双向的），背弃共同遵从的价值观约定，也是公司所不能容许的。

《以奋斗者为本》这部华为人力资源管理的专著，记录了任正非和华为管理层30年的核心管理理念，仔细阅读你会惊异地发现，30年来，华为最根本的价值链条从未有过改变，无论内外部环境怎样演变，任正非的语境如何转换，但换着花样的措辞背后，始终是在捣相同的“糨糊”：客户至上，以奋斗者为本。因为这是任正非与每一位华为人、华为的各级管理者与每一位华为人的共同约定，一种基于共同信用和信念之上的文化约定。无论任何人，尤其是高层管理者，谁都不可背弃或扭曲这一约定，否定便会将公司带入衰落。

很显然，这是已经融入华为人血液和骨髓的理念，华为人没有理由“喜新厌旧”——老掉牙的常识往往是人性史的结晶，所以它是普适的真理，而在这一核心层面，任正非历来是反对创新的。

对任正非来说，这一套理念在 50 多年前，就已经是至深的生命体验了，而对华为的管理者而言，30 年的不断成功的实践更是明鉴，所以它不需要反复验证或质疑，相反，却需要反复地张扬和传播，尤其要在制度和流程层面持续固化。

必须格外指出的是，华为的“以客户为中心，以奋斗者为本”的价值观，对整个 18 万人的组织来说，其根本宗旨是导向冲锋，导向进攻，而非“共同活下去”的均衡。均衡是暂时的，均衡过度，带来的只能是貌似管理的完美，内部关系的和谐，但对组织的长期发展则是有害的。团结不是目的，我们追求成功。但成功不是未来可靠的向导。任正非曾经说过，华为的最低和最高目标都是活下去，现在看来这是他 10 多年前的认知局限，那时的华为正处于生存与发展的巨大挑战中。

活下去，共同活下去，是华为中早期的最低纲领的生存哲学，无疑打上了朴素的、本能的自然烙印。但是，世界在剧烈变动，华为并非处于 10 多年前，未来 30 年的挑战也完全不同，所以它的最高纲领应该有大幅调整，这就是在“共同活下去”的最低基础上，“给火车头加油”，拉开差距，激荡动力，让一大批“明日之星”（华为在全体员工中评比“明日之星”，2015 年明日之星员工 3 万多人，占员工总数的 20%），牵引整个组织冲进产业的“战略无人区”。

唯如此，华为才能不重蹈产业先驱们的覆辙，他们曾经追求管理的高度均衡，追求在既有市场和产品存量上的守成创新，他们紧盯眼前的现实性增长，所以他们衰落了，或百病丛生。但华为必须面向未来进行假定和创新，所以它的文化底色只能以激进和进攻为主。

华为文化：亦中亦西，非马非驴

究竟如何为华为文化下定义呢？八个字三句话：亦中亦西，非马非驴；以理想主义为旗帜，以实用主义为纲领，以拿来主义为原则。在西方公司眼里，华为是按东方逻辑思考，用西方规则出牌；在中国企业眼里，不知道华为下的是象棋还是围棋，打的是桥牌还是麻将。总之，华为的文化体系是混沌的、多元的、灰色的。

一些管理学教授为华为下结论："以毛泽东思想管理企业。"这其实是极大的误判。

任正非推崇毛泽东的名言："坚定正确的政治方向、艰苦朴素的工作作风、灵活机动的战略战术。"的确，企业组织不就是方向、文化（作风）、战略与战术吗？毛泽东无疑是组织研究和组织领导方面的超级大师，世所罕见。任正非的思想基因中无疑沉淀着毛泽东和中国共产党的理论元素，这是他们那一代人的共同特质，这些特质也必然会投射到他们各自所从事的事业中。任正非说："华为长期坚持艰苦奋斗，以奋斗者为本（多劳多得）的价值观不就是从共产党那里学的嘛！"其实，华为实行了 30 年的民主生活会制度，这 10 多年实行的干部公示制度、"作风八条"、廉政信箱制度，华为负责思想和道德建设的党委会、道德遵从委员会等具体做法，也都是从执政党的理论和经验中学来的。

然而，在根本的哲学观方面，任正非推崇灰度哲学，信奉“合二为一”，而不是黑白不两立的“一分为二”，正是在灰度理论的支配下，任正非强调开放与妥协，反对“斗争哲学”，崇尚合作精神与建设性。所以说，学界和媒体关于任正非管理思想的评价是偏颇的，有悖于客观事实的。

任正非也曾向干部推荐《胡耀邦与平反冤假错案》一书，意在让管理干部们学会忍辱负重，学习在挫折中进步。

在邓小平诞辰 100 周年之际，华为以总裁办电子邮件的形式，向全公司推荐学习《邓小平思想，我们需要再领会》。邓小平的既反左又反右的政治哲学，对任正非的影响应该是极其深远的——在均衡中波浪式前进，或为华为这 20 多年的基本特征。

任正非对古今历史的兴趣和研究，常常是推陈出新，以华为的发展为坐标的。比如，《大秦帝国》这部电视剧，任正非很推崇，甚至提出买几百套 DVD 光盘以支持这样的有严肃历史感的编剧、导演和投资方。对于这部历史剧，他的感受是：改革实在太艰难了，如何把握节奏、火候、力度，最大限度地争取支持者，减少对抗力量，是一门不易掌握的灰度艺术；而改革的先驱者如商鞅，他们的命运一般都是悲惨的，他们不应该被遗忘，包括贡献与教训。当然，如果他们的改革不过于激进，不急于求成，不追求毕其功于一役，有百年千年的思想准备，用 1 000 年来实现他们的变法理想，改革也许就成功了。欧洲的宗教改革不也历经了 1 000 多年吗？

辛亥革命 100 周年之际，任正非读了大量的纪念文章，并评价道：清帝退位的权力交接方式，是中国历史上最伟大的一次妥协，避免了暴力和战争，体现了中华民族的政治智慧。

看电视剧《汉武大帝》，他思考的是如何对待个人的荣辱；观看了凤凰卫视《历史大讲堂》播出的《血色黄昏》，任正非推荐华为高管们学习并讨论：为了大局，一个领导者如何在历史的夹缝中进攻与退让，坚持原则与忍辱负重？而《亮剑》这部电视剧，让任正非悟出的则是：将军是战场上打出来的，但有缺点、有个性的战士却是未来将军的种子，当领导的一定要学会包容和欣赏……

历史是取之不竭的思想宝库。任何民族的历史，本质上是一部民族的性格史，以及建立在民族性格基础上的组织变革史。国家是最大的社会组织，包含着组织的全部元素。国家兴亡更替的过程，历史学家关于国家演进史上的人物、事件的记录和研究，永远是后世人们一笔巨大的精神财富。

国家、企业、个人，如果想割断历史的基因，一切重新开始，那一定惨败无疑；但如果食古不化，不能以开放的、批判的心态学习历史，不能结合自身组织的实际，不能适应新的时代因势借古，因势借“洋”，也一定会在发展之路上越走越窄，直至衰亡……

政治漫画家在美国社会尤其是美国政治生态中始终是一股活跃的力量，持续百年而不衰。这也反映出美国文化的幽默情怀：给貌似严肃、冷峻、势同水火的党派政治注入一些讽刺、喜剧的效果，政客们不认为是添堵，还以此“借力打力”；民众开怀一笑，松弛一下神经，也冲淡了对政治和政治人物的神秘化印象——政治是一门职业，仅此而已；政治家也不过尔尔，也可以成为丑化的对象。

著名的“驴象之争”中的“驴”与“象”，即源于德国籍政治漫画家托马斯·纳斯特画笔。“驴”表示民主党，“象”表示共和党。

画中，两只动物分别坐在以白宫为支点的跷跷板的两端，忽上忽下，极富象征和讽刺的意味。不料，漫画问世后，两党都出人意料地欣然接受这两种动物。共和党眼里的“笨驴”，在民主党看来代表着聪明和勇敢；民主党眼里“大而无当，华而不实，保守愚昧”的大象，在共和党看来却是“尊严、力量和智慧”的化身。

“驴象赛跑”显现着美国政党轮替的基本态势。代表中下阶层的“驴党”主张加税和改善福利，平抑贫富差别，是一个消耗财富的政党；而共和党则代表富人阶层，主张减税，注重发展，是一个聚财的政党。共和党执政，一般来说，美国经济会进入阶段性繁荣期，但贫富分化也开始加剧；民主党执政，为中下阶层带来好处，缓解了社会对立，却带来经济低迷。100 多年来，美国的政治、经济、社会运转大体上是这样过来的。

驴象之争，使得美国社会“非驴非象”，始终在“驴党”与“象党”的不同理念的互为激荡、互为渗透中平衡前进，而又保持着活力。这样的国家结构设计对华为的组织文化有什么借鉴意义呢？

应该说，华为聘请的美世（Mercer）咨询公司的顾问们，为华为设计的高层决策机制和流程方案里，体现着一种西方式的智慧；而由 EMT 成员轮值担任 CEO 的想法，则来源于华为高层关于西方政治体制的研究。轮值，既是培养接班人的实战方式，又能避免个人长期执政带来的“左倾”或“右倾”的极端化，时间上每半年一轮值，亦可防止山头主义。10 年的实践证明，这种“拿来主义”对华为的高层决策机制带来了很大好处。

那么，英国的虚君共和制度带给华为的启示又是什么呢？

一切基于实用和功利，华为绝不会给自己贴上某种单一文化传承的标签。有人认为，华为能够在全球范围内走向成功，是因为华为“西化”了，包括任正非在内的公司高管们也都被“西化”了。这无疑是另一种“非黑即白”的误判。任正非的思想谱系中没有什么不变的图腾，华为是那种“食五谷杂粮，壮自身肌肉”的广谱型文化物种。古今中外，皆为我用，适者留之，不适者弃之。

比如，华为反复强调的“以客户为中心”的理念，就是来源于西方公司的“客户解决方案”的思路。任正非有多篇文章倡导华为人学习美国人的开放精神、硅谷人的奋斗精神。20 年前，任正非路过迪拜，写过一篇文章，号召“借用全世界的智慧”，“建设一个强大的华为”。任正非也曾向管理层推荐苏联电影《莫斯科保卫战》，《西点军魂》一书也是公司干部们曾经的必读书……

华为大学是华为的“黄埔军校”，更是东西方文化的“搅拌机”，华大的办学宗旨是：训战结合。在这里，十几万华为人不但接受华为管理哲学、制度、价值观、行为准则的培训，还经常有各种不同的文化与思想的激荡。这里仅举 2002—2010 年“华为文史哲”系列讲座题目，即可从中一窥华为文化的“源”与“流”：《新教伦理与资本主义精神》《回到轴心时代》《无用之用——老庄的智慧》《周易与思维方式》《谈无说玄》《战争规律的特殊性与战争的本质》《战争指导规律与大战略》《基督教的源流基础与发展》《近代西方哲学》《古之兵柄，本出儒术——〈孙子兵法〉再认识》《中国文化的佛教——禅宗》《中西文化的比较》《中国文化的张力》《解读西方艺术》《美学原理与感性的智慧》《从世界名画看世界》《音乐的品与评》《中医漫谈》《混沌与宽容》《奥林匹克与希腊神话》《当代国际格局的宗教文化背景》……

任正非把这类培训称作“开天光”。

从“思想云”到“思想雨”

“规范性权力”与“观念性力量”

阿米塔伊·埃齐奥尼在《复杂组织的比较研究》一书中提道：“权力是以为获得服从而采用的手段为特点的……这些手段可能是自然的，也可能是物质的或象征性的……根据手段的不同分为强制权力，基于报偿或奖励的功利权力和规范性权力。”埃齐奥尼认为，强制权力造成的是生理或心理的痛苦；功利权力与提供的物质满意度息息相关；而规范性权力则以思想的力量激励人，并以规则获得服从为基础。

戴维·兰普顿以埃齐奥尼的规范性权力为基础，提出了“观念性力量”的概念。这一新概念是指创造和传播知识与思想的力量，从而获得拥护。

这种“思想的力量”超越了“规范性权力”，因为它包括了领导力、智力资源、创新和文化等各方面的元素。

在华为这样的功利性组织中，这四种权力并行不悖。没有“强制权力”的存在，比如末位淘汰制、个人与组织绩效承诺制、信息安全制度等，企业将会是一盘散沙。企业类似于军队，军人在战场上畏葸不前，当逃兵，散布失败主义，一定会遭到军法的惩处。军队和企业这样的目标型组织，是以一连串的“禁止”符号构造的团队，权力的强制性色彩无处不在。

而“功利权力”则是商业组织的本质属性。等价交换，多劳多得，是人的基本天性所决定的，企业无法超越这一定律。华为以人性常识确定组织的价值观，并能长期坚守“以奋斗者为本”，从工资、奖金、各种福利到员工普遍持股制度，都凸显着一种“功利权力”的激励效应。

“强制权力”和“功利权力”均是可量化的权力，是建立在“黑白分明”哲学基础上的威权型文化。企业不能没有制度和权威的威慑，但这种威慑力量常常是有限的，更不会带来团队的归属感。

在一个信用大幅缩水、忠诚加速折旧、偶像皆为泥塑的时代里，华为人对华为这家商业组织的向心力，是一道特殊的景观。即使许多离开了华为的人，也依然对华为充满了感情，就像许多离开了大学校园的校友对母校的眷恋。而 30 年来，“老板”任正非在华为人心目中的权威地位丝毫不减，也令人感叹。

原因何在？“规范性权力”和“观念性力量”在发挥效用。任正非管理哲学的“灰度理论”超越了传统企业管理的“黑白思维”，也给华为这架冷冰冰的商业机器加注了更多的润滑油、弹性、暖色调，以及对应于人的物质追求的人性化。

更重要的是，华为的领导层总会在每个阶段为华为人设定一组精神图腾，以一种超越于纯粹物质层面的思想旗帜，引导组织内的每一个人。所以，华为的员工，甚至员工的家属和同学，乃至于客户，都有关于华为将员工“洗脑”的说法。“洗脑”有些道理，但不全面，还应该加上“换脑”一说。

所有的领袖都是孤独的，任正非亦然。何也？领袖皆为思想的奴隶。虽然米兰·昆德拉有句名言“人类一思考，上帝就发笑”，但在红尘世界中，毕竟上帝离大众太远了，每一类的组织包括国家、企业、学校、教会等，都需要引路人——领导者持续地给众人指出前进的方向。

因此，领袖皆为精神的苦旅者、苦行僧。笔者与任正非思想交流 17 年，亲历了任正非对一个观点的思考、研究、成形、成系统的全过程，可谓艰辛与执着。任正非喜欢用“云概念”来表述：“云变成雨大概还要半年以上的时间。”指的是某个观念形成后，进入执行阶段，需要一系列的由“灰度”到“白度”、由务虚到务实、由混沌到清晰的漂白过程、准备过程、细化过程，以及建规立章的过程。

但是，在思想的天空发酵“云”的阶段，却是最为寂寞的。经常的情况是，某本书的某个观点，与某人交流时的一个火花，考察世界各地时的某个观感，触动了任正非关于华为的某个看法，于是便在他的头脑中凝结出一个“思想云点”；然后，他就开始与公司内外部的不同人交流，开始翻阅相关的资讯，慢慢再形成一条“思想云线”；再之后，他频繁地与不同人士在不同场合讲同一类话题，使之思考越来越系统化，形成了“思想云团”；这之后，他开始在公司的高层会议上进行非正式传播，与团队一起讨论、辩论……在较长的时间内充分务虚，以达成共识；再之后，才正式以文章或讲话的方式予以发布；最终，像一枚石子扔进湖水，在石子入水的中心散开一圈一圈由里及外的波纹，直至影响每一位员工……

一般来说，任正非的“思想云”，从萌发到形成，大致都需要两年甚至更长的时间，而从“思想云”到“思想雨”，又需要半年以上的准备。

“辩证法”与“形而上学”

走进巴黎的左岸拉丁区，四处可见古典建筑风格的咖啡屋，满街的咖啡香散布在潮湿的空气中，你不由得驻足，并跨进某家挂满油画的咖啡馆，捧一杯香气四溢的咖啡，带本书消磨一个慵懒的午后。

正是在这样的优雅、安静、狭窄的空间里，诞生了欧洲许多伟大的哲学家、艺术家和作家，萨特、加缪、缪塞……无不是以咖啡作为打开灵感之门的燃烧剂，从而惊爆出改变人类命运的卓越思想。

2016 年 4 月初，笔者在法国巴黎走访华为美学研究中心，任正非来电，特别建议笔者一行，“一定要到左岸的花神咖啡馆去坐上一坐，喝杯咖啡，感受一下……”华为法国美学研究中心聚集了十多位法国时尚界的艺术设计大师，他们指着办公室外的花园阳台，兴奋地对笔者说，任先生去年在这儿与我们座谈时讲“一杯咖啡吸收宇宙能量”，令人印象太深刻了……

然而，“咖啡和咖啡馆成长的历史却充满了血腥，在遥远黑暗的16 世纪，咖啡跟异教徒一样被视为异类，阿拉伯半岛保守的神学家在麦加大街当众销毁了所有的咖啡豆，奥斯曼帝国的宰相甚至下令把一个咖啡馆老板缝进皮袋，扔进了博斯普鲁斯海峡”（《三联生活周刊》2011 年第 657 期：《拧巴的植物》）。

这即是辩证法。此一时，彼一时也。美丽与丑陋、温馨与残酷、正义与邪恶、庄严与滑稽、伟大与卑微、成功与失败、对与错……都可能依时间与空间而转换，甚至转换为它的对立面。

华为的领导层认为：我们讲灰度与妥协，正是辩证法指导的结果。有灰度，不执着，才能视野开阔，看清未来的方向。灰度和妥协不是软弱，恰恰是更大的坚定。涉及全局的大战略要用10年甚至更长的时间和眼光去规划，不可能是黑白分明的、完全清晰的，过程中间难免有许多的变化，甚至推倒重来。所以，在一个大框架内进行不断调整是正常的、必要的。但是，大的方向不能错，大框架要更宏观一些，甚至更虚一些、灰色一些，这样也不会错得太离谱……

任正非期望公司的高管要“敢以一杯咖啡与世界上的大人物碰撞思想”，“从一杯咖啡中吸收宇宙正能量”，其实就是要大家多见世面，汲取更丰富的信息，培养多角度、长镜头看问题的思维方式，“不能只盯着眼前和脚下”。

> 华为既要反经验主义，又要反教条主义。刻舟求剑，跟着经验走，会越走越摸不着路，死搬理论教条，也一定会栽跟斗。为什么许多人读了MBA，却不会做企业了？教条主义害死人……

但任正非又说：“形而上学也没什么不好，有些东西就是要机械、教条、毫不动摇地坚持。”

德国人是世界上最较真的民族，形而上学、机械唯物论的哲学思想渗透进了德意志民族的每一丝细胞，以及工作与生活中的方方面面。所以，才有位居世界第二、最强大、最先进的精细制造业，全球最严谨和刻板的民族思维方式，也是出产科学家、金融家、艺术家和哲学家最多的国家之一。当然，也由于此，德国也成为欧洲大陆最令人生畏的“战争机器”。

相比起来，英国人是一个更深谋远虑的民族。在坚守与妥协的平衡方面，英国人更懂得灰度，看得更长远。

古为今用，洋为中用。人类一切文明的成果，华为都愿意“以我为轴心”，广泛吸收和应用。

哪些东西必须“灰度”，哪些原则必须“黑白分明”，华为在30年的实践中总结出了一些经验。战略、人，都可以“灰度”，多些辩证分析；战术，也可以适当“灰度”，随机调整；但“以客户为中心，以奋斗者为本，长期坚持艰苦奋斗”的核心价值观，却不能有丝毫的扭曲和变通，它是华为18万人最高的“形而上学”，是华为的“圣经”，华为领导层带领华为人像诵经一样天天念、月月念、年年念，已经渗进了每个人的血液中。

还有，对人讲灰度，对事讲流程。流程一是一，二是二，绝对黑白分明，这才能保证产品的研发、销售、交付、后续服务等不出差错，才能真正地体现“以客户为中心”。而对人，却要“两分法”，用辩证和发展的眼光、动态的眼光去看，这才能最大限度地开发人的潜能，激发人的积极性和创造性。

在华为的印度研究所，印度籍技术人员每月开发代码2 000多条，中国籍的员工每月开发多达20 000条，但是，2 000多条的代码条条有效，20 000条的代码中却“注水”很多，甚至只有200条有价值。很显然，在科研这个领域容不得一点“灰度”和造假，只能坚持“形而上学”。

为此，任正非曾经感慨：有宗教信仰的民族有很多的优点值得我们学习，比如诚信。他曾向公司高管和客户推荐赵晓教授的文章《有教堂的市场经济与无教堂的市场经济》，也以总裁办电子邮件的形式布置学习《晋商之职业训练》。

当然，令华为高管们印象更为深刻的是，印度员工对知识产权发自内心的尊重。

多年前，华为最大的困扰之一，就是内部员工与外部联手对公司技术的剽窃问题。在这类事关重大的道德或法律现象上，当然也必须坚持原则，黑白清晰。

任正非说："决策的过程是灰色的，所以决策层必须有开放的大脑，妥协的精神，这样才能集思广益。但越朝下，越要强调执行。高层决策忌快忌急，慢一些会少出错；基层却要讲速度，讲效率。"

轮值 CEO 郭平这样评价任正非："20 多年来，老板永远处于超脱的地位，却又能随时跳下去，一头扎到基层，他总在搅起不平衡，但组织总会自动地、快速地趋向平衡，使华为形成了一种自愈机制……"

| 第六章 |

自我批判：活力是组织之魂

黑洞现象与热力学第二定律

“熵理论”与组织疲劳症

1854 年，一位叫克劳修斯的欧洲人，首次提出“熵”的概念，他认为：“在孤立的系统内，分子的热运动总是从原来集中、有序的排列状态趋向分散、混乱的无序状态，系统从有序向无序的自发过程中，熵总是增加的。当熵在一个系统内达到最大时，系统就处于能量平衡状态而呈现出一种静寂状态。”（摘自网文《熵与社会发展》，作者山川若般。）

“熵”是热力学第二定律的核心概念，而热力学第二定律的另一层含义是，熵的递增是不可逆的。也就是说，熵是“时间之矢”（英国天文学家爱丁顿爵士之语），时间是有力量的，亦是万物永恒的腐蚀剂，时间将会把人、社会、动植物、地球以及宇宙引入不可逆的寂灭之路。

正像伟大哲人马克思所言：人从诞生之日起，就大踏步地朝坟墓迈进。这是恒定的铁律，在科学上则被冠以“不可逆的熵增的必然性”。

1981 年，美国出版了一部轰动一时的著作：《熵：一种新的世界观》（中译本于 1987 年面世），从而将熵概念从自然研究的范畴推演和移植到了人类社会的普遍现象；英国科学家索迪则断言，熵定律“最终将控制政治制度的兴盛与衰亡，国家的自由与奴役，商业与实业的命运，贫困与富裕的起源，以及人类总的物质福利”。

换句话说，生命的出现是为了生存而不是死亡。但不幸的是，任何生命，包括动植物、人类、国家、军队、企业，以及海洋、山川，甚至地球与宇宙，最终都会消亡和毁灭。

生命消失的前奏是衰老和疲劳。一个人，即使终生无疾病，但随着时间的推移，基因会衰变，细胞更新的速度会减缓，新陈代谢的机能开始老化，生命的活力便日益降低。花开了，绚烂无比；秋天降临了，悄然凋落。

社会组织亦如此。王朝的早期大都是生机勃勃的，“马背上的青春”依然支撑着年轻的政权。时间一久，懈怠、享乐、悠闲和腐败的风气便开始滋长和蔓延；时间再久一点，即使整个社会几无弊端（这是不可能的），王朝的疲态也是问题。当健康的细胞不再年轻时，昏昏欲睡便成为常态。

商业组织的衰变速度更是惊人。几年不到、10 多年不到，就会滋生和沉淀出巨大的惰性，形形色色的负能量如八爪章鱼似的左右着企业发展。何因也？概源于商业组织细胞中无所不在的功利性。

“组织疲劳症”的形成不仅缘于不可抗拒的时间因素，还有对于过往“导致成功的基因”的过度依赖。亚当·斯密的那只“看不见的手”，似乎在 1989 年柏林墙倒塌、1991 年苏联解体之后，宣告了资本主义在全世界的胜利，以致美国一些主张原教旨自由市场经济理论的学者宣称：“当今世界经济已进入大稳定时代。”然而，几年后，全球反而陷入“大不稳定”的旋涡。“资本主义的敌人，或者说自由的敌人，其实并不是社会主义，而是自由放任主义。”日本学者岩井克人这样评价。

企业同样如此。那些曾经如日中天的公司，如美国的贝尔实验室、摩托罗拉，加拿大的北方电讯，日本的 NEC（日电）和索尼，芬兰的诺基亚，法国的阿尔卡特等，为什么都辉煌不再，百病缠身？剔除其他内外部因素，更重要的也不外乎两点：它们太有历史了，老了；它们把过去的经验用到现代的挑战上。而事实上，要人们在如此变化多端的世界应对自如，几乎是不可能的事情。

组织的疲劳有成百个变量，但“历史”则是最致命的敌人。任正非怕死，恐惧衰老与疲劳。所以，在华为，你找不着一本哪怕不像样的“华为公司史”。30 年来，华为的“编年史”充满了故事，跌宕起伏，九死一生，苦难与辉煌并行。华为创造了众多的世界第一、第二，中国多位国家领导人视察华为，全球多国的政要和工商巨子参访华为……华为应该有一座历史展览馆啊！

2001 年 4 月，在参观日本松下电器产业株式会社（以下简称松下电器）的博物馆现场，笔者提议华为也可以建一座博物馆时，任正非坚定地讲：“华为不需要历史，华为要忘掉历史。”

在华为，倒是产品展厅非常气派，不过，都是华为的新产品和

“专利墙”，找不着一丝“历史感”。

历史容易让人懈怠或沮丧，更容易使人产生厌倦和厌烦。哲学家叔本华指出：“厌烦是理想境界的暗疮。”在信息化和全球化交叉并行的时代，偶像、明星和领袖都只有极短暂的“保鲜期”，个人对组织的疏离成为常态，忠诚则如奢侈品。

华为也是一个没有功臣的公司，任正非不愿意给华为太多的负累，包括他自己。“任何人都不会被供奉在神殿里，老板也是。”华为一位高管说。任何人，只能看他现在的能力和贡献，在华为，“过去是一张白纸”。

组织黑洞：腐败、山头与惰怠

笔者与任正非几乎同时在媒体上注意到一个报道：天文物理学家在距离地球3亿光年的银河系，观察到两个质量各相当于太阳100亿倍的超级大黑洞，它们不仅有能力吞噬行星和恒星，还能吸进小星系。某些科学家将这样的黑洞称作“流氓黑洞”。

又据媒体报道：美国宇航局的三台望远镜似乎发现了一个在宇宙深处的眼睛，但事实上这只是一个近邻星系NGC4151，是一个距离地球4 300万光年的旋涡星系，在它的中央有个白色的“瞳孔”，那就是黑洞所在的位置。在巨大的引力下，周遭的气体正在向中央的黑洞急剧坠落。科技博客Gizmodo就此评论：这看起来就像是宇宙的“邪恶之眼”。

因为是在电视上看到的新闻，没能看得很清楚，第二天，任正非还专门在网上进行查询。多年前，北京大学校长访问华为，任正非提出，退休后想去北大读书，先学数学分析，然后学热力学，研究世界起源，以及为什么会出现宇宙大爆炸。北大校长回应：十分欢迎。

任正非经常在公司高层中强调：领导者要有大视野，大到天文地理；但更要能放能收。收放自如的秘诀就是要有一个基点，一切的思考围绕这个基点展开，比如：华为的“黑洞”是什么？

蜜蜂是大自然千万植物的“红娘”，缺少了她的“穿梭外交”和“信息传递”，千姿百态的地球植被，包括粮农作物等都将“孤寡无依”，步入灭绝，人类也会步其后尘，走向饥饿和战争。然而，近年来，全世界的蜜蜂陆续大量死亡，引起了粮农科学家们的极大担忧。

最新的科学发现是：寄生蝇是蜜蜂的新威胁。蚤蝇把卵产在蜜蜂的腹部，使得被感染蜜蜂的行动像僵尸一样，只会打转，失去了方向感。蜜蜂午夜间离开蜂巢，随后很快死亡。这种症状反映了群体的崩溃失调，即一个群体中所有成年蜜蜂突然失踪（美联社 2012 年 1 月 4 日报道）。

癌症是最可怕的疾病之一。医学研究表明，癌细胞是正常细胞的变异，可以生长在身体任何部位。癌细胞不会衰老，而且不停地生长、复制，并最终侵犯身体其他组织并夺取营养，导致机体死亡后它们才会灭亡。

上帝之手实在是太神奇了！不然在宇宙间为何有如此之多的惊人相似。银河系的“癌症”是邪恶的“黑洞”，蜜蜂大面积死亡源于寄宿在体内的蝇卵，人类当今的恐怖疾病是基因突变所引致的恶瘤，植物的枯死病似乎也是体内的病变骤然加速所引起的。

那么，社会组织的“不治之癌”是什么？是个体的贪婪与集体无意识的腐败。从古罗马帝国的“金银泻地”、澡堂多过教堂的奢侈狂欢，到中国历代王朝末期的酒池肉林，再到东西方各国走过巅峰状态之后普遍的上层社会的堕落和中下阶层的自私与冷漠，无不透视出国家兴亡更替的根本所在：无节制的人的欲望和不受制约，或制约不力的私欲，是造成组织癌变的首要因素，表现形态则是腐败、山头主义与惰怠，这是任何组织始终伴随的“三大黑洞”。

今日的华尔街，正是今日的世界经济之“癌”，亦是西方金融资本主义文化的“不治之癌”，而它向全球各地包括中国的扩散，将会带来整个人类的灾难：实业空心化，财富向金融寡头和技术寡头聚集，暴富主义流行，阶层对立……

可悲的消息是：2011 年，中国成为全球奢侈品消费第一大国。这种精神溃败的速度实在是太快了。要知道，中国的所谓“富人阶层”形成的时间，从宽泛意义上讲不到 30 年，严格意义上说不到 20 年。也就是说，在不到一代人的时间内，我国的一批先富起来的人群中的不少人，或他们的后代，已经蜕变成了“消费阶级”，而不再是真正的“奋斗者”——企业家阶层。中国从南到北的大中城市都有一些世界级的顶级俱乐部，其中活跃着的身影大多是一批财富新贵，而 10 年、20 年前，他们几乎无一不是物质与精神的匮乏者、饥饿者——正是饥饿感，使得他们成为冒险家和开拓者。

任正非对此有足够的警惕，他这样告诫自己的同事和部下：“要研究历代封建王朝怎么覆灭的，当新一代皇帝取代旧主时，成本是比较低的，因为前朝的皇子皇孙形成的庞大的食利家族，已把国家拖得民不聊生。但新的皇帝又生了几十个儿子、女儿，每个子女都有一个王府，他们的子女又在继续繁衍，经过几十代以后，这个庞大的食利家族大到一个国家都不能承受。人民不甘忍受，就又推翻了它，它又重复了前朝的命运。华为如果积累了这种病，不用几年就会破产。‘秦人不暇自哀而后人哀之，后人哀之而不鉴之，亦使后人而复哀后人也……’”

冷眼看华为

华为，是一家并不多见的持续精神饱满的商业组织，30 年来不断创造奇迹，以至被管理学家称作“一种截然不同的组织动物”（任正非喜欢用动物比拟组织）。但成功也许会让成功者丧失理性，甚至不可避免地受到骄傲、雄心和欲望引发的野心的过度膨胀，使得组织的上上下下变得自大和自以为“无所不能”。

2013 年初的某一天，在任正非办公室，华为大学前副校长徐立新说，应该有人写一本《冷眼看华为》的书……任正非击掌赞赏：“太好了，这是我今天的最大收获……”可惜，至今还没人写出一本这样的书来。

笔者以一年半的时间对华为 100 多位高管、专家进行访谈，听到了不少尖锐、直率、理性的批判性声音，撮要如下：

> △华为真正的成功有两点，一是从业务上真正做到了把客户需求当作第一驱动力，做到了以客户为中心；从组织上看，我们的组织是贴近客户的，为什么我们的组织遍天下？其实它的演进过程就是不断贴近客户的过程。为什么一开始国内就建三十几个代表处、二十几个客户服务中心，在海外

170个国家和地区有我们的组织，就是有客户就派人安营扎寨在客户身边，客户的声音就是最高命令。华为过去受客户尊敬的原因不是你的技术多好，而是你的自愈能力，不管哪个地方出了问题，不管谁都会扑上去把问题解决，内部出了问题也不相互推卸责任。现在不同，出了问题相互指责……比如一线与机关的冲突，一线与客户交流是一揽子需求，算总账，而机关是算细账，而细账又跟考核结合起来，这就造成了大量的扯皮。原因是考核的颗粒度太细，有必要细化到每一个产品吗？这是我们管理上的幼稚。主管在管理过程中把压力层层传递，下面就开始分任务背责任，表面上让每一个产品线都有经营意识，结果是大家都开始玩花样，发明了不少技巧和歪门邪道。大家的精力不是去满足客户需求，而是去内斗了……

△华为一开始是卖交换机的，但我们很少说自己是卖交换机的，我们卖的是校园卡、商业网……现在全都是技术名词，而且越来越多，有哪个是用客户的语言包装的？什么5G、400Gbit/s、VDSL（超高速数字用户线路）……哪一个不是技术名词？我们现在太缺少分布式基站、SingleRAN这样的来自客户的语言，这是很不好的倾向，有悖于华为以客户为中心的价值理念……

△20世纪90年代华为是先进生产力的代表，现在我们还是不是？比如微软，现在盈利非常好，但它的时代结束了。华为呢？

△华为的现实是什么？不少人不听客户的，听一层一层领导的；早期华为人做事情没有人怕失败怕担责，现在的人

做事情没有人敢出错……高级干部累，每天疯狂地开各种会议，不少中层干部不决策，决策是要负责的；高层天天说要甩掉拐杖，现在倒有很多拐杖的拐杖，我们的非作战部门太多了；我们现在招聘是在招螺丝钉，什么时候开始已经不再招聘个人英雄了？早期我们什么样的人都要，什么人进公司都能找到地儿去折腾，现在只招听话的；有了互联网之后，我们不少干部不读书不看报，天天从微信上看点心灵鸡汤，成天讨论买房买车，没多少人讨论一年买多少本书，不读书不思考哪有华为的未来……

△华为现在的一大问题是人的技术生命周期太短，30多岁如果还在做开发工作，别人会看不起你，自己也会看不起自己；如果不当个官什么的，就是快被边缘化或被淘汰的人，这种心理不利于沉下来做技术；其实国外大量的人在30岁至45岁还在做研发，虽然他们的精力可能会跟不上，但他们丰富的编程经验可以让其少走很多弯路；我们是把很多的技术尖子、业务尖子提拔起来去做官……

△我们有15万人（注：2014年员工人数），真正发挥作用的人有多大比例？乐观估计也就70%~80%，另外20%~30%的人在混日子，他们不愿混日子！员工缺的是钱吗？是机会，但你没给他们创造机会……我们20年前来华为时，一个人要做几块单板，现在是十几、二十个人做一块单板；以前一个主机程序一个人搞定，现在几百人在搞一个程序……爱立信与华为销售额差不多，只有7万人，是精英战略；我们人数比人家多一倍，是人海战略；将来会面临很大问题：薪酬要

不断涨，不然你没人才竞争力；但你人员比别人多，管理又没人家好，你凭什么活得下去……

△任何事物都有它的两面性。不同的时期可以有不同的选择。现在的华为与过去比，有点活力和冲劲不足了，所以在组织设计上应该更灵活一些，更人性一些。比如说IPD变革，带给我们一个IPD流程，以及与之相适应的组织，其目的是保障产品持续上市和成功的能力。但是这个过程已经运行十几年了，流程的适应性如何？有没有值得优化的地方？能否支撑消费产品的成功？僵硬地抱着现状，组织的活力就会一点点消失。流程是没有生命力的，管理者应该赋予它生命力，这就是与时俱进。再比如58原则，我们的组织设计原则之一，没有8名下属的，不能成立实体组织；没有5个下层组织，不能设立实体的上层组织。我理解，公司这么大了，管理起来需要清晰的规则，但有些规则，是不是也太僵化了？虽说，不做主管可以做专家，但是，只有主管才能握有评价权、预算权。严谨的、科学的、规范的管理体系，是一个大公司运作的重要保障。我不希望华为回到以前那样的一片混乱，但也别忘了，严谨和科学的刚性管理，是需要人性化的管理来缓冲的。举例说，华为的员工上下班都要刷卡，我并不认可，管理者的责任不就是管理下属吗？刷不刷卡与绩效好不好没有直接关系，管理者应该履行好自己的责任，不要聚焦在板凳，而是要聚焦在工作。把员工箍在公司，并不能保证高效的输出。

△机关为什么越来越大？关键是权力没有下放；另外是

我们的领导太爱抓权，管了不该管的事，一个主管管事情就需要四个拐杖，机关能不大嘛。只要你的权力还在，机关就压缩不了。你把权力拿走，机关就失去了存在的理由。权力还在那儿，上级说要精简，他就会和你博弈，各个组织都在和公司博弈……一个部门放权，本质上是革自己的命，意味着自己没有饭碗，谁都不愿意干，你做的事情和绩效挂钩，而绩效又和利益相连，没有人愿意放权。公司的管理思想是，自己的孩子自己抱回去，你要自己下放权力，结果就是放权等于收权……

△老板总在说，不要每天把煤洗得白白的，煤只要燃烧，创造价值就行，歪也好不歪也好，你只要围绕客户创造价值，就应该多拿钱，得到重用。但事实上，近些年，歪瓜裂枣的人在华为日子不好过。公司的流程特别复杂，几乎没有一个人有独立的权力，公司是一个网状的制衡体系，上面的人再欣赏某个人，周边的人也容纳不了你，歪瓜裂枣多半是被周围的同事挤兑走的……

△华为千万不能走“中国通道”：官本位、英雄和伟人的历史，而不是依靠制度。华为的基业长青之道是形成制度依赖，而不是对个人和英雄的依赖……

△华为文化就是“兄弟连”，一起打出来的友谊，打一架爬起来还是兄弟，不同意见关了门争吵，吵不出结果不许出门，达成结论后，出了门就是集体决定，谁都得执行，很团结，很有战斗力。但外面来的人大多活不下来，和那些一个战壕打出来的华为人没法相处（例如，华为用重金从诺基亚

挖过来的营销专才赵科林，在华为终端不到半年就辞职了），这对一个全球化的公司来说是致命缺陷……

2013 年 10 月，华为常务董事会向全体管理者发布了《关于深入开展“炮轰华为”学习与改进的通知》（以下简称《通知》），引言是：“我们请客户来公司向董事会报告，他们眼中的华为是怎么样的。他们已经十分客气，炮火已打了折扣，但仍然是炮声隆隆，火光冲天。华为不警觉，有可能在炮火中灭亡。”《通知》发布后，管理者纷纷提交心得，10 多万员工也在“心声社区”上广泛参与讨论，许多批评相当尖锐，比如，“一直以来，我们的 KPI（关键绩效指标）考核都还是以‘我’为中心，客户满意度只占一个小小的权重”“救火式的英雄人物一战成名在公司屡见不鲜，但一些救火英雄也可能是纵火者……”“当人们的心都不在产品质量上的时候，又会有谁在乎产品质量的好坏呢？！只要能拿到合同，管他什么需求；只要能按时发货，管他有多少潜在风险；只要能保住乌纱帽欺上瞒下又算得了什么……客户就是水，我们就是舟——水能载舟，亦能覆舟！！！”“如果华为倒下了，首要因素就是那些无所不在的短视绩效导致的。部门墙、唯上不唯客户、员工橡皮人的状态……”“细看每个问题都不是太大的问题，但正是一连串的小问题导致了一个大危机的爆发，正所谓‘一个马掌钉毁了一个国家’”……

很显然，当华为之外的人们对华为给予更多赞誉和肯定时，华为人眼中的华为是不完美的，而且充满了缺陷与问题。也许，这正是华为的希望所在。

犹太人的哲学是：从黑暗中往外看全是光明；冷眼看华为，这是华为今天最需要的视角。

耗散结构与自我批判

耗散结构与基础价值观

1969 年，比利时学者伊利亚·普里高津在对热力学第二定律研究的基础上，提出了“耗散结构”理论。他认为：“处于远离平衡状态下的开放系统，在与外界环境交换物质和能量的过程中，通过能量耗散过程和系统内部非线性动力学机制，能量达到一定程度，熵流可能为负，系统总熵变可以小于零，则系统通过熵减就能形成‘新的有序结构’。”“耗散结构论认为，在物质世界的各类系统的进化与退化竞争中，总会不断产生更加有序化的耗散结构，这些过程构成了不断多样化与趋向复杂化的物质世界发展图景。由此否定了悲观论者的‘热寂说’。”(《熵与社会发展》)

这真是振奋人心的伟大发现！1977 年，作为现代热力学的奠基人伊利亚·普里高津获得了诺贝尔物理学奖，这似乎也从另一方面反映了人类对自然与生命规律的乐观性。发现“热力学第二定律”的克劳修斯生前几乎在科学界没什么地位，相反由于他宣传了“宇宙热寂说”而招致了广泛的批评。100 年后，他提出的熵概念和熵增原理，虽被认为是最重要的科学概念和最基本的规律，“不仅适用于自然界，而且也适用于人类社会”，但毕竟，它是一个极其残酷的科学定律。

相比起来，普里高津的耗散结构学说则显得温情了许多，给人类以勇气和希望：只要处于开放的体系中，只要有能量的交换与释放，除了封闭的宇宙之外，任何的自然与人类组织，都有可能实现从无序到有序的逆转，实现“熵减”，实现肌体的更新。这无疑是对人类关于奋斗、努力等词义的最大肯定。

任正非在2012年7月的一次讲话中讲道：“后来我的研究愿望就不再是天体运动，而是社会延续的动力。如何使人们能持续奋斗，有效地创造财富，这就是我们一直推动的一系列改革的来源。我们提出‘以客户为中心，以奋斗者为本，长期坚持艰苦奋斗’的理念，也与此有关。”

什么是耗散结构？任正非形象地说：“你每天去跑步健身，就是耗散结构。为什么呢？你身体的能量多了，把它耗散了，就变成肌肉了，就变成血液循环了。能量消耗掉了，糖尿病也不会有了，肥胖病也不会有了，身体也苗条了，漂亮了，这就是最简单的耗散结构。那我们为什么要耗散结构呢？大家说，我们对这个公司非常忠诚，其实就是公司付的钱太多了，不一定能持续。因此，我们把这种对企业的热爱耗散掉，用奋斗者、用流程优化来巩固。奋斗者是先付出后得到，与先得到再忠诚，有一定的区别，这样就进步了一点。我们要通过把我们潜在的能量耗散掉，从而形成新的势能。”

不但要把对华为的热爱耗散掉，就连自豪感也要耗散掉。“要打掉那种盲目的自豪感，有什么可自豪的呢？还是要多些危机感，我们活得有多艰难，我们自己最清楚了。”任正非不无忧虑地说。

他认为：

> 我们总是在稳定与不稳定、平衡与不平衡、确定与不确定的时候，交替进行这种变革，从而使公司保持活力。你们吃了太多牛肉，不去跑步，就成了美国大胖子。你们吃了很多牛肉，去跑步，你们就成了刘翔。都是吃了牛肉，耗散和不耗散是有区别的。所以我们决定一定要长期坚持这个制度。

这个制度就是“耗散制度”。耗散什么呢？耗散掉富贵病，耗散掉惰怠之风、享乐之气，让艰苦奋斗的“肌肉”结结实实地扎根于华为文化之中。艰苦奋斗是华为核心价值观中的基础价值观，是华为得以成长与壮大的原始基因，但随着公司发展，各方面条件越来越好，华为的原始基因也可能会产生变异，实际上某些人、某些部门已经变得扭曲了。所以，任正非在2006年适时提出：“我们讲的艰苦奋斗不但是指生活上的，更重要的是思想上的艰苦奋斗。”

然而，讲归讲，思想归思想，当一个近乎完美的思想设计落实到战略与战术层面时，常常会走形、衰减甚至流于口号，束之高阁。在华为，是如何完成价值观的有效传递的呢？除了20多年来的“年年讲，月月讲，天天讲”之外，坚持自我批判必不可少。

自我批判是强化和稳固核心价值观的重要工具。在一个充满了变化的时代，在经济高速发展与道德急剧滑坡的两极撕裂的社会背景下，企业要想保持自身价值观的独特性与纯粹性，显然是难而又难的艰巨挑战。自我批判无疑是一种及时的、破坏性最小的、有效阻抑“组织熵增”的好方式。

然而，在自我批判仍不足以抗拒不可逆的“熵增”时，通过相对激进的变革，引入负熵流，以冲减“熵增”，从而改变组织的无序状态，重构组织活力，就显得至为重要了。华为历史上的流程变革、市场部大辞职、7 000 人集体买断工龄，无不是借助变革的工具，重整组织体系，打破山头主义，打破论资排辈，让更有使命感、危机感、饥饿感的人群成为公司的主导性力量。

自我批判和组织变革保证了华为不会出现逆淘汰文化，或者叫“逆耗散”。一个健康成长的组织的首要因素就是：组织本身具有强大的自我修复能力，组织的良性细胞对衰朽的、发生病变的细胞具有强大的剔除能力，而不是相反。

逆本能：组织管理的核心命题

组织如人一般，到了中年，自然就会疲惫，浑身散发出困顿和一丝腐臭之气。在此基础上，因组织的疲劳和腐败、个体的贪婪等，又会滋生出山头主义、小团体政治、领袖崇拜、集体不作为以及背叛与哗变等亚文化现象。

组织领袖们一生的使命，就是与组织的疲劳和腐败做斗争，罗马大帝、秦始皇、列宁、华盛顿、毛泽东、撒切尔夫人、比尔·盖茨、郭士纳、普京、杰克·韦尔奇、贝卢斯科尼、希特勒等，他们都遭遇和见证过了追随者的疯狂与厌倦，以及领袖自身的厌倦。由大众追随到被遗弃，不仅是领导者的过错或人格缺陷所致，时间造成的厌烦才是真正的杀手。

历史上流血的革命、输血或换血的变革，既是对组织堕落的惩罚，也是为了征服国家的疲劳。西方轮流坐庄的多党制，中国共产党创造的换届制度，从组织心理学的角度看，也都是基于对人类本性的深刻洞察：大众总是期盼新面孔与新激情。

人类历史上那些最杰出的思想家，也大都如组织病理学家们一样，集全部的智慧为社会组织（包括国家、企业等）号脉、诊病、开药方。释迦牟尼、耶稣、孔子、苏格拉底、马克思、弗洛伊德、马克斯·韦伯、德鲁克……他们莫不以超然的立场冷视自身所处的时代和制度、国家与社会，并给大众以某种激励和温暖。

组织与个体的本能是“熵增”，是与时间并行的“堕落”，但人类并非无可奈何地听从本能的摆布。逆本能是组织管理学的核心命题，任正非说：“我们要不断地自我批判，不论进步有多大，都要自我批判，世界是在永恒的否定中发展的。”为什么任正非无时无刻地在华为内部反复强调自我批判？其实，这体现了任正非对人性异化和组织异化的深刻洞察。

自我批判的目的就是要持续强化组织中每一分子忍耐不适的能力，那些追求舒适本能的生存惯性，影响着组织的行为模式、个体表现模式、逆境处理模式、决策模式以及组织的老化过程。华为长期坚持自我批判所要达到的目的，就是要不断将“不舒适”状态，即奋斗文化固化到组织的基因中，并警惕和抗拒、控制和改变组织肌体的“自由落体下坠”，使之永远处于“心理舒适区”之外。

批判，是思想家们的解剖刀。批判所引发的变革是组织走出疲劳和病态，重新激发活力的重要力量。19 世纪 40 年代，一位叫马克思的西方人，一位落魄的知识分子，写了一部《共产党宣言》，它像寂静暗夜的猫头鹰一般，以极端刺耳的嘶鸣之声，宣告了资本主义制度的垂死命运：“每个毛孔都滴着鲜血和肮脏”的资本家阶层与日益贫困化的工人阶级之间的二元对立，终究会导致资本主义在全世界的覆灭。

后来的事实证明，马克思以“掘墓人”的姿态出现，却成为资本主义伟大的“清道夫”——至少到今天为止。马克思振聋发聩的“丧钟式”宣言，导致了100年之后的另一份宣言：《资本主义宣言：如何用借来的钱让8 000万工人变成资本家》，其基本思想是，人们可以通过付出劳动和付出资本两个方面来获得收入。一个叫路易斯·凯尔索的美国人，提出了员工持股计划。20世纪60年代以来美国中产阶级人群的急剧扩大，很大程度上得益于这位资本主义“补天派”思想家的贡献与发明。

1988年，中国改革开放的第10个年头，笔者一位出版界的朋友以黑色幽默的口吻说：“马克思写了一部《资本论》，结果把‘资本’留给了西方，把‘论’留给了东方。”1992年，邓小平在“南方谈话”中讲道：“我的重要发明是不争论。”将近30年，在“不争论”的背景下，中国以奇迹般的速度创造了民族历史上最黄金的时期，同时，也积累了太多的国家疲劳和病变。

当今的中国，似乎要给“论”释放空间，又要留住“资本”。在“资本”与“论”的多维矛盾之间达成怎样的共识，考验着全体国民的智慧——尤其是社会精英阶层，包括企业家群体。

走出“组织兴亡”的周期律

1948 年，延安，民主人士黄炎培应邀到毛泽东的窑洞做客。黄炎培以极其坦率的语言说：“我生 60 多年，耳闻的不说，所亲眼看到的，真所谓其兴也勃焉，其亡也忽焉，一人、一家、一团体、一地方，乃至一国，不少单位都没能跳出这周期律的支配力。大凡初时聚精会神，没有一事不用心，没有一人不卖力，也许那时艰难困苦，只有从万死中觅取一生。既而环境渐渐好转了，精神也就渐渐放下了。有的因为历史长久，自然的惰性发作，由少数演为多数，到风气养成，虽有大力，无法扭转，并且无法补救……中共诸君从过去到现在，我略略了解了的，就是希望找出一条新路，来跳出这周期律的支配。”

毛泽东答：“我们已经找到了新路，我们能跳出这周期律。这条新路，就是民主。只有让人民来监督政府，政府才不敢松懈。只有人人起来负责，才不会人亡政息。”

毛泽东是一位睡觉也睁着眼睛的伟人。毕其一生，他都在潜心研究国家和政党组织的兴亡规律。为了防止组织的病变和国家的疲劳，他发明了“运动”这一社会变革方式，每隔三五年，就要搅起强大的思想旋风，并力图将党和社会的各个阶层都席卷进去，通过“运动”的办法，摆脱个人和组织的惰性，清除不良的组织细胞，使党与国家保持永续的活力与激情。由“天下大乱”到“天下大治”，代表着这位诗人型政治家一生的理想主义追求。

“中华民族到了最危险的时候……”从 1949 年新中国成立至今，一首在曲折起伏中不断发展的国家的国歌，始终在以“最危险的时候”警示着国人。执政党长期坚持“批评与自我批评”不动摇，并将其应用到组织建设的每个时期、每个单位，甚至每个人，正是在危机感迫压之下的正确选择。

作为中共党员的任正非，历经了60年来国家变革的每个时期，同时又有过几年的军旅生涯，很自然，在他的管理思想中必然嵌入了浓厚的中国共产党文化的深刻印迹。任正非同时代的企业家亦大抵如此。

不得不指出，华为多年推行的“自我批判”的管理方式，就是中国共产党的“批评与自我批评”的修正版。批判者，批评的近义词或同义词罢了。批判、批评，皆源于对危险的警觉：古今中外，一个个原本强大的组织，事到临头竟像纸糊的一样。伟大的秦王朝，只活了两代，14年，没遇到强大的敌人，却被两个“农民工”整死了；改革开放30多年来的众多明星企业，如今还剩下几个？“巨商如蟹，一红就死。”一红就飘飘然，忘乎所以，少了戒惧与谨慎，少了自我批判与反省。

任正非常常警告公司的高管们：红到极时变成灰（指木炭燃烧的情景）。他总是要求中高级干部多读点古今中外的历史书籍，并不时向管理层推荐自己读过的某本书、某篇文章，甚至一部电视片，尤其要大家关注和思考业界同行及历史上种种内朽自毁的悲剧。“公司最大的风险来自内部，”任正非说，“华为多年坚持的自我批判的传统，是我们战胜内部危机的一大法宝。”

AIG的创始人、小个子的金融巨人格林伯格，有着极富传奇色彩的人生，他问任正非：“华为成功的关键是什么？”任正非答：“自我批判。华为总是在自我否定中不断前进。”格林伯格说：“我们认识晚了，早 30 年，我会邀请您跟我干。”

其实，处于世界霸主地位的美国，之所以能走到今天，就在于美利坚合众国几百年来持续不懈的危机感与自我批判的传统。总有一群一群的乌鸦在华盛顿的上空和白宫的走廊盘旋、聒噪，政党和统治者、政治家、社会精英的神经便一刻也不得松弛。然而，今天的美国，似乎在唯一超级大国的地位上待久了，美国的政治、商业组织开始变得疲劳和焦躁了、自大了……

华为的领导层并不完全照抄照搬经典。华为的“多劳多得”的企业价值观，自我批判的组织建设传统，传承于中国共产党，“这都是向共产党学来的”。但华为不强调“互相批判”，任正非说：“互相批判容易造成伤害，会带来关系紧张；还是自我批判好，每个人会根据自己的承受能力进行反省，敢于揭丑也愿意接受别人帮助的人进步快，好面子的人慢慢地也会脸皮厚起来，跟上组织的成长……”

自我批判：方向、方法与节奏

20 多年来，任正非讲得最多的，一个是华为的核心价值观，一个就是自我批判。核心价值观是华为的“大法”，是确保华为在激烈的市场竞争中持续制胜的精神图腾；而“自我批判”则是核心价值观的“护法宝器”，两者如影随形，缺一不可。

1998 年，《华为基本法》定稿之时，任正非就提出在华为新基地的总部门口要立一块石碑，上书：“一个企业长治久安的基础是接班人承认公司的核心价值观，并具有自我批判的能力。”

有华为高管指出，不要把华为和任老板完美化，华为历史上做错的事和做对的事比例差不多，犯过很多愚蠢和幼稚的错误，老板也不是神……2000年关门务虚会讨论公司的前途与未来，老板就讲过，我可以买三辆奔驰车，一辆自己开，一辆换着开，第三辆大不了用来养鸡，但我为什么要那么多信息呢？通信行业已经到天花板了……最终公司中另一种观点占了上风：弯道超车。我不行对手也不行，我的负担比对手小，所以我也许更有机会……

任正非自己也承认：我一个山沟里出来的秀才，20年前哪有什么放眼中国、放眼世界？无非是敢于试错，错了从头再来……

华为不少高管持有相同的观点：没有不断试错与纠错，就不会有华为的今天，华为20多年就是始终扭住一个基本前提——以客户为中心，围绕这个根本反复强调自我批判，“老板关于自我批判的论述和关于核心价值观的强调几乎在频次上是相同的”。

且看任正非是如何阐述“自我批判”的。

1998年，任正非讲：

> 华为会否垮掉，完全取决于自己，取决于我们的管理是否进步。管理能否进步，一是核心价值观能否让我们的干部接受，二是能否自我批判。

2004年，在《要从必然走向自由》的文章中，他讲得更绝对：

> 世界上只有那些善于自我批判的公司才能存活下来。因此，英特尔公司前CEO安迪·格鲁夫的“只有偏执狂才能生存”的观点，还应加上一句话，要善于自我批判，懂得灰色，才能生存。

任正非第一次将“自我批判”和“灰度”并列为企业生存的两大要素。

2008年，在《从泥坑里爬出来的人就是圣人》的讲话中，任正非系统阐述了“自我批判”在华为历史上的作用。

> 20多年的奋斗实践，使我们领悟了“自我批判”对一个公司的发展有多么重要。如果我们没有坚持这条原则，华为绝不会有今天。没有自我批判，我们就不会认真听取客户的需求，就不会密切关注并学习同行的优点，就会陷入以自我为中心，必将被快速多变、竞争激烈的市场所淘汰；没有自我批判，我们面对一次次的生存危机，就不能深刻自我反省，自我激励，用生命的微光点燃团队的士气，照亮前进的方向；没有自我批判，就会故步自封，不能虚心吸收外来的先进东西，就不能打破游击队、土八路的局限和习性，把自己提升到全球化大公司的管理境界；没有自我批判，我们就不能保持内敛务实的文化作风，就会因为取得的一些成绩而少年得志，忘乎所以，掉入前进道路上遍布的泥坑陷阱中；没有自我批判，就不能剔除组织、流程中的无效成分，建立起一个优质的管理体系，降低运作成本；没有自我批判，各级干部不讲真话，听不进批评意见，不学习不进步，就无法保证做出正确决策和切实执行。只有长期坚持自我批判的人，才有广阔的胸怀；只有长期坚持自我批判的公司，才有光明的未来。自我批判让我们走到今天，我们还能向前走多远，取决于我们还能继续坚持自我批判多久。

为了使自我批判制度化，不流于形式，同时又不会用偏和走偏，

2005 年，华为成立了自我批判指导委员会。在指委会的一次座谈会上，任正非把是否敢于自我批判作为提拔干部的一条重要原则提了出来："华为从上到下要调整，要使用敢于讲真话、敢于自我批评、听得进别人批评的干部。只有这种人才能担负得起华为的各级管理责任。"

其实，早在 1998 年，在《管理体制改革与干部队伍建设》的讲话中，他就讲过相同的观点：

> 凡是不能自我批判的干部，原则上不能提拔；群众对他没意见的干部要重点审查；群众意见很大的干部要分门别类进行识别与处理，若不是品德问题，那么这样的干部是可以培养的，我们还要再给他机会。社会是会自动产生惰性，而不是自动产生创新的，领导干部没有自我批判能力，那么公司很快就会消亡。过几年后，公司将进而明确，没有自我批判能力的人不能当干部。

任正非所讲的"过几年后"，即是到了 2006 年。长达 8 年之久，慢慢地发酵、引导，由舆论准备导向组织变革，体现了华为制度和文化建设的一大特点：不搞一哄而上，不掀疾风骤雨，不搞群众运动，也不去"运动"群众。"治大国若烹小鲜"，治理企业又何尝不是？慢工，文火，才能出"细活儿"。联想到国内多数企业，包括一些国企，要不不敢使用自我批评的武器，管理队伍一团和气，但都是表面的，底下却是较着暗劲。久而久之，组织和个人都患上了"动脉硬化症"，而组织管壁上积累的锈斑也将演化成肿瘤；或者是，轻易采用自我批评的方式，导致领导班子的对立，甚至思想上的敌意和组织体系上的分裂。

不少民营企业的慢性自杀式的衰败，源于企业内部缺乏一种健康的批评气氛；而也有许多民企的急剧垮台，是由于残酷的“斗争哲学”引发的。

华为的自我批判有非常清晰的方向，就是一切围绕着捍卫核心价值观去展开：以客户为中心，以奋斗者为本，长期坚持艰苦奋斗。不管任何人与任何部门，违背了这三句话，就是自我批判的对象。

华为自我批判的方式，包括民主生活会、自律宣言、整风大会等，都是向中国共产党学习的，这种做法代表着华为文化中的东方元素。

但华为推行自我批判的文化，却不主张把“互相批判”作为一种观点和方法，纳入公司的管理思想中；企业天生是一种建设性的营利性组织，而不是政党和政府部门，也不是军队和艺术团体。华为的自我批判有几条规定：一是不搞人人过关，不发动群众；二是更多地进行自我批判，少或者不要批判别人；三是强调实事求是；四是不搞无限上纲、无情打击，把握适度这一原则。任正非明确指出：“自我批判不是为批判而批判，不是为全面否定而批判，而是为优化和建设而批判。总的目标是要导向公司整体核心竞争力的提升。”这才是华为长期坚持自我批判的根本目的。

“思想批判”与“EMT 宣言”

中西兼蓄：太极拳与斗牛运动

尼尔·弗格森在《文明》一书中认为，现代西方文明归功于

6 项“杀手程序”：竞争、科学发展、财产权、现代医学、消费社会以及现代职业伦理。除此之外，更重要的一点是：西方文明的自我批判精神，“不管是在哪里，只要西方发现或者携带去了任何疾患，它都会及时地对症下药予以根治”，“而事实上，如果说有一项特征被写入了封建主义时代之后的西方基因中，那么这项特征就是民众的参与和问责”。

华为是在全球化的大背景下与西方公司展开竞争的，而且竞争的战场遍及世界各大洲，包括西方公司的所在国：欧洲国家和美国。早期，华为与西方公司处于极度悬殊的“非对称竞争”状态，华为位居绝对劣势，但华为以其强悍的文化力量、进取精神、充分聚焦的战略与西方公司展开了长达 20 年的超限竞争，到 2005 年前后，已经基本实现了对西方公司的全面追赶与超越。那么，在新的格局面前，在产品实力、技术实力相当的情况下，华为与西方公司的“掰手腕”，则更多地表现在：谁更有危机意识和谁更有自我批判精神。

或者，换种说法，在“对称竞争”的态势下，华为能否比西方更“西方”，同时又拥有独特的东方思维：在斗牛运动和太极拳之间寻求一种灰度的融合，决定了华为的“下半场”。

战胜对手的唯一方式是：你必须比对手更像对手，同时又拥有对手无法复制的特殊基因。华为的自我批判文化，在西方人眼里，印象是深刻的，评价也是正面的。西方文明正是靠不断地自我拷问、自我批判才走到今天并获得成功的。但对西方人来说，不是为批判而批判，批判的目的是制度的完善与优化。华为遵循着同样的路径。

1997 年前后的华为，也就是创立 10 周年之际，虽然充满活力，但混乱却与之相伴。这个时期，任正非开始比较多地倡导自我批判精神，将坚持了 10 年的民主生活会进一步制度化，并扩大到公司各个代表处和基层组织。这是典型的中国共产党的组织建设的做法，在华为的干部队伍成长、团队建设方面起到了重要作用，至今仍在坚持进行。

但是，这只是起到“雨打芭蕉，夜半难眠”的警醒意义，并不能在根本制度上解决问题。山头主义、腐化享乐、裙带关系、居功自傲等现象，依然有增无减。

归结起来，成立 10 年之后的华为，面对着两大挑战：一是思想和主义上的“春秋战国”；二是高速发展期所伴生的内部腐化。解决第一个问题，任正非的思路基本是中国式的：提纲挈领，以纲领统御人心，纲举目张。这就促成了在华为历史上起过重大作用的《华为基本法》的诞生。由中国人民大学的几位教授牵头，让公司上上下下的各种思想和主张充分发散，反复讨论，历两年半之久，终成正果。各种关于公司前途与方向的争论也暂告一段落。

解决第二个问题，显然更为不易。历史上的东西方各国、各类组织在应对人类源自本性的贪婪、腐化的现象方面，积累了很多丰富的智慧和经验，但依然魔道之争难见终结。魔高还是道高？因时而变，因势而变。

同是在 1997 年，华为聘请了国外公司启动职业化管理的流程制度，期待“把一个在产品开发上以技术为导向的公司变成一个以客户需求为导向的公司”。公司成立了变革指导委员会，确定了“先僵化，后优化，再固化”的原则，一直坚持了十几年，现在还在继续优化。这是一种西方式的变革，目的是为了打造服务于全球客户的能力，使华为“更像对手”；但它的另一个重要功能则是：对各级管理者权力的制约。由人治向流程治理的转变，必然会削减既得利益者群体的特权，也必然会遭遇抵制。任正非的回应是：削足适履。

2004年春节，任正非带笔者去参观华为龙岗基地的数据中心，让笔者印象深刻的是，任正非的门卡在这里是无效的。任正非说："不光数据中心、研发中心，有许多地方我是进不去的，流程没有赋予我出现在这里的权力。"这就是制度伟大的地方。

在华为，越是决策层，越没有执行的权力。领导的作用是思想制度的建设与战略方向的把握；将军的作用是执行，打仗是师团营的事情。决策层管得太具体，就会拉山头，搞腐败。流程制度至少能从根本上杜绝一大部分，当然也做不到全部。

任正非认为："只有加强对个人权威的否定，加强自我否定精神，我们才能建立一个健康的组织，建立一个不依赖任何人的组织。用机器取代人的管理，这样，当IT建立后，谁走天都塌不了……"

思想批判：不可复制的文化密码

毛泽东曾说过，中国对人类有三大贡献，一是中医，二是《红楼梦》，三是麻将牌。中医讲相克相生，阴阳互补，既有进攻，又有防守。高明的中医大夫更像哲学家和战略家。一部《红楼梦》，充满了男人和男人、女人和女人、男女之间的钩心斗角、互相算计，几十万字中所散发的阴柔气息，不闻刀戈之声，却令人于美感中窒息；而四人游戏的麻将，每人各成一国，每一个玩家从始至终都是在以一敌三，孤军奋战。每个人都需要攻防皆备，"盯住上家，卡住下家，提防对家，同时还要保住自己的胜率"。

这就是我们民族的国民性。一个绝对智慧的民族，一个有些智慧过头的民族。基于此，孔夫子教导他的学生“吾日三省吾身”；毛泽东号召全体国民“灵魂深处闹革命”。从孔夫子到毛泽东，显然都是深谙国民性格的优劣点的，所以两位跨距两千年的伟大哲人都主张进行“思想批判”。

基督教的“忏悔文化”有些类似于孔夫子的教导，但与毛泽东的“灵魂革命”却大有不同。“思想批判”在中国的历次政治运动尤其是“文革”时期，对中国各阶层人群所造成的心灵伤害与扭曲，几乎达到了无法言说的程度。

因此，过去30多年，“思想批判”在中国社会并没有起多大的效用，人们本能地畏惧并回避它。但在华为，任正非却捡起了它，并运用了20多年。华为从上到下的民主生活会，从来都是较真的，每个成员都必须只讲自己的缺点和问题，不能互相推诿，不准敷衍塞责，还必须从思想根源上查找原因，其他成员也要开展批评和帮助。然而，禁忌夸大事实，不准对自我和他人进行人身攻击，禁止上纲上线，反对情绪化。

其结果是，个人和组织存在的问题不至于沉淀太久太多，大都能得到及时修正。而且重要的是，思想批判没有带来队伍的分裂，相反，造就了18万人的群体奋斗；也没有驯化出一批唯唯诺诺、唯上是从的奴才性格的干部和员工，相反，上上下下的管理者无不充满了鲜明的个性，员工则更是如此。“老板最瞧不上眼的是没个性、没激情的员工。干部要是没激情了，他都懒得理你，他觉得这是一个人最大的缺点，要一个废人有啥用？”华为一位高层管理者说。

自我批判是一种工具，关键是：批判什么？以什么方式开展批判？还是为批判而批判？搞得不好，以促进团结、提高组织战斗力为目标的自我批判会滑向它的反面。民主生活会这类“批评与自我批评”的活动在国有企业已经被制度化，其效用笔者不敢妄评。而在国内的民营企业，一些军人或官员出身的企业家，也尝试以此作为清除内部腐败的工具，但往往会造成团队的内斗以致分裂，所以，鲜有成效。

因此，我们也看到一些企业，如海南航空等，最后转而以宗教文化来统御人心。

华为一位高管感叹，自我批判尤其是思想批判不好掌握。华为为什么做到了？一是领导层带头，不怕丢面子；二是妥协。一般企业是做不到的。

中国企业难以做到，更遑论西方公司？在基督教文明的国家，人们只会在上帝面前忏悔，以获得灵魂的救赎；却鲜见同事之间、团体成员之间的“思想解剖”——这是没有宗教的中国人的发明；在西方，“思想批判”会触及人的尊严和隐私，所以在几乎所有的西方人的管理著述中，你很难看到关于这方面的研究，他们以心理学、行为科学的观点解析人性，但在如何激发人的潜能和抑制人性丑恶方面，他们更多地诉诸制度，以及西方式的企业文化。

华为之所以让西方同行难以捉摸，就在于华为的以民主生活会为鲜明特征的自我批判文化，这是中国式的密码传承，西方公司永远弄不懂，弄懂了也无法推行；如前所述，中国企业包括华为的同行，也普遍未能将自我批判这一工具哲学悟透、用好，同时在制度建设方面也“西化”得不彻底。所以，在中国民营企业走向世界的近些年，华为几乎成为唯一让西方公司畏惧的一匹“非中非西，亦中亦西”的黑马，就不足为奇了。

“EMT 自律宣言”：统一硬币的两面

马尔代夫，恍若人间仙境的度假胜地。沙滩、阳光、海水、椰树、蓝天，使远离都市喧嚣和商场纷攘的度假者们心旷神怡，时间仿佛都静止了似的。2005 年 12 月，华为在这里召开了 EMT 民主生活会，讨论干部队伍的廉洁自律问题。

选择这样一个世外仙岛，研讨如此严肃的话题，想必任正非和他的同僚们是用了心思的。

EMT 成员共同认识到：作为公司的领导核心，要正人须先正己，以身作则。会上通过了《EMT 自律宣言》，要求在此后的两年时间内完成 EMT 成员、中高层干部的关联供应商申报与关系清理，并通过制度化宣誓方式层层覆盖所有干部，接受全体员工的监督。

两年以后的 2007 年 9 月，华为在公司总部召开了《EMT 自律宣言》宣誓大会，面对与会的 200 余名中高级干部，EMT 成员任正非、孙亚芳、郭平、纪平、费敏、洪天峰、徐直军、胡厚崑、徐文伟集体举起右手，庄严宣誓：“我们必须廉洁正气、奋发图强、励精图治，带领公司冲过未来征程上的暗礁险滩。我们绝不允许‘上梁不正下梁歪’，绝不允许‘堡垒从内部攻破’。我们将坚决履行以上承诺，并接受公司审计和全体员工的监督。”

集体宣誓后，各位 EMT 成员依次宣誓发言。

为了使读者更深刻地感受华为的自我批判文化，这里将《EMT 自律宣言》全文予以呈现。

EMT 自律宣言

华为承载着历史赋予的伟大使命和全体员工的共同理想。18 年来我们共同奉献了最宝贵的青春年华，付出了常人难以承受的长年艰辛，才开创了公司今天的局面。要保持公司持久的蓬勃生机，还要数十年地继续艰苦奋斗下去。

我们热爱华为正如热爱自己的生命。为了华为的可持续发展，为了公司的长治久安，我们要警示历史上种种内朽自毁的悲剧，绝不重蹈覆辙。在此，我们郑重宣誓承诺：

1. 正人先正己，以身作则，严于律己，做全体员工的楷模。高级干部的合法收入只能来自华为公司的分红和薪酬，除此之外不能以下述方式获得其他任何收入：

绝对不利用公司赋予我们的职权去影响和干扰公司各项业务，从中牟取私利，包括但不限于各种采购、销售、合作、外包等，不以任何形式损害公司利益。

不在外开设公司、参股、兼职，亲属开设和参股的公司不与华为进行任何的关联交易。高级干部可以帮助自己愿意帮助的人，但只能用自己口袋中的钱，不能用手中的权，公私要分明。

2. 高级干部要正直无私，用人要五湖四海，不拉帮结派，不在自己管辖范围内形成不良作风。

3. 高级干部要有自我约束能力，通过自查、自纠、自我批判，每日三省吾身，以此建立干部队伍的自洁机制。

我们是公司的领导核心，是牵引公司前进的发动机。我们

> 要众志成城，万众一心，把所有的力量都聚集在公司的业务发展上。我们必须廉洁正气、奋发图强、励精图治，带领公司冲过未来征程上的暗礁险滩。我们绝不允许“上梁不正下梁歪”，绝不允许“堡垒从内部攻破”。我们将坚决履行以上承诺，并接受公司审计和全体员工的监督。

同年的 5 月到 6 月期间，大约在一个月内，华为的各部门、子公司陆续展开了《自律宣言》宣誓活动。

任正非谋求将公司从上到下，完全置身于一个透明的民主监督的环境之中。有人质疑，任正非是在用“运动”的方式管理公司，笔者不予赞同。退一步说，即使这种做法属“运动”方式，那么，如果它是健康的、有效的，为什么要一概否定呢？

事实上，这种所谓“运动”的方式，在华为的历史上不止一次运用过，比如，1996 年的市场部大辞职，2007 年的 7 000 人主动辞职等，都在当时产生了良好的效果，并且对长远的组织建设、变革和全球扩张战略奠定了重要的思想根基。

客观地说，西方组织理论的经典学说、经验与解决方案已不能为全球化时代的中国企业提供进一步发展的现成模板，华为必须在开放式学习的基础上，进行某些独创性的重构，比如在中国自身的组织治理史中寻求方法与工具。当然，完全重构显然是荒谬的，但完全拷贝也无异于“邯郸学步”，肯定是徒劳的。毕竟，在对知识劳动者的管理方面，西方公司也处于探索期。

然而，也必须看到，“运动式”的做法最终必然要回到制度的建设。制度使组织变得简单，使组织中的各体系、组织中的团队与个人、人与人的关系变得简单，而简单的文化是任何组织持续强大的根本基础。这方面，东西方管理史基于人性普遍逻辑之上所形成的一系列传统做法与制度，都值得华为广泛借鉴。

华为为什么要开展从上到下的“自律宣言”？很简单，人性中潜藏着两种极端力量：圣贤与魔鬼。组织领袖们的责任就是要不断驱除人性中的恶魔，“使之拉犁”——将贪婪与惰怠的一面转化为组织发展的创造力。要达成此一目标，硬币的两面就必须高度统一，如果两面的面值不一致，就会导致混乱；而所谓组织士气的上下一致，核心在于组织文化的纯洁性，说一套做一套，言行相悖，尤其是高级干部们天天号召员工“以客户为中心”，“长期坚持艰苦奋斗”，自己却以自我为中心，或者拿着华为的职位与待遇，私底下“种自家的田”，拉山头，搞腐化……华为岂能有凝聚力与战斗力？岂能不走向衰败？

因此，“宣言”即昭示，就是一面公开的旗帜，将从上到下的各级管理者置于18万人的监督之下：只有中高级干部们“力出一孔，利出一孔”，18万人才能“力出一孔”，众志成城。

群众舆论（“心声社区”是舆论监督的重要阵地之一）的监督之外，华为也建立了强大的制度监管体系。它既是一种冷威慑机制，也是可以适时启动的热兵种。过程监管有稽核部门，事后监管有审计部门，党委（在海外称作“道德遵从委员会”）履行道德与作风监督职能。审计部的原则是：有必查，查必彻。审计部总裁吴术渊说，“社会上潜规则流行，华为必须有刚性的底线，这个底线就是一切都在阳光下运行”，比如，华为从上到下的管理者没有专职司机，任何人出差都不能坐头等舱（你也可以坐，但自己掏腰包）等规定，就在一定程度上杜绝了一些潜规则的滋生……

但即使如此，华为也仍然有权力寻租和贪污腐败，有部门和个人为了冲刺业绩做假收入、假利润、假合同，CFO 孟晚舟说："华为不能建在啤酒泡上……"为此，2014 年财务部成立了数据核查小组，专门负责账实相符的监察工作。

王者的灭绝与"组织批判"

动物论：老虎、土狼、蚂蚁与老鼠

1997 年的一个下午，任正非与美国合益咨询公司的韦女士有过一次会谈。"那天整个是谈动物，任总说跨国公司是大象，华为是老鼠。华为打不过大象，但是要有狼的精神，要有敏锐的嗅觉，强烈的竞争意识、团队合作和牺牲精神。"会谈的记录者、本书合作者之一吴春波回忆道。

动物世界能够给人类很多启发。数万年前统治地球的恐龙是如何灭绝的？科学家至今未能给出答案。体积越大，寿命越短？"万兽之王"的老虎威猛强大，与狮子一起曾经垄断着动物王国的全部空间，其他的动物无不对其望而生畏；然而，曾几何时，老虎与狮子共同成为濒危动物，成为人类拯救的对象。熊猫就更不用说了，那种娇憨的贵气无不向人们展示着冰冷的结论：野性的退化与适应能力的退化是一切生物的灾难。

狼，集高贵与野性、战斗性与合作精神、机警与不屈的意志于一身，但可惜，它所面临的敌手是人类，所以，狼群的生存也极其艰难。但笔者仍相信，狼这个物种还是有机会战胜环境的。

富士康科技集团董事长郭台铭说：“像蟑螂一样活着。”这句话透着企业家的极端无奈和非同一般的坚韧精神。而IBM的前CEO郭士纳，则以拯救“垂死的恐龙”而成为美国企业界的英雄。“如果大象能够跳舞，蚂蚁就必须离开舞台，让大象跳舞。”这是郭士纳改造并期待复苏IBM的著名语录。

历史久远、体格庞大、行业领先地位、贵族气等，是大多数世界级企业的共同特征，而衍生出的无不外乎三大病症：组织疲劳、山头主义与腐败。

华为基本具备了以上特征：30年的历史，18万人的团队，行业第一的地位，上上下下也都在演变出某些“贵族气”。因此，任正非在1998年就警告内部：“目前，华为的少数人身上出现了生活作风腐化的苗头，对此，公司是绝对不会让步妥协的，否则，我们的集体又怎能做大事呢？”

不言而喻，任正非恐惧华为像恐龙一样消失，像老虎一样面临灭绝。

恐惧造就卓越。华为的30年，正是充满恐惧的30年。西方公司的围堵战略、国内一些中小公司的蚕食战略，使华为在不断的反围堵、反蚕食的过程中，肾上腺素一刻也没有停止分泌，总是处于应激状态。试想想，当思科扬言要让华为“倾家荡产”时，华为还能不积聚内部的全部能量奋起抗争吗？当一些公司针对华为的人才瓦解行动越来越公开化和规模化时，华为上上下下的神经能不高度紧张，并迅速组织队伍进行反击吗?

没有天敌的动物往往最先灭绝，有天敌的动物则会逐步繁衍壮大。大自然的这一铁律同样适用于人类社会。在一个商业组织发展的过程中，一定会遇到各种各样的对手，他们无疑对组织构成了大大小小的威胁，但同样，他们也是组织进取的动力。竞争者乃至敌对者就在你的眼前，你的斗志与激情就一刻不敢懈怠，你的内部凝聚力、领导者的理性精神与奉献的热忱就一丝不敢消减。因此，明智的企业家从不诅咒自己的对手，相反还总是感谢他们。正是他们让企业家的神经变得粗糙，让组织的肌体变得更加强健，变得更具战斗力。

造就杰出企业的往往不是宏大的战略，而是重大事件。如果没有思科起诉华为的事件，华为不见得会快速实现由笨拙的“拳击手”向“太极高手”的转变，在国际市场上合纵连横、借力打力、有攻有守、攻守自如；同样，2001 年前后的一系列内外部动荡，也对华为的内部管理、文化和制度建设敲响了警钟，从而间接推动了华为的进步与成长。

2002 年的某一天，华为中国 6 大研究所的头领们齐聚北京，在华为北京研究所向任正非汇报工作。当讲到成立不到一年的某公司是华为未来的主要威胁时，任正非脸色铁青，一把将桌前打印好的文件撕得粉碎。任正非当时在想什么呢? 暴怒的原因是不愿意承认这种判断呢，还是为这样一位突然崛起的对手感到恼怒呢? 不得而知。

但可以肯定地说，从此之后，华为领导层对任何的“腋下之疮”开始戒备并部署手术台了。

这一时期，华为同时面临着思科的夹击。任正非病了，从 1999

年到2006年，是华为成长的波谷时期。任正非累垮了，他做过两次癌症手术，而且患上了抑郁症。

心理学家这样认为，各种形式的抑郁都带来痛苦，却使人更加心明眼亮，便于意识到世界的问题，并直面这些问题。各种形式的狂躁症都带来韧性，帮助人从失败中学习。精神上的许多疾病都是预示杰出成就的信号。

这一观点用在任正非身上再恰当不过。任正非说："来自对手的批评不要总是抗拒，即使说得过头了点，我们都要认真听取。他要打赢我，总要找我的软肋，我们自己总是有盲点。"有人附议道："乌鸦叫，没见把谁叫死了，猫头鹰半夜聒噪，一定是闻到了死亡的气息。所以，乌鸦和猫头鹰都是吉祥鸟。"

任正非点头同意。

任正非把自我批判分为"思想批判"和"组织批判"两部分。"思想批判"更多针对人和组织的价值观是否正确、是否扭曲，精神状态是否积极进取、意气风发，个人和团队作风是否腐化变质等，这一部分华为的高层讲得最多，公司通过民主生活会等方式贯彻得也最彻底。但在"组织批判"方面，他们则讲得比较谨慎和严谨，因为，"组织批判"到一定阶段，就要涉及组织变革，涉及行动，"变革是一项系统工程，不可轻易为之"。

任正非说：

我们的管理系统，是从小公司发展过来的，从没有管理，到粗糙的管理；从简单的管理，到IPD、ISC、财务的四统一、IT的初步建设。公司正在向国际接轨，如果不是不断地自我批判，哪位领导制定的管理动不得；某某领导讲的话不能改；改动一段流程触及哪些部门的利益，导致要撤销某某岗位，都不敢动，那么面对全流程的体系如何建设得起来？没有这些管理的深刻进步，公司如何实现为客户提供低成本、高增值的服务？那么到今天市场产品竞争激烈，价格一降再降，我们就不可能再生存下去了。管理系统天天也在自我批判，没有自我批判，难以在迅速进步的社会里生存下去。

"*Small Is Beautiful*"（《小的是美好的》），这是一本风靡一时的书的名字。华为的高管们则认为，小草很容易被大象踩死。在这个到处都是风险的时代，当然还是大船抗风险的能力强。但"大有大的难处"，正如《红楼梦》中大管家王熙凤的感慨。

华为从小公司步入大公司行列，是依靠不断的思想批判和审慎坚定的组织批判达成的。但在 2008 年，任正非却说："我们现在开始从思想批判进入到组织批判了。"不过，这次主要针对的则是"大企业病"：组织疲劳。

好的基因能确保节节胜利吗？

经济学家熊彼特说，所有成功的企业家，"双脚都是站在颤抖的土地上"，原因很简单，恐惧造就伟大。当组织领袖和整个组织处于高度压力状态时，组织的"脑路图"会不断释放警讯，以调动全体员工的集体防御本能，并将这种本能转化为积极的进攻力量，从而大大提升组织的抗感染、抗病毒能力。这类组织的文化往往具备单质性和排异性的特征。

但不可忽视的是，当成功降临时，表面上的危机减弱时，组织的各方面呈现出饱满健康状态时，一种“放松效应”便开始发作，组织的免疫能力也开始下降，肌体的紊乱现象也逐步地、非规律地发作……

著名的“马电事件”正是这种症候的典型反应。

2009 年，华为以全年销售额 300 亿美元的创新纪录，跃居世界通信领域第二大供应商的位置。第二年的 8 月 5 日，华为董事长孙亚芳接到来自马来西亚电信 CEO 的投诉邮件：“……在过去的几个月中，华为的表现并没有达到我们对于一个国际大公司的专业标准的期望……多个问题引起我们管理团队的高度关注和忧虑。”具体表现在：（1）合同履约符合度（产品规格正配）和交付问题：在一些合同发货中，设备与我们在合同定义、测试过程中不一致；（2）缺乏专业的项目管理动作（方式）；（3）缺乏合同中要求的优秀的专家资源……

投诉信在“礼貌的用词下透露出的是失望和愤怒”。

这封投诉邮件同时发给了华为销服总裁、亚太片区总裁、南太地区部总裁、马来代表处代表以及马电系统部相关人员，但 5 天过去了，客户没有得到任何人的答复。“各级主管关注的焦点不是解决问题，而是关注如何回复邮件……”

5 天之后，从国外出差回来的孙亚芳在得知此一投诉信后，开始强势主导，对马电项目的全过程进行“复盘”和反思。

从复盘呈现的结果可以看出，华为染上了典型的“大企业病”：（1）重合同轻交付：“5 年前华为的份额顶不上马电份额第一厂商的 1/10，到 2009 年底华为是别人的 10 倍”，华为已成为马电最重要的整体解决方案提供商，但却“没有按解决方案交付的流程”，导致交付过程漏洞不断；(2) 部门墙，各自为政，出现问题时互相推诿；(3) 为了合同，对客户乱拍胸脯，产品跟不上又隐瞒真相，“在客户那里已没有信用可言”；(4) 文牍主义：问题发生后，不是第一时间去现场，而是来来回回发邮件，相互扯皮；(5) 高层的麻木与官僚主义：马电项目从中标到项目实施的一年多时间，华为 VP（Vice President，泛指所有的高层副总级人物）以上的高管最少有接近 10 位直接或间接参与，不可谓不重视，但高层之间缺乏互动沟通，导致资源不到位，问题不透明，两次项目割接失败，设备错发等；(6) 报喜不报忧；对客户如此，对上级也如此，人人寄望于“侥幸过关”，或者延迟“地雷爆炸”……

很显然，“马电事件”并非孤案，折射出了华为在成为一家“领先企业”之后的某些普遍病症。其实，在一位华为前高管的眼里，2006—2007 年前后，华为年销售额达到 150 亿美元之后，就开始出现松懈和自大的苗头。华为西欧地区部的总裁陶景文转述沃达丰 CTO（首席技术官）的评价：“我不知道华为从哪里冒出来这么多骄傲自满的年轻人……”

华为历史上犯过无数的错误，也遭遇过不计其数来自客户的指责和批评，一个时期研发部门的“技术导向”路线也给公司带来巨大损失和战略上的局部迷失，因此，才有 2000 年的质量反思大会，将研发造成的“呆死料”发给部分研发人员，让他们成为“从泥坑中爬出来的圣人”……但这一时期华为在客户的心目中，是谦卑的、充分响应的、服务至上的那个“永远的乙方”，所以，即使产品不到位、技术支撑薄弱等，客户对华为的信赖和认可度一直比较高。

但“马电事件”，客户的反应却与以往有很大的不同，“我相信你们公司解决问题的能力，但我要看你们解决问题的态度……你们有没有用心听我们的东西”，这是马电 CEO 的观点；马电一位即将退休的副总裁沮丧地抱怨：“你们的失败有可能葬送我的职业生涯……”

“马电事件”推动华为进行了一次波及各个层面的组织批判，公司 EMT 会议专门听取了相关汇报，接着召开了产品线协同座谈会，地区部、马来代表处等基层作战单元也进行层层反思，既从流程和制度上找问题，更关键的是扩展到思想层面：我们到底将客户放在哪里？面对问题，我们的态度如何？我们知道客户对我们的期望值吗？如何以客户为中心，什么是奋斗……

由于高层的切实重视，马电项目最终以成功交付而告终，但反思并未停止。

徐直军：“面向客户多了，我们对客户的态度在发生变化。小公司时候的诚惶诚恐更谈不上了，大家甚至可以谈笑风生地谈我们存在的问题。”

徐文伟：“我们还有一个表现，就是不听客户需求，以我为主，总是想说服客户接受我们的产品……”

李杰：“最近见了 6 个客户，客户对我说，你们华为人现在见我们一次，教育我们一次……”

李山林：“……如何让整个组织以客户为中心，而不是以领导为中心、以自我为中心，这一点至关重要。制度和流程建设是让你不能犯错，文化和价值观能让你不愿意犯错……在软的方面，特别是文化、价值观传承方面，需要我们大家多思考。”

……

《华为人》报将“马电事件”梳理成一万多字的案例文章：《我们还是以客户为中心吗？!——马电 CEO 投诉始末》，作者是徐直军、徐文伟、丁耘、姚福海等华为高管。

案例在文末赫然写道：“以客户为中心，可以成为天才；以领导为中心，就会成为奴才；以自我为中心，则会变成蠢材。华为人，你如何选择？”并且引用任正非的观点：华为正处于一个盛极而衰的阶段。

宿命与使命：华为何时会死去

纵横上下五千年，中国历史上活过 200 年的朝代只有 4 个。美国 500 强企业的平均寿命为 30~40 岁，有人据此推出：企业寿命 =1/2（人的寿命）；道琼斯指数企业只有 1/4 能活到 50 岁。

日本有管理学家提出以狗年作为计量单位，1 狗年 =10 自然年（写这本书时，笔者环视了一下卧在脚下的三只爱犬，头皮如过电似的发麻：它们是多么可爱啊，你就是它们的一切，它们却要先你而去。我真不晓得那一天到来时，我的心脏是否承受得了……2015 年 10 月至 2016 年 2 月，我家的三只爱犬相继离世，我有长达一年左右的时间沉浸在失落和痛苦的思念之中……这是没养过狗的人永远无法体验的感受。狗与人类有一万两千年的感情啊）……而中国企业寿命之短，大多活不过 1 狗年。(叹息 !!!)

改革开放 30 余年来，曾作为 MBA 案例的中国优秀企业 85% 已经垮掉。2010 年，中国中小企业平均寿命 3.7 岁，欧洲和日本企业 12.5 岁，美国企业 8.2 岁，德国 500 家优秀中小企业有 1/4 都活到

100 岁以上。

……

这即是一切组织的宿命：迟早都会死去。而组织领袖的使命则是：引导组织中的每一个成员与死亡抗争，争取活得久一些、健康一些，尽量地长一些与健康一些……

唯物主义的任正非并不讳言“死亡”这个话题。“生命总是要终结的，我们现在所做的一切努力就是延长华为的寿命，不要死得那么快，更不要死得那么惨。”“华为的最低战略是：活下去。”

阿根廷《21 世纪趋势》周刊网站在 2012 年的 1 月 5 日刊登了一篇鼓舞人心的文章：《我们越来越接近死亡的终结》。文中写道：“现代生物学证明，胚胎细胞不会老化，不过机体的其余细胞会老化。也就是说，在机体的大部分出现老化之前，胚胎细胞仍然保持完好。现在我们已经知道胚胎细胞不会老化，它们产生的精子和卵子可以在冷冻状态下永久地保存，然后在使用时进行解冻。”

作者何塞 · 科代罗兴奋地预言：“一些科学家正在把衰老过程当作一种疾病来研究，很可能二三十年后我们将看到死亡终结的开始，人类所梦想的永生似乎正越来越接近现实。”

这无疑是令人兴奋的，但一定比作者预期的更遥远。然而，这却使笔者产生出有趣的联想：华为的“胚胎细胞”是什么？什么是华为的噩梦？

毋庸置疑，华为的“胚胎细胞”就是华为的核心价值观：“以客户为中心，以奋斗者为本，长期坚持艰苦奋斗。”“以客户为中心”和“以奋斗者为本”正如精卵结合一样，诞生并发育成功了这个叫“华为”的企业。“艰苦奋斗”是华为价值观中最原型的基因，没有这样一种 20 多年不变的基因传递，华为不可能走到今天。

许多人，包括华为内外部一些关心和关注华为的人，总把任正非和华为的未来兴衰画等号，这是一种误判。任正非总有一天会退出历史舞台，这是不可抗拒的规律。但企业则不然，虽有“狗年”之说，平均寿命 3.7~12.5 岁之说，但毕竟仍有一些“百年老店”基业长青。客观而论，人类对自身所创造的“组织”这个既迷人又恼人的怪物的生命机理的研究，还幼稚和粗浅得很，还没有摸到组织生死周期规律的皮毛。

关于任正非，我们大致可以判断出他的事业生命的极限。任正非对华为的 EMT 成员的要求是：健康工作 20 年。任正非本人呢？73 岁了，可想而知。但华为，这个由任正非和 18 万华为人所共同创造的组织的生命，却可能再活 100 年，甚至更长；也可能再活 10 多年，甚至更短。除了一些不可控因素，比如战争、社会动荡等以外，华为自身的衰老、衰变、中年肥胖症等，恐怕更是挑战。

那么，在这种情形下，华为的“胚胎细胞”能否持续传递活力与激情，并不断地向组织的各系统自动复制，才是问题的关键。也就是说，一个任正非长期做领袖的华为，如果丢失和缺损了它的核心基因，华为照样会完蛋；但如果华为始终坚持它最原生态的核心价值观，任何时空条件下都不忘艰苦奋斗精神，即使任正非不再掌舵了，华为仍能健康生存并发展。

大象跳舞？肢体庞大不等于肢体僵硬。生命在于运动。华为还会招兵买马，不断地扩充队伍，今天 18 万人，5 年、10 年以后也许会达到 20 万、30 万人，也许会成为一支更为强悍的精兵组织？华为的决策者们总是万变不离其宗地以核心价值观为旗帜，在华为的组织体系内开展“耗散运动”，以不断激荡华为的内在活力。“让听得见炮声的人呼唤炮火”“班长的战争”等典型的军事化语言，正代表着2009年以来华为的高层领导集团关于华为“大企业病”的深切认识和批判。

附录：竞争的结束意味着动力的丧失

——红杉树和热带雨林对组织管理的启示

1. 世界上已知最高的树公认有两种，一种是美国加州郊外的红杉树，另一种是澳大利亚东南的杏仁桉。两种树都可以长到150米左右，孰高孰低尚无定论，但有几点是共通的：

一直以大群落出现。红杉树林绵延数百公里，杏仁桉也是群居植物，独木难以抗拒自然灾害而存活，群体面积某种意义上是个体高度的一个基础。

单体结构趋近完美。杏仁桉除了树干笔直、树基粗大、树根深广等特点外，连树叶都进化为侧面朝天，与阳光的投射方向平行。这是为了适应气候干燥、阳光强烈的环境，减少阳光直射，防止水分过分蒸发。

永远无法长得更高。尽管有前面两个条件，植物史上还没有发现过高于200米的样本。这从逻辑上说不合常理，结构完美、阳光和水分没有大的限制，最长寿的红杉树可以活将近两千年，但就是无法突破长得再高。

2. 生物学家对最后一个话题特别感兴趣，众说纷纭，比较有共识的是两点。

结构的完美意味着效率的丧失。无法长得更高的一个原因是因为你已经很高了。杏仁桉高度发达的根系、堪称精妙的树管、最优排列的树干结合在一起的结果，是一滴水从底端根部到顶端叶片的时间平均需要 24 天。各块的最优解，带来的结果是总体上的无解。

竞争的结束意味着动力的丧失。无法长得更高的另一个原因恰恰是因为你已经最高了。群落在长期演变过程之中达到了一种微妙均衡，其他植物已经无力竞争，群内植物互相承认既成事实。封闭系统的熵总是增加的，不是哪棵树停止了生长，而是一群树停止了竞争。

3. 哲学家和物理学家实际在这条路上已经走得很远了。热力学第二定律提出了一个“热力学箭头”，宇宙是从爆炸走向膨胀的，一切事物最终都会走向无序的热寂状态，所以时间不可逆。通俗地讲就是在时间方向上无序或熵增加是常态。

4. 因此对单一有机体来说，如何引入负熵，究竟是“进化”还是“适应”就成了终极命题，这也是生物学界近 200 年的争论。很多人混淆了这两点。“适应”是单代的做法，“进化”是多代的选择。“适应”是“进化”的基础，“进化”是“适应”的过程。单体无论如何“适应”，最终都化为云烟，一定要建立在一代代群体的“进化”上，才能在宇宙的无序中寻求到个体的有序。但是“进化”如何能够有正确的方向，恰恰必须是每一代的个体与环境（更大的系统、更多的个人）相“适应”。

5. 生物学家按这个逻辑找到了红杉树无法长高的反例，那就是热带雨林。亚马孙是一个无比精妙的开放系统的原型，最近成了管理学者、互联网业界、未来学家研究的热点，很多角度确实值得解析和观察，试举相关的两例。

有序的失控。亚马孙是世界上物种多样化的典范，各种生物在其中都能找到自己的位置，看似杂乱失控的发展背后其实是精确的生存逻辑：按食物链（其实是进化的次序和等级）无依赖地传递生存压力，从而不断地自动调整每一个单体的适应能力。外来、落后物种要么适应这个系统，调整自己的位置，要么就被淘汰。没有一个上帝或者 CEO 指挥这一切，但是达尔文等人无比敬畏地发现这个庞大自我运作系统有其内在的规则。

群体长期进化。一棵树永远不能克服生老病死的热力学箭头，但是热带雨林可以。一群红杉树长不高，但是一片热带雨林可以无限延展。单体通过基因传递将“适应能力”交给下一代，每一次改进都非常小，但是通过无数代以后得以固化。亚马孙群体没有边界，也没有护照，永远是开放、妥协、灰度的。应对单体基因的变异、外来物种入侵、环境变化，都可以通过群体基因的选择和调整来实现。引入负熵的，一定是开放的群体。

（引自一位华为管理者的读书笔记）

| 第七章 |

变革论（上）：“八大症候”与“七个反对”

冰冷的刀锋：不变则溃，则亡

蜕变式救赎：摆脱英雄依赖

两千多年前的某一天，一位落魄的哲人站在黄河岸边，或泛舟于波涛奔涌的水上，触景生情，长叹生命的无奈：逝者如斯夫！

两千多年后的2005年4月28日，一个叫任正非的人，却自喻为“逝者”或“圣者”。这个“圣者”，在完成了他的创业家的辉煌使命后，却必须通过一场自我放逐的革命，将自己身上的光环全部打碎，并捆绑起个人的自由意志，以实现对企业发展的蜕变式救赎。

这一天，应中共广东省委中心组之邀，任正非做了“华为公司的核心价值观”的专题报告。任正非说：

> 管理就像长江一样，我们修好堤坝让水在里面自由流淌，

管它晚上流，白天流。晚上我睡觉，但水还自动流。水流到海里，蒸发成空气，雪落在喜马拉雅山，又化成水，流到长江，长江又流到海，海水又蒸发。这样的循环多了以后，它就忘了一个还在岸上喊“逝者如斯夫”的人，一个“圣者”。它忘了这个圣者，只管自己流。这个“圣者”是谁？就是企业家。企业家在这个企业没有太大作用的时候就是这个企业最有生命的时候。所以当企业家还具有很高威望，大家都很崇拜他的时候，就是企业最没有希望、最危险的时候。

国内外的媒体一直都在质疑“后任正非时代”的华为命运。放大些看，任何处于行业领先地位的企业，当它的创始人带领企业即将奔向珠穆朗玛峰之巅时，恰恰创始人也正好步入所谓自然生命的夕阳期，这时，媒体和大众，以及竞争对手总会以复杂的心态发出各种慨叹和议论，以及危言耸听的揣测。

惯于自我批评的任正非对此有充分的警觉，一位长期在华为从事管理顾问的学者说：大多数企业家与任正非的区别在于，他们经过“十月怀胎”诞生了“企业”这个婴儿，并辛勤哺育它长大，但却割不断与“子女”在生理和心理上的脐带联结，他们在感情上越来越相信“企业是我生命的一部分，我必须牢牢地把持住它”；而任正非则不同，在他的观念里，企业一旦诞生了，它便拥有了独立的生命。管理者迟早会离开，会死亡，企业及其管理机制却会代代相传，所以，绝不能以管理者的个人意志左右企业发展的意志，也就是说，企业到一定阶段，必须毫不痛惜地切断与创始人的“感情脐带”。

华为的管理变革，正是在这个节点，展开它冰冷的、闪着寒光的刀锋的。

1997 年，是华为历史上的分水岭。华为系统地引入世界级管理咨询的管理经验，在 IPD、ISC、人力资源管理、财务管理、营销管理、质量控制等诸多方面，与 IBM、合益咨询、普华永道、埃森哲等西方公司，展开了深入合作，全面构筑客户需求驱动的流程和管理体系。

这是一场地震式的变革。用徐直军和郭平的话说：这其实是一次组织革命。有权的人变得没权了，权大的人变得权小了，不受制约的权力变得有约束了，弄得不好，主持变革的人就被推翻了。历史上凡是搞改革的人大多下场不好，改革触动了太多人的利益。华为要用流程文化替代人治文化，也是要付出代价的。

以 IPD、ISC 为核心的六大管理变革，华为坚持了 20 年。而在这 20 年中，因为抵制或不适应流程变革而离开公司，或被降职免职的中高级干部达百人以上，而其中许多人具备优异的才能，或者对公司曾经有过大的贡献。但主潮流是流程变革，使得华为在组织的高层不再需要个人英雄。今天的华为从上到下，人人皆有权力，但任何人都不拥有绝对权力。这样一种矩阵式的权力与决策机制，是华为稳健发展的重要组织保障。

IPD 变革初期，任正非经常讲：哪一天一把火将华为烧没了，你们"带着嫁妆，带着你的妹妹"都走了，但只要制度和流程在，我们就还可以再造一个华为……为什么下这么大决心，花这么多钱让西方公司教我们怎么爬树，就是要摆脱对个人英雄的依赖，对普通员工我们倡导英雄，但高级干部不能是个人英雄……

在某种程度上，英雄常常是变革的拦路虎。一无所有的原始积累期，需要各路英雄大显神通。每家企业都有这样的“英雄时代”。英雄创造了历史，但又是英雄们的欲望和野心将历史弄得脏兮兮、血淋淋的。因此，在企业进入到秩序化阶段时，扳掉“英雄”就是在为变革打通道路。

无疑，变革的最大敌人是人，尤其是领导者和管理者。让人服膺于变革，而不是变革向人妥协，那么就事半功倍了。变革即革命，即权力的剥夺与再分配。区别却仅在于，革命常常带有暴力色彩，常常伴随着改朝换代；而变革则更具理性精神。同样是“权力的再分配”，变革的过程更具建设性。但变革也必须以激发组织活力、克服惰性与腐败、优化组织结构为目标。

相反的是，不少企业在发展到一定阶段时，企业领导人由于历史思维的原因，喜欢以运动式的权谋手段在企业内部展开人际斗争，以达到巩固个人权力的目的。这样的变革不但不能促进企业进步，反而只会加剧组织的震荡，以致分崩离析。

华为的管理变革是针对每个人的，包括任正非自己。任正非说：“在华为，越是高级干部带的兵越少，权力越小。到了轮值 CEO 这一层，理论上应该是一个人带一个助理，顶多配个秘书，没有任何的直接指挥权。董事长和我是虚位领袖，连决策权也没有，我们只有否决权和弹劾权，否定和弹劾的权力也不能经常用，一年有两三次就很多了，用多了就失灵了，原子弹不爆炸才有威慑力。相反，管研发的、管市场的司令每个人都带四五万人的队伍，他们的权力才大得很，但我们也有一套成熟的监控系统……”

逝者如斯夫？是的，逝者如斯夫！任正非说：“华为的变革就是对个人权威的消灭过程。什么时候华为不依靠一个人或几个人的影响力了，华为就真正成熟了。"

观念，变革的最大敌人

中国有养鸟的悠久历史，西方人则以驯马驭马作为一种时尚。鸟多被圈在笼中，狭窄，腾挪的空间极小，所倚赖的唯主人的指令，所期待的唯食与水的赐予，所表达的唯有花言巧语，最后乃一玩物者也。驯马则不然，马在有边界的辽阔原野中，视野雄阔，奔驰竞蹄的天地充满了想象力，所需调教的乃是其无边的野性；而驯马者则既要规范马的习性，又不能压抑乃至泯灭马的战士般的激情，故而对马来说，既有方圆约定又有自由奔放。与鸟相比，马的世界多么充实！由此亦可见，养鸟者与驯马者的文化有多大的不同，管理者们从中可以得出什么观照和启迪呢？

鸟笼，是一类制度，代表着一连串的"禁止"；有边界的原野，也代表了"STOP"（禁止），但却包含着自由与想象力。然而在我们大多数企业的管理者和员工的眼中，制度常常被等同于限制，管理者的思维误区之一便是制度与目标是对立的，当制度严密时，就会妨害目标的达成。

任正非说："华为的最低目标是活下去，当然逐步追赶上西方公司也是长远目标。要实现这一目标，我们一定要穿一双'美国鞋'！"

"中学为体，西学为用"，清代政治强人张之洞的这一套观点，从国家变革的实践看，显然是失败的前鉴。任正非毕竟是后来者，华为毕竟处于全球化时代的最前沿，所以认识上少了一些局限性，多了一些大历史观与世界意识。

华为所穿上的“美国鞋”，是一整套西方现代企业的管理制度，既是“道”，亦是“术”。要想进军西方，就得在管理制度上“全盘西化”，管理哲学上亦中亦西。长此不懈，一定会立于不败之地。

所以，更深一层分析，华为1998年聘请洋顾问开展的制度与流程的变革，纵向看，是对原始积累期“海盗文化”的匡正与盘整，必然会遭遇既得利益者的抵制与消极应对；但更大的难度却在于，横向层面的中西文化、思维习惯、民族性格的对撞与磨合。

某种意义上看，变革的最大敌人是观念，其次才是利益相关者。凯恩斯说：“我确信和思想的逐步侵蚀相比，既得利益者的力量被过分夸大了，或多或少，无论好坏，危险的东西不是既得利益者，而是思想。”至少从华为的变革史看，这一观点是正确的。反对变革的人有没有？当然有，因此而被调离的人就不少，但由于华为当时只有10年的历史，员工队伍普遍年轻，所以并没有成体系的利益集团，也就无法构成对变革的组织化的抵制。所以，对华为来说，最难的是脑袋的变革。脑袋是僵化的，自大的，封闭的，变革所遭遇的抵抗将是无形的，绵密的，无所不在的。比如，主管研发的负责人就很自负地认为，我这一套已经带来了成功，为什么还要改？再比如一些人的悲观主义情绪，认为变革失败的概率大于成功，花了很多钱，会把公司拖垮，“那我在华为10年的积累也就没了”，用徐直军的话说，“20多年来公司有很多的悲观主义者，而老板是危机主义者，不是悲观主义，老板本质上是乐观主义者”，所以，在变革的初中期，任正非总是用变革的理想预期给悲观者"洗脑"，同时，颁布了"削足适履"的律令。因为，唯有"一刀切"的"削足适履"，才能终结一些无谓的争论，达成关于变革的组织共识。

任正非在 IPD 变革动员大会的讲话中疾言厉色，又循循善诱：

> 首先，要坚决打击一知半解的标新立异者，清除不思进取的惰怠者……我们让大家去穿一双"美国鞋"，让美国顾问告诉我们"美国鞋"是什么样子，到中国后，鞋是不是可以变一点？现在只有顾问有权力变，我们没有这个权力。下面的员工不要再提很多新的建议，表明自己很有才能，很有才干。我想至少我们 IPD 小组考核的时候，不对那些提出歪门邪道的人做表扬。我们要深刻理解 IBM 这套管理方法的内涵，谁理解得越深，我认为考评上可以给予鼓励。有人说，我理解得很深了，我能不能改？可以的，10 年、20 年后你来改，但现在你没有这个权力，因此我认为在这个时候需要有一个非常严谨的学习方法。创新一定要在理解基础上去创新，而不是在没有充分理解以前就发表一些东西，那你是在出风头。我想就该把那些出风头的人从我们这个小组中请出去。
>
> 那些长期不能理解 IBM 的 IPD 改革内涵的人，也请他出去。我们这个小组不是终身制，我想能不能一个月清理一次名单，一个月发一次任命，我一年给你签 12 次字，每一次都是免费的。我们的核心项目小组一定要流动，一定要走掉一些人，一定要进来一些人；不要把机会全留给那些标新立异者、思想惰怠者。很多基层干部跟我说，华为不公平。为什么不公平？

你们这些高级干部都是花了多少万美元培养出来的，我们要是有这些美元也来上上这些课，肯定比你副总裁厉害！我认为他说的话是对的，很多在座的人不断地参加国外公司的培训，并没有进步。没有进步者就赶他出去！每次任命一定要除掉一两个；就是全都是好的，也要除掉一个两个。真有好思想，好好学习的人，我们就让他进来，来竞争。我们这个核心小组的人不行，让他把你挤出去。向人家学习，就要认认真真地向人家学习。要全面理解人家的深刻内涵，而不要就抓住一点不放……

世界上还有非常多好的管理，但是我们不能什么管理都学，什么管理都学习的结果只能是一个白痴。因为这个往这边管，那个往那边管，综合起来就抵消为零。所以我们只向一个顾问学习，只学一个模型。10 年、20 年以后，华为产值高到 2 000 亿美元的时候，我们才可能出来一个新东西。但是现在华为连学一家都没有学明白，何来新东西。我们这些年的改革失败就是老有新花样、新东西出来，然后一样都没有用。因此我认为踏踏实实，沉下心来，就穿一双“美国鞋”。只有虚心向他们学习，我们才能打败他们……

IBM 在华为推行管理变革进行了 17 年，十多位到上百位专家，每小时的费用是 300~680 美元。这恐怕是中国有商业以来最昂贵的咨询成本。

然而，成果是什么呢？ 1997 年，IBM 对华为当时的管理现状进行了全面诊断：缺乏准确、前瞻的客户需求关注，反复做无用功，浪费资源，造成高成本；没有跨部门的结构化流程，各部门都有自己的流程，但部门流程之间是靠人工衔接，运作过程割裂；组织上存在本位主义、部门墙，各自为政，造成内耗；专业技能不足，作业不规范，依赖英雄，这些英雄的成功难以复制；项目计划无效，项目实施混乱，无变更控制，版本泛滥。

持续下去，不进行根本的制度变革会是什么结果呢？任正非头脑中的幻影是：崩溃，雪崩般的崩溃！故此，那一时期，任正非的压力极其大。

但是，10 多年后，华为不但没崩溃、垮掉，相反成为一家让世界同行畏惧的对手。不能不说，IPD 变革在其中扮演了极重要的角色。作为一套现代化的管理制度，它更科学地规范了企业的"行"与"止"，"放"与"禁"——原野辽阔有界，河流堤固道宽——以客户需求为导向，构筑流程框架，实现高效的流程化运作，确保端到端的优质交付。

一场小地震时有发生，但基本静悄悄地面向西方学习的"IPD 革命"，在华为初步成功了。而变革还在延续……

华为向"蓝血十杰"学到了什么

2014 年 6 月 16 日，华为在深圳总部举行首届"蓝血十杰"表彰大会，有 100 多位中高层管理者获奖，这其中的多数人曾经主持和参与过公司不同领域的变革，IBM 的咨询专家 Arleta Chen 女士、Mee Wong 女士、Lew 先生也在获奖之列，这三位是华为 IPD 变革的关键顾问。

"蓝血十杰"是华为的管理最高奖，也体现着华为领导者们的清醒认知：华为的成功很大程度上归功于向西方尤其是向美国学习，华为的管理从制度到流程体系，都打上了深刻的美国现代组织的烙印。最能说明问题的表面例证是，华为内部流行的数百个管理词汇是英文字母缩写，是典型的IBM做派。

什么是“蓝血十杰”？某种程度上，它是美国现代管理的代名词。“二战”之后，从美国空军转业的10位军人，加盟到了福特汽车公司。他们拥有如下特质：经过同样严格的筛选，大都接受过哈佛商学院和军队的训练，使用同样风格的语言，“推动和形成了20世纪50年代的管理新宗教”。这种“新宗教”的基点是：一切以数据和事实为基础，强调控制、效率和秩序；对企业制度的尊崇达到了“宗教”的程度。

“蓝血十杰”加入福特汽车公司时，其状况是：紊乱主宰一切。没有基本的组织形态，没有可以作为决策依据的数据，对“计划”的概念闻所未闻，更谈不上预算，沟通渠道不畅，各部门腐化现象非常严重。举一个例子，管理7 000人的主管，不知道自己的上司是谁；福特汽车公司自成立44年来，从没有做过账目稽核；到1946年已连续13年亏损，是美国亏损时间最长的一家大企业。

《财富》杂志这样描述20世纪50年代美国大部分公司的状态：充斥着野心勃勃的大亨和冒险分子、投机分子；目不识丁的领班；推崇个人英雄和野蛮成长；依赖个人的毅力和决心，而不是依靠企管人才和各类专业人才；典型的人治，而非仰赖制度和流程。

“蓝血十杰”在福特汽车公司大刀阔斧的9年变革，带给福特汽车公司的显性成绩是：有了组织结构图，有了分权和集权的边界，决策依靠事实和数据，成本控制大幅改善，产品质量得到提升，绩效管理被高度推崇。9 年时间，"十杰"将混乱无序的福特汽车公司改造和提升为美国第三大企业。

隐性变化是：组织文化的改变——秩序比无序重要；数字比随心所欲重要；工具比拍脑袋重要；理性决策比冲动决策重要；智慧和埋头工作比狡诈和四处钻营重要。

商业是美国人真正的灵魂。"蓝血十杰"在当时的美国商界刮起了强大的变革旋风，进而席卷到军队和政府。以至于"十杰"之一的麦克纳马拉被肯尼迪总统邀请担任国防部部长，用事实和数据的"外科手术刀"改造美国军队。

毋庸置疑，IBM 代表着经典的美国式管理：注重事实的搜集与分析、崇尚规则与流程、强调组织的功能与力量、推崇从数字中萃取效率，通过数据推演趋势与变化……这正是早期的华为和中国绝大多数企业缺乏的方面。

曾经有人质疑，IBM 以稳健、保守的文化著称，华为在 1997 年也曾考察过思科等美国公司，为什么最终选择 IBM 做顾问？任正非的观点是"思科的管理太激进，而我们中国人头脑又太灵活"……被冠之以稳健乃至于保守的 IBM 管理，也许对混乱与活力并存的早期华为更具有借鉴与学习意义……

早期的华为研发具有很大的偶然性。C&C08 成功了，归功于谐音好"一路发"，EAST8000 失败了，归功于谐言不好"易死的 8000"，在一个科技知识分子为主体的组织中，迷信数字和风水在华为前 10 年居然很多见（比如在客户机房里持续三个晚上搞维修，一直无法突破，有人烧了炷香，拜了几拜，再启动设备居然通了；某海外代表处长期在一个项目上没有进展，有人指点说，地区部总裁办公桌后面墙上的画破坏了风水，结果换掉画后，合同也在不久后签成了……），什么原因？流程欠缺，逻辑化的组织功能薄弱，自然导致理性精神的贫乏。

笔者在本书引子部分一开篇讲的是中国南方人的数字迷信，其实背后的隐义即是：用偶然性还是必然性定义华为？华为的成功是命运使然还是逻辑使然，或者二者兼存？

早期在供应链管理上，“做鞋赶不上脚长”，快速成长的市场，使得拿回合同后，经常交不上货，因此才有“天天夜总会，日日救火队”之说，有人甚至戏嘲“从月球上找一个项目经理，解决不了华为的交付问题”……

华为在很长时间，没有基本的业务计划和市场预测体系，“水多了加面，面多了加水”，由于经常供不上货和发错货，成立了“发正确的货小组”……

2007 年之前，华为的财务体系其实就是个“账房先生”，收款、付款、报销……有人更极端地说，公司很多年没人能说得清楚，“今年到底赚了多少，亏了多少，都是大致数目”，更谈不上项目管理和具体的经营分析……

如果走不出“混乱与活力”并存、个人英雄主宰企业发展的早期困局，就很难奢望华为在国际化与全球化扩张中成功。国际化的前提是管理的标准化，是建立一套与全球规则、西方规则全面接轨的制度与流程体系。翻越这一座大山的梯子，是 IBM 等西方公司给予华为的。

“蓝血十杰”给华为带来了什么？用轮值 CEO 郭平的总结：“华为的管理方式已经从定性走向定量，从‘语文’走向‘数学’，实现了基于数据、事实和理性分析的实时管理。"长期主管研发的轮值CEO徐直军则说："过去我们管3 000人的研发队伍都成天打摆子，现在7万人我管得好好的，管14万人对我也没挑战，每条线就那么多人，流程体系管理体系都一样，只要把一把手选好、干部培养好就行了……"

通过ISC变革，华为瞄准客户建立了分布于世界各大区域的、集成的全球供应网络，有效支撑了业务的全球大发展；通过对服务和交付管理的持续变革，服务与交付已经成为支撑市场拓展的竞争利器和提升赢利能力的重要手段；通过IFS（财务系统）变革，构建了全球的财务管理体系，财务融入业务，在加速现金流入、准确确认收入、项目损益可见和经营风险可控等方面取得了根本性的进步；与此同时，在合益咨询等西方顾问公司的帮助下，华为以20年左右的时间，建立起了包括选、用、留、育、管在内的完整的人力资源管理体系，在推动华为成为全球领先公司的过程中，起到了至关重要的作用。

如何对今天的华为进行定位？华为一位高管在和西方一些权威人士的交流中说，我们与你们的不同"仅仅是你们是白皮肤，我们是黄皮肤而已"。

英国电信曾经是全球最大的电信企业，2001年的IT泡沫之后元气大伤，在它准备对英国本土的网络进行全网升级和改造时，成本控制成为第一选项，于是董事会将眼光投向了亚洲，尤其是中国。当它对几家日本和中国的企业考察之后，最后将"目标"锁定在了华为。

业界公认英国电信是一家最挑剔的超级客户，它有一套苛刻的认证体系，长达12条包括上百项细目的认证标准（也包括华为人称之的“人权认证”，比如劳工工作环境、加班费是否按法律规定支付等），对一个只有10多年历史的中国企业来说，无疑是一个巨大挑战，但华为居然在被对方翻箱倒柜的检视中，认证及格，通过了……从而进入了英国电信采购者的短名单。让英国电信的认证专家印象深刻的是，华为的IPD变革，使得华为有了一套可靠的、可持续的、可检验的产品开发流程，英国人从中“嗅到了熟悉而亲切的气息”……

“忘记过去就意味着背叛”，这是任正非在“蓝血十杰”表彰大会上冒出来的一句话，很显然，其所表达的内涵是多义的、丰富的……

萧规曹随：保守是个好东西

“褪毛工程”：从土匪到战士

大多数公司死在诞生后的一两年，多是因为饥饿而活不下去，无疾而终。这就像海盗抢不到财宝，或者望洋喟叹，登岸改行；或者被冰冷的、无边的海水淹没。也有相当一部分公司活过了三四年，或七八年，生意越做越旺，队伍急速扩展，但原始积累期所沉淀下来的匪性文化、功臣文化、山头文化却成为企业进一步发展的震荡之源。

因此，在这一时期，企业家的本能诉求便是：制度变革，以制度来约束匪性和混乱。我们把这一阶段的变革称作"基础性变革"，不管是主动自觉的，还是被形势所逼的无意识行为，都是企业从根本上或表面上完成由乱到治的过程。

一般来说，在乱到不可忍受时，多数企业家，尤其是中国企业家喜欢使用霹雳手段，以自上而下的制度革命来切断与原始激情文化（贬义词则是"土匪文化"）的联结，从而实现一夜醒来之后的"旧貌换新颜"。但初衷与结果几乎总是相反的。激进的"一夕革命"或者叫"休克疗法"带来的无外乎几种结果：八级地震，十二级台风，一派狼藉瓦砾，公开的反叛与对立，这是一类；第二类是，沉闷、萎靡、消极、谨小慎微、惰怠与应付；还有一种结果则是，哗变，能臣悍将纷纷出走。

笔者就"制度"一词的含义随机访谈了十几位企业家和员工，得到的回应几乎大同小异：制度就是管制，就是约束，就是禁止，就是"不允许"。试想想，百里之速奔腾的悍马，突然在行进的道路上撞到千尺铁闸，其后果恐怕只能是人仰马翻、残废或一命呜呼……

所以，撞了南墙之后，善于权变的企业家们大多变成了制度建设的机会派和"补丁匠"。常见的情形是，哪里出漏洞了，定个制度；哪里出问题了，搞个规定。时过境迁后，制度与规定束之高阁。再出问题了，再重申或修补制度……水多了加面，面多了加水，周而复始，螺旋式溃烂。

但不可否认的是，中国有一批企业家以"老鼠钻洞"、尝试错误的机会主义风格，历经 10 年、20 年的腾挪转换，打一枪换一个地方，勇敢而坚韧地不断前进，终究打造成功了少数中国级乃至世界级的优秀企业。要知道，在这个几乎没有多少商业管理思想和经验的国度，中国的企业家所能依托和运用的管理哲学，基本上是传统的政治文化和政党文化，以及“摸着石头过河”的邓小平思想，在发展过程中，一靠悟性，二靠拿来主义，缺什么补什么，逐渐地、慢慢地在一次又一次的震荡中，形成自身企业独特的一套文化和制度。联想、海尔、万科、美的……虽然它们今天的事业与当初创业时的目标设计早已大相径庭，或者完全错位，但它们毕竟代表着中国商业的辉煌。

这中间，固然有国家大背景的开放与制度变革带来的机会，但同样不能忽视的是，这些企业家在“基础性变革”阶段表现出的智慧与忍耐，远见与坚强。研究柳传志、张瑞敏，你会发现，他们都不是激进分子，管理思想的新花样并不多，但却反复讲，不厌其烦地唠叨与灌输，结果便有了各自企业的核心价值观。而在制度变革方面，他们都善于妥协，并巧用赎买政策，以换取既得利益阶层对制度的臣服，以及对权力被制约、被剥夺的认可。他们也会动用“断头台文化”，开铡立戒、立威；运用霹雳手段，推动关键时刻关键方面的变革，但一般都会有充分的准备和应激的手段。

这些成功的企业家，既有龟性、坚持与坚定，又是变色龙，随时变换颜色伪装自己，保护企业。

王石说，任正非是一只老辣的“百变银狐”，那其实是在形容他自己，也是在为他们这一代企业家画像。

“基础性变革”是每个企业都绕不过去的坎儿（本书论述的企业仅指市场型的民营企业，并不适用资源垄断型的国有或其他企业）。它的核心是企业制度包括流程的系统性建设，没有这一套体系，企业组织将会长期滞留在“山寨文明”的阶段。我们也可以将这一变革称作“褪毛工程”，即把原始积累时期组织和人的野性、匪性，通过制度的力量，加以改造，从而使企业结束混乱与无序，进而跨入所谓现代企业治理的轨道。方略与手段固然重要（后面将有更多论述），但制度的内涵更关键。

不良的制度是鸟笼和池塘，以禁令和控制为主旨，“天高任鸟飞”的鹰被驯化成三尺笼中的“金丝鸟”；“海阔任鱼跃”的鲸，化成泥塘中的呆虾笨鱼。“土匪”立地成佛，变成绅士或谦谦君子，那么，以逐利为目的的企业还能运行下去吗？

良性的制度是有边界的马场和有长堤的河道。改造匪性，包容个性；抑制惰性，激发活力；张扬雄心，遏制野心；给战马套上笼头，让“土匪”变成战士，使“草寇”向军人转型，让游击文化向正规军转变。

这大概是一切由早期创业向现代企业迈进的中国企业和企业家所应格外关注的方面。

写到这里，笔者想到华为的壁炉现象：在华为深圳总部，尽管地处亚热带，但在接待客人的个别场所、会议厅，却有欧洲风格的壁炉。到了所谓的“冬天”，任正非每在这里接待重要客人，就要点燃炉火（多数情形下是他自己点火，并在过程中不断加柴）。熊熊火焰中透出淡淡的桦木香味，烟气从烟囱中蹿出，火在壁炉内飞舞，任正非在侃侃而谈……

从心理解析的角度分析，任正非的这一偏好，隐喻着什么呢？

本书首版出版后，任正非对此破题——电视剧《水浒传》中，一群人围着篝火齐声高喊：向火！向火！向火……

火是创新的象征，华为需要一批勇于创新的普罗米修斯，为人类做“盗火”的英雄……

火是组织激情的象征，也带来组织的凝聚力，但熊熊烈火必须在“壁管”中燃烧……

速成式变革是魔术

“基础性变革”，即制度建设，对企业来说，意味着向原始积累阶段的告别。在这一时期，变革往往是激进的、规模化的，所面临的抵制也是最严峻的。这就要求变革的发动者和领导者既要有魄力和见识，更要勇于直面风险，还要具备耐心。制度建设绝非一朝一夕之事，也从来没有完美无缺的制度设计，同样，人性会因时空变化而变化，制度异化是人性异化的必然反映，所以放弃完美主义的乌托邦奢望，是任何合格的组织领袖的天然选择。一个好的制度体系的形成，是在长期的实践中不断修正和完善起来的，所以，只要大的框架是对的，就应该坚定不移地推进下去。

华为的变革，始终坚持“七个反对”：反对完美主义，反对烦琐哲学，反对盲目创新，反对没有全局效益提升的局部优化，反对没有全局观的干部主导变革，反对没有业务实践经验的员工参与变革，反对没有充分论证的流程进入应用。

这七条，代表着华为变革哲学的核心要素，是华为的“变革之纲”。纲举则目张。

任正非在2009年的一次座谈会上总结道：

> 华为从创立20多年来，实际上没有停止过变革，但是我们

不主张大起大落的变革，这是要付出生命代价的……我们这么多年的变革都是缓慢的、改良式的变革，大家可能感觉不到在变革，变革不能大起大落，不是产生一大堆英雄人物叱咤风云就算变革，这样的话公司就垮了。为了你一个人的成功，我们万骨都枯了。

IBM 为 IPD 变革设定的时间为 9 个月，结果进行了 4 年；IFS 变革设定的时间是两年半，结果进行了 8 年。华为轮值 CEO 郭平说，"我们要的是结果最优化，而不是演一场作秀大戏，点个炮仗就完工这样的形式主义不是我们所期望的"……

速成式变革是魔术，IBM 不是魔术师，任正非也不是。这个世界上的魔术式变革，拆穿了最终都是"西洋镜"。

而早在 2000 年，公司领导层就明确宣示："公司组织的调整与建设是改良，不是改革，是渐进式的，不是疾风骤雨式的，要有张有弛，把握节奏。"

在这里，使用的是"改良"一词，连"改革"都弃而不用，更遑言"革命"，为什么？革命意味着摧毁和改朝换代，"城头变幻大王旗"，一切推倒重来。改革的代价也是巨大的，必然伴随着震荡和破坏。中国几千年的历史充满了革命与暴力，动荡与战乱的时期大于和平与稳定。我们民族积淀了深厚的文化传统，但却鲜有制度的传承，总是一代一代的执政者要打碎一个旧世界，创造一套新制度，就连物化的建筑也动不动要付之一炬，或者夷为平地。英国《泰晤士报》网站发表的一篇文章写道："在中国，新的正在消灭旧的，钢筋水泥在掀起一场无情的、摧毁一切的海啸。一个由钢筋水泥埋葬过去的国家要付出何种心理代价？也许人们比面朝黄土背朝天的祖先更富有、更健康，但如果集体记忆已被抹去，他们还知道自己是谁吗？”

这是整个民族的思维惯性，也必然会投射到企业文化之中。企业家们对此应有高度清醒的认知。

企业不像艺术创作，艺术家需要不断地颠覆自我，企业和国家却需要积淀和传承。“企业是建设性组织，万不可动不动就用激进手段搞变革和管理创新。管理创新与变革是企业成长中必须用到的武器，但一定要慎用。”

几年前，任正非多次讲到“萧规曹随”这一成语。“萧何在位时制定的法典和治国方针，曹参上任后不是全盘否定，而是继承。华为要多些曹参式的干部，而不是总想着创新。”在华为30年来的主要文件中，华为从来没有把管理创新上升到企业的核心竞争力的高度，“任何创新都是要支付变革成本的，总成本大于总贡献的创新是有害于公司的。而且公司已经积累了这么多管理程序，随意的创新是对过去投入的浪费”。

创新的对立词是保守。意大利当代画家库奈里斯说：“在意大利文里，‘保守’的本意是为了保存过去一些伟大的东西，绝不是一种颓废；‘革命’也是为了先回到过去的辉煌，然后再次出发。”难怪，面对中世纪的黑暗统治，意大利人举起的旗帜是“文艺复兴运动”，而不是否定传统与历史。

一部人类发展史，所谓进步与保守，激进与“反动”，或者“左”与“右”，都具有在不同时空条件下的相对积极或消极意义，而恰恰可能的情形是，进步与保守的相互对冲、相互转换、共存共依、左右制衡才构成了人类发展史的主旋律。一家企业的成长史大约也难逃这一法则。

一直被媒体贴着"创新"标签的华为，它的创始人从不认可"管理创新是华为的灵魂"。相反，他却说："保守有什么不好呢？'保'是'保持'，'守'是'守定'，这难道不好吗？非要打碎全部的盆盆坛坛就是进步？不见得。"在 2013 年中国社会突然飙起的所谓"互联网潮流"中，华为内部也有过一些躁动，任正非则大讲华为要坚持"乌龟精神"，不随风起舞，在开放式吸纳一切有益于华为发展的思想工具（包括互联网工具）的基础上，更加聚焦于主航道。

1999 年，正是 IBM 咨询管理团队在华为进行制度变革的初期，任正非一方面高呼"削足适履"，为变革大造舆论，并采取果断手段排除一切阻挠变革的阻力；另一方面，他又冷静地指出："坚持以流程优化为主导的管理体系的建设，不断地去优化非增值流程与增值流程，不断改良，不断优化，无穷逼近合理。小改进，大奖励，是我们长期坚持的方针。"

多年来，常常在媒体上看到某些单位或企业，对在管理上有重大改进的先进人物予以大肆推崇和表彰，而在华为却是"大建议，不鼓励"。什么缘由？概因为，管理是个系统工程，任何一方面的大幅突起或变化，都可能引起全局的动荡；而小的改进和改良，则是对体系的优化，更具建设性和可操作性。

> "无穷逼近合理"，是华为领导者们理想中的变革节奏，"改革管理是一个持久持续的过程，不要太激进，如果我们每年进步 0.1%，100 年就能进步 10%，持续长久改进下去是非常了不起的"。

100 年太久。那时候，任正非这一整代华为人早都退出了历史舞台。但任正非不想“只争朝夕”。“只争朝夕”的后果就是一切都会被打回原形，一切都将重新开始。这样的悲剧在中国历史上太多了。

著名学者李泽厚有一种颇具争议的观点：中国要“告别革命”。他说：“20 世纪里，中国差不多有 3/4 的时间都是在革命，而且革命成为一个神圣的口号，革命就是好的……革命被神圣化了。其实，革命不是那么神圣的。我们现在反对革命，就是反对神圣化‘革命’。”“如果不革命，社会本身也许更好。法国大革命多少年，结果让英国跑到前面去了，因为英国政权稳定，建立了比法国更稳定、巩固和适应性强的政治体系和制度，发展更平稳。”“辛亥革命延迟了中国现代化的进程，它从反面证明了，改良比革命要好……”

笔者不晓得任正非是否接触过李泽厚的“告别革命”的观点，但李泽厚如下一段话，任正非一定会深表认同的：“梁启超是为了改良而讲革命，我讲告别革命是为了能够慢慢改良。有人说，革命容易，改良却难。革命其实并不容易，而改良则更难。”而任正非则经常讲，解构难，建构更难。

任正非属猴，思维高度活跃，好动，精力旺盛。但他在把华为由小舟船向中型航母推进的过程中，所表现出的步步为营的渐进风格、忍耐精神、改良意识，甚至保守，恰恰与他的属相和个性形成强烈反差，这无疑需要他付出更多：不断地自我克制与自我否定，进而战胜自我。

更大的挑战是：如何战胜团队的猴性和躁动？还有，仅有改良手段或渐进性的变革行吗？由于时间的推进，当改良并不足以清除企业发展过程中所堆积的污垢时，当组织机器变得越来越笨重和迟滞时，激进的变革是否是必需的，甚至不惜伤筋动骨？渐进与激进的临界点到底在哪里？

变革的八大重要症候

组织在它的初级形态阶段，往往潜伏着致命的缺陷：对个人英雄的依赖。谁能为公司存活下去带来产品，带来合同和收入，谁就是功臣，就可以得到更多的提薪和奖金，更多的股票，以及更大的权力。而与此同时，"个人英雄"在一定阶段也会自恃功高，进而威胁到组织的集中意志。种种情形往往会逼迫组织领袖做出选择：向高度制度化的组织形态转化。

问题是，什么时候是制度化建设的最佳时期？变革从来是逼出来的选择，严格地讲，华为的"基础性制度变革"是从 1996 年《华为基本法》开启的。如果再早一点可否？答案是否定的。雄心和野心是硬币的两面。假使一家创始企业没有过喧闹和纷乱、活力与动荡并存的"幼稚期"，一开始就有一整套规范有序的制度体系，很大程度上这家企业会发育成永远长不大的"早熟儿"。企业早期的格局是依赖高度自由乃至放任的"野蛮成长"撑大的，在法律许可的条件下，最少的畏惧心和最大的冒险精神是创始企业必需的原始基因。过早实行制度与流程变革，会扼杀掉英雄，也会阻碍组织快速成长。

问题与绝望是变革的动力和温床。领导者与管理者的天职就是为了解决问题而存在的。助长英雄带来发展，也带来雄心向野心的异化，这时候，变革的刀刃就得砍向你曾经欣赏和助长的某些人和某些现象。这是一个怪圈，也是任何期望有作为的组织领袖一生所不断遭遇的必然选择。

一般来说，企业组织进行重大变革时，有如下八大重要症候：

（一）企业价值观在表述和传递、落地过程中是否出现变异和对立？比如“以客户为中心”，变成“以领导为中心”，或者“客户”与“领导”的双中心；员工的晋级、提薪、奖金、配股、提拔是按奋斗和贡献进行评价和实施，还是相反？或者二者并行？

（二）基层员工的敬业程度是否大比例地出现问题？比如对薪酬的普遍不满，对上升通道不畅的普遍抱怨，对公正原则的普遍怀疑，以及集体惰怠……

（三）早期（创立5~8年，即原始积累期）高速成长的同时，组织的权力结构是否出现了分裂迹象？具体表现是，次生的大小山头，拥权自重的主管，主管之间的互相对峙，以及挟山头向公司提出非分的利益诉求等。

（四）步入规范期时，制度与流程越来越完善，但权力的上下掣肘、左右掣肘是否越来越突出？是否带来决策效率的大幅降低和管理层的人心不稳？比如各层面管理者的主动性、创造精神受到抑制……进而产生规模性的组织塌方——纷纷离职……

（五）技术与产品创新是否出现较长时间的停滞，或连续性的重大失败？

（六）业务增长是否出现重大困难？

（七）是否出现外部环境的剧烈变动？比如行业格局的重组，行业发展的瓶颈制约，来自其他行业的挑战等。

（八）来自客户的抱怨、投诉是否越来越多？

往往的情形是，以上八种症候很少单独发作，大多呈现出几种或多种同时并发的现象。由此便逼出变革的紧迫性。

变革是企业进步之魂。企业每前进一步，都面临着太多的未知与风险。企业家的核心使命就是在前路茫茫、充满了不确定的环境中，寻觅确定性，寻求方向与突破点，以及制胜的法术。因此，企业家无不具有冒险家的某种特质：赌性，抗压性，以及对任何新鲜变化的亢奋，即使那些百年老店，主人代代更迭，但成功者莫不是在反叛传统的范式中进步的。可以说，企业永续发展的秘诀就在于创新和变革。然而，创新则意味着破坏，变革亦伴随着动荡。所以，如何把控创新与秩序的均衡，如何拿捏变革的节奏与分寸，恰恰是企业管理的真正难点。

华为历次重大变革的成功，很重要的一点，也恰恰最容易被人们忽视的一点，就是它的保守性和渐进性，以及前瞻力和把控力。几乎每一次的变革都是在症候的萌芽阶段，而且是企业效益好的时期，先是一点点地下毛毛雨，然后又不温不火地循序展开。其中的关键点是什么？华为的领导者们为什么每一次都将变革的火候拿捏得那么准？奥秘在哪里？

客户满意度！这是华为一切变革的出发点和最终归依。也就是说，"八大症候"中的"第八大"才是根本，唯有循着这一主脉去把握组织的方方面面，变革才能对症下药，才能减少盲目性，提高有效性。这是华为最大的是非标准，是判断任何人和任何部门的唯一标准。从这一实用主义准则出发，进行看起来似乎前后对立的一些变革，"否定之否定"就不足为奇了。

| 第八章 |

变革论（下）：目的高于一切

文化是制度之母

《华为基本法》：初次“顶层设计”

1995 年，华为迎来了中国人民大学几位年轻学者，彭剑锋、包政、吴春波等人，他们分别留学于美国和日本，回国后，翻译了大量美、日的管理学著作，并在国内一些企业进行推广，他们可以说是改革开放后，中国管理学界的第一批“盗火者”。任正非聘请他们对华为的市场体系做一个组合的薪酬方案，在此之前，华为几乎没有什么像样的制度体系。

1996 年初，任正非忽发奇想，想请年轻的专家们为华为制定一部《华为基本法》，于是，另一个人登场了：留学于美国的黄卫伟。从此，黄卫伟与华为结下了不解之缘，在彭剑锋等人结束与华为合作之后的将近 20 年，黄卫伟和吴春波一直在华为兼任管理顾问，近距离、长时间地观察和研究华为。

任正非对黄卫伟的评价是：“学术功底很深，现在还有几个人钻研大部头的西方原著？黄老师可是一本一本地在啃……”2014 年 5 月，在黄卫伟从中国人民大学退休之后的第三年，被华为聘为首席管理科学家。

《华为基本法》最初两页纸的框架是黄卫伟和包政构思的，基本定位在回答三个问题：华为为什么成功？过去的成功能否使华为在未来获得更大成功？要获得更大的成功还缺什么？在这样一个大框架下，形成了战略、组织、人力资源和控制等几大块，这是西方管理学的一般体系，但在当时的中国企业中却没有多少人能弄通并实行。

彭剑锋、黄卫伟、包政、杨杜、吴春波、孙健敏，即所谓“人大六君子”，他们将西方的“血液”融进了华为的东方基因中，这一步在今天看来再寻常不过，但在“摸着石头过河”的 20 年前，无疑是有重要意义的。

《华为基本法》最核心的部分是价值观：实现顾客的梦想。从根本上奠定了华为后来 20 年的价值趋向。华为早期走的是一条技术驱动的路线，到底是技术至上还是客户至上？在 1996 年前后，华为内部有激烈争论，《华为基本法》开宗明义将华为定位于“实现顾客梦想”，从而以“法”的形式使之尘埃落定。

时隔不到一年，在选择 IBM 还是其他美国公司对华为进行管理咨询时，为什么最终确定 IBM？关键是 IBM 奉行“市场驱动”的理念，“这句话打动了老板”，孙亚芳回忆道。后来 IBM 在 IPD 变革中所推行的“端到端”（从客户到客户）的价值主张，不但重构了华为的研发体系，也重塑了华为的全部组织体系。

应该说，《华为基本法》与 IBM 在根本点上是一脉相承的。

在黄卫伟看来，《华为基本法》是对任正非管理思想的系统总结和阐述。比如“资源是会枯竭的，唯有文化生生不息，华为没有可依赖的自然资源，就是在人的头脑里发掘大油田、大森林、大煤矿”，实际上定义了华为是经营人的企业。人是企业的最大财富，在这一概念下，从而确定华为是一个由货币资本和劳动资本（包含知识付出、企业家贡献）共同构成的价值创造和价值分配体系；2009 年确立的华为核心价值观中的“以奋斗者为本”的早期思想即来源于此。有学者认为，华为开启了“人才雇用资本”的时代。达沃斯世界经济论坛主席施瓦布在两年前也讲道：“人才主义是资本主义、贸易保护主义的解药。”

任正非在《华为基本法》初稿中加入的另一段话是：“为了使我们成为世界一流的设备供应商，我们将永不进入服务业，用无依赖的市场压力使内部机制永远处于激活状态。”这既是任正非办企业的基本方针，又同时将华为逼上了“华山一条道”：充分聚焦与非多元化。这一段话在内部引起过很大争论，任正非力排众议：“一个字也不能改……”

《华为基本法》中关于“每年按销售额的 10% 投入研发，必要而且需要的时候还要加大投入”的观点，源自于华为已有的做法，但《华为基本法》将其固定了下来。

任正非在《华为基本法》第二稿中加进了“不让雷锋吃亏”“不迁就有功但落后的员工”等字句，让黄卫伟印象至深，尤其是最后一句话“暗藏杀机”——这恰恰是许多创业企业走到一定阶段的大坎，华为以铁的律条将其化解了，这也标志着华为是按照现代企业的契约观而非人情观驱动发展的。

《华为基本法》八易其稿，中间经历了长达两年半之久的上上下下的讨论与争论，既熔铸进了许多西方的管理精华，也充分提炼了华为10年发展的成功实践，集中了华为不少年轻管理者的思想火花，尤其贯穿进了创始人任正非的宏大理想、国家主义情结，以及建立在对人性深刻洞悉基础上的一整套管理思想。

客观而论，《华为基本法》于华为而言，真正起到的重要意义是：统一思想，凝聚共识。创立不到10年的华为，高速发展的背后潜伏着重大危机：主义林立，思想多元，充满了活力，也充斥着混乱，“黑猫白猫”抓到了许多“老鼠”，但“各路诸侯”的自由发挥所带来的思想与组织层面的动荡也露出端倪，如不能从根本上进行厘定和约束，持续下去，将会酿成一系列问题。

《华为基本法》是华为历史上的第一次“顶层设计”，尽管参与起草的学者大多是留美留日人士，但其内容、架构、叙述方式以及形成与传播的过程仍然有浓厚的“中国特色”：思想发动重于制度设计。某种意义上，它是华为为引进西方顾问所进行的一系列制度变革的思想前奏，是在为后者的登场“清理盐碱地”。

当然，《华为基本法》也不具有“法”的性质，它更像某个特殊历史时期的纲领性文件，而不构成对全体股东、管理者以及员工的“强制性遵循”。比如《华为基本法》中讲的“事业部制”的组织模式，在华为从来就没有实行过。因此，《华为基本法》更多的是一个阶段对组织和个人的“思想软约束”，“法”的表述仅是借用而已。

“兵为将用”，而非“兵为将有”

几乎在《华为基本法》起草、讨论的同时，1996 年春节前夕，华为进行了历时一个月左右的市场部整训活动。活动开始前，所有市场部正职干部，从市场部干部到各办事处主任无一例外，都向公司提交两份报告，一份是述职报告，主要检讨 1995 年的工作，提出下一年的工作计划，另一份是辞去正职的报告。两份报告中，公司根据个人的实际表现、发展潜力及公司市场发展需要，批准其中一份。

这无疑是石破天惊之举。摩托罗拉一位中国区负责人几年之后评价说：只有华为敢这么做，而且成功了。放在绝大多数中国或美国的公司，都不知道会有什么后果。市场部门的人员本来就流动率很高，培养一个片区经理多不容易，刚要出业绩又被人挖走，带走一批客户关系，你却要让他主动辞职，而且几十个片区主任和市场部总裁全部辞去，只有任正非有这个魄力。这是军人的做法，商家之大忌。

而在华为，市场部集体辞职不仅没引起任何骚动，却变成了一场凝聚团队的誓师活动。当时的公司市场部总裁孙亚芳代表市场部作了集体辞职演说，她称这是一次向传统“官本位”挑战的壮举，意味着能上能下在市场部不是口号，而是实践。市场部代表宣读完辞职书后，许多市场人员自发地走上主席台，慷慨激昂地表态：

“为了公司整体利益，牺牲个人，我毫无怨言。”“华为的企业文化是团结、发展，作为一个华为人，我愿意做一块铺路石。”“华为的事业长青，不能因为我而拖公司的后腿……”

其他部门的员工也纷纷发言："华为为什么是华为？因为有这么多勇于牺牲的个人，团结如一家的员工。""工作了多少年，只有在今天这个独特的仪式上，才理解到了牺牲的真正含义……"

市场部代总裁毛生江或许道出了当事人的心声："我想，任何一个人从很高的位置上退下来，都难免会有很多想法，总会有一段心理调整期，说不在乎是不真实的。我想，也不会有人会心甘情愿地为自己制造一些磨难，如果真是这样，只能是在给自己脸上贴金，也是不真实的。我当初决定从市场部代总裁的位置上退下来，也确实没有想到会有现在的收获。

"关心我的人，经常会问我，我对这些在不在乎？别说我不在乎。我在乎的是华为的兴旺和发展；在乎的是一代华为人付出的青春、热血和汗水；在乎的是我能够继续为华为做些什么；在乎的是自己从工作中不断磨炼出来的自信心；在乎的是战友们的期望和嘱托。其他，比如什么面子、位置等，那些虚的东西，我是真的不在乎！"

市场部成立5年，为华为的原始积累立下了汗马功劳，称得上是一支雄狮劲旅。为什么在公司进入第二次创业时期，要将这支"铁血部队"全部换血呢？华为决策层的观点是：

其一，"我们的对手足够强大，强大到我们还没有真正体会到。我们和竞争对手比，就像老鼠和大象相比。我们是老鼠，人家是大象。如果我们还要保守、还要僵化、还要故步自封，就像老鼠站在那里一动也不动，大象肯定一脚就把我们踩死了。但是老鼠很灵活，不断调整方位，一会儿爬到大象的背上，或者钻到大象鼻孔里，大象老踩不到，它就会受不了。我们必须要有灵活的运作机制和组织结构体系。”

的确，一个两万元人民币起家的民营企业，甫一诞生，就在自己家门口遭遇外来的庞然大物，几乎毫无优势可言，唯一取胜的可能，就是比狮子更勤奋，像狼一样奋不顾身；比大象更灵活，如老鼠一般左右周旋，快速行动。

这是华为创业9年来一直面对的现实，现实逼出了市场部的变革。

其二，“兵为将用”而非“兵为将有”。有人将任正非治企与曾国藩治军进行比较，认为二者有惊人相似，这其实是种误判。没有任何证据表明，任正非向曾国藩学习了什么，但湘军得以快速壮大的“兵为将有”的募兵制，恰恰是现代组织治理最应该警惕和弃绝的制度。甲午战争的惨败固然有多种因素，但“兵为将有”的军事组织和文化是核心原因之一。北洋水师霍霍备战之际，南洋水师的统帅则作壁上观，朝廷上的诸大臣多数也暗怀期待：以一场对外战争消耗掉李鸿章的实力。甲午战败后，梁启超评论：李鸿章以一人之力敌日本全国。

历史是一面镜子。当“兵为将有”带来湘军的迅速扩张，并进而一举平定太平天国这一眼前内乱时，大清朝未来不久的四分五裂便也同时被命定了。

“兵为将用”，但万不可“兵为将有”。华为早期的发展有点“募兵制”的表面影子，“人你去找，事你去干”，但任正非从一开始就对组织内部的抱团现象，包括所谓“下级对上级的高度忠诚”“同学会”“同乡会”等抱有高度警惕；华为的干部频繁轮岗、能上能下、可左可右的“旋转门”制度，某种程度上大大降低了组织发展中的山头现象。市场部集体辞职的做法，今天看来，无疑是极富远见的举措。

那么，兵为谁有？为创始领袖所有吗？当然不是。组织中的任何人都只能为组织所有。任正非在华为内部不交一个朋友，不搞所谓“公权私授”，以及所谓“推恩及人”——一切以面向客户的奋斗和贡献为标准，正是以行动对此做出的鲜明回答。

其三，启动与国际接轨。任正非说：

> ……市场部的集体辞职，行动是次要的，精神是主要的，它是启动与国际接轨的里程碑；它推动了公司干部大调整的行动，使人们不会感到精神上的失落；它把本来可能产生的阻碍因素转化为动力。由于市场部的启动，全公司每个部门都在自觉不自觉地启动。没有干部的国际接轨，没有组织的国际接轨，所有国际接轨都是假的，都是不可能实现的。干部能上能下是正常的，下去的干部不见得将来就上不来，也不见得上来的就能升得更高。没有基层工作经验的人不能做科级干部，没有周边工作实际经验的人不能做部门经理。一定要不断深入到实践中去，在实践中寻找新的线索和发展。只有实践才能全面检验真理。

很显然，市场部集体大辞职只是个切入口，公司决策层期待搅动起整个公司变革的旋风，使得更多部门、所有团队都能有一种面向市场、面向客户的紧迫感；更重要的是，与国际接轨。华为在这一阶段已经开始了与 IBM 咨询管理团队的接触。

如前所论，IPD 变革对华为来说，是一种脱胎换骨式的革命。

最大的阻力来自哪里？来自个人权力的被剥夺或重新分配，来自人的“权力本位”的传统观念。回过头看，当年的市场部集体辞职与《华为基本法》的双轨启动，其实就是在为即将到来的制度和流程的全面变革做组织和舆论上的双重准备，既像实战前的组织压力测试、吹响冲锋号之前的预演，又是实实在在的排兵布阵。与此同时，也将 IPD 变革可能带来的剧烈震荡提前释放了一部分，到真正“削足适履”之时，“美国鞋”已经不是那么太夹脚了。

一年后，IBM 咨询管理团队 70 位专家进驻华为。

中国式变革：7 000 人“辞职门”

2007 年 10 月，大约在市场部集体辞职之后的第 11 个年头，华为又上演了一出 7 000 人“辞职门”事件。

华为内部宣布，所有工龄超过 8 年的员工，必须在 2008 年元旦之前，办理主动辞职手续，辞职再竞岗，重新与公司签订 1~3 年的劳动合同。

公司规定，离职员工可以在离职后 6 个月之内再次应聘，合格者可以留在华为，待遇不变。由于老员工大部分都有华为的内部股份，辞职 6 个月期间，公司为员工保留股份，若辞职后不再续签合同，公司将按股价给员工兑现成现金。

这几乎是 11 年前市场部集体辞职的“拷贝”版，但引起的社会震动却迥然不同。11 年前的集体辞职只是在业界反响很大，也使一些国际同行感受到隐隐的压力：一个敢于导演市场部门集体辞职，并且能够成功的公司，其领导的魄力和团队的战斗力无疑是可怕的。

“华为后来居上恐怕是迟早的事情。”摩托罗拉中国区一位负责人这样评论。

但7 000人大辞职却使华为变成媒体的靶子。国内外上百家媒体热议华为“辞职门”事件，标题也相当骇人：“华为万人大辞职，意在对抗新《劳动合同法》”“全国总工会高度关注华为‘辞职门’事件”“华为打响反抗新《劳动合同法》的第一枪”等，互联网也是一片讨伐之声。

很显然，华为出现了危机。变革是逼出来的，这句话再一次得到了验证。从1997年的IPD变革开始，任正非十几年来总是在强调“改良式变革”、“无穷逼近合理”的变革、“渐进性变革”，为什么却两次推出如此激进的人力资源变革，以致被媒体称为“企业革命家”和“运动型企业家”？为什么一个曾经说过“保守是个好东西”的企业思想家，却总是做出惊世骇俗的变革举措，以致被中外许多企业家判定为“激进的商业领袖”？

时势使然。2006年开始发生的全球电信业的几次大整合，阿尔卡特与朗讯科技合并、诺基亚与西门子合并、索尼与爱立信合并、爱立信兼并马可尼……使得刚刚可以喘一口气、喝一杯咖啡的华为又一次绷紧了神经。在接近20年的老鼠与大象的马拉松式的角逐中，大象一个接一个地趋于疲惫和病态，老鼠却成长为猛狮。在2007年，真正还能对华为构成全面威胁的名单中，几乎只剩下爱立信与思科。然而，意想不到又意料之中的新格局诞生了：大象之间的抱团取暖与合并出击。

华为一位高管感慨地说：“睁眼闭眼都是噩梦，20年来天天如此，选择通信这一行业，就永远别想睡安稳觉……”

华为总裁办在《关于近期人力资源变革的情况通告》中这样描述竞争态势，并为“辞职门”事件在理念上辩解：

> 历史和现实都告诉我们，全球市场竞争实际上就是和平时期的战争，在激烈竞争中任何企业都不可能常胜，行业变迁也常常是翻云覆雨，多少世界级公司为了活下去不得不忍痛裁员，有些已途中消失在历史风雨中。前路茫茫充满变数，非常的不确定，公司没法保证自己长期存活下去，因此不可能承诺保证员工一辈子，也不可能容忍懒人，因为这样就是对奋斗者、贡献者的不公平，这样对奋斗者和贡献者就不是激励而是抑制。幸福不会从天降，只能靠劳动来创造，唯有艰苦奋斗才可能让我们的未来有希望，除此之外，别无他途……

任正非多年来最担忧的就是队伍的懈怠，最期待的就是公司能够“持续保持激活状态”，最积极倡导的就是艰苦奋斗精神。

华为的崛起与西方部分公司的衰落，其根本因素就在于不同企业文化的拉锯战，华为 20 多年的制度变革也无不是聚焦于华为的核心价值观：多劳多得。

然而，时势的另一面出现了：新《劳动合同法》第 14 条规定：劳动者在一家用人单位连续工作满 10 年的，或者连续订立两次固定期限劳动合同的，除非劳动者提出异议，都应签订无固定期限劳动合同，即成为永久员工。

这对于华为正在进行中的人力资源变革无异于当头棒喝。华为 2006 年以来推行薪酬改革，重点是“按责任与贡献付酬”，而不是按资历付酬。根据岗位责任和贡献产出，决定每个岗位的工资级别；

员工匹配上岗，获得相应的工资待遇；员工岗位调整了，工资待遇随之调整。这次改革受益最大的，是那些有奋斗精神、勇于承担责任、冲锋在前并做出贡献的员工；受鞭策的，是那些安于现状，不思进取，躺在功劳簿上睡大觉的员工。老员工如果懈怠了、不努力奋斗了，其岗位会被调整下来。华为希望通过薪酬制度改革，实现鼓励员工在未来的国际化拓展中持续努力奋斗。

此次变革的“深水区”则是公司与员工的双向选择。员工可以不选择公司，公司也可以不保留贡献低于成本的员工。公司不承诺终身雇用。

很显然，这一举措与即将颁布的新《劳动合同法》是抵触的。笔者无法判断华为的人力资源变革在进行到最关键时刻，出现如此棘手的局面时，任正非与华为高层的心理活动。但焦灼一定是普遍和严重的。一方面，华为已进入竞争最为激烈的国际市场腹地，与西方大公司的差距正在大大缩小，一些西方公司呈现出节节败退的颓势，为了突围而结盟或合并，华为遭遇到在各个主战场的围追堵截。华为没有任何援军，更没有像西方公司那样的国家或区域的全链条的互动与支持，只能靠自身孤独奋斗。而这种奋斗文化的制度支撑则只有一条：富于弹性的人力资源政策。

但另一方面，新《劳动合同法》即将面世。如果华为真要实施了新法第 14 条的规定，华为的“持续激活”制度将快速进入“冰河期”，一个完全依靠市场精神打出来的国际化公司的期待与梦想，将会戛然而止。

华为逆风而动，继续推动本来就要进行的集体辞职。华为的律师们显然是动了脑筋的，如此大规模的老员工辞职事件，尽管媒体炒作得沸沸扬扬，但却无任何的违法或违规现象。

华为顶着巨大压力，闯过了一道“生死劫”。

何谓“生死劫”？制度变革失灵了，华为“以奋斗者为本”的文化变质了，或凝冻了，华为也就会被困死了，困死在异国的战场上。

这儿的变革静悄悄

地震发生在外部，而本应该是震源和震中的华为，却平静得让人吃惊：没有一起辞职员工的投诉，没有一起劳动争议，没有一起劳动关系诉讼。几十位蹲守在华为深圳总部的记者通过“线人”或自己直接进行的员工采访，都完全颠覆了他们预设的主题：员工的抗议与抱怨；在华为工作的不安全感；员工以新《劳动合同法》为武器的维权行为……

相反，辞职员工对公司举措表示理解：企业久了，一大堆老员工待遇不菲，占着位子，干劲不足了，能力也跟不上，不摇一摇晃一晃，华为就成了一潭死水。这样冲击一下，人人都有危机感，公司才能有战斗力。

没有进入辞职序列的员工也很兴奋：“废除了工号制度，公司里没了论资排辈，心理上轻松了许多，也感到在这里奋斗有盼头了。”工号文化，在华为曾经是神秘而神圣的象征，任正非的工号是No.01，以此类推，工号越前，资历越老，一般来说级别也越高，“使得内部员工戴上了有色眼镜，让新员工产生自卑感”。

“辞职门”事件后，华为重新排列工号（任正非现在的工号是11万多），大家重回起跑线公平竞争，可谓组织变革的一大进步。

华为的“辞职门”事件共涉及6 687名高中级干部和员工，其中也包括任正非。任正非的退休申请和其他6 686名干部、员工的辞职报告，在2007年11月得到董事会的批准。经董事会的挽留协商，公司继续聘请任正非担任CEO职务，而另有6 581名员工完成了重新签约上岗，共有38名员工自愿选择退休或病休，52名员工因个人原因自愿离开公司寻求自己的其他发展空间，16名员工因绩效及岗位不胜任等原因，经双方友好协商后离开公司。

引人注目的是，一些高中级干部重新续聘后职务做了调整，有升有降，或者换到了其他岗位；另有一批年轻的新面孔在后来的几年中崭露头角。

如此大幅度的人事变化，涉及每个当事者以及相关人的利益调整，但从头至尾没有一丝冲突。尽管外面的议论沸沸扬扬，全国总工会和广东省工会也派员进行调查，但华为内部却一派平静。联系到1996年市场部集体大辞职、2003年IT冬天时部分干部自愿降薪等事件，这些在外部看来“中国式”“运动式”的激进举措，为何都能顺利推行，并最终转化为企业发展的活力？奥秘何在？

文化是制度之母。细察世界各国不同的政治制度，为什么英国和日本选择了君主立宪制，法国采用了共和制，中东多数国家依然通行独裁制，美国则吸收欧洲各制度之优，实行一种“三权分立”的混合制度……概因为各自民族的历史渊源和文化传统。制度派生于文化，文化制约着制度的变迁。激进浪漫、富于动感韵律的法国人，显然无法容忍一个高高在上的“虚君”，代代传承地俯视着追求平等、博爱的法兰西国土；而冷静理性、崇尚高贵、善于妥协的英国人，自然趋向于选择让步与平衡——在等级与民主、贵族与庶民、国家象征与政治实体之间达成和谐与统一。

同样，在国有企业中，产权是国家的，管理者不过是国家委任的“守门人”，理论上国企的产权属于全体人民包括企业的职工，但职工却不能享有实际的分红，也不能行使“虚拟股东”的权力，不能选举或罢免管理者。而相对应的是，管理者也不能轻易辞退任何一位雇员（或流行称谓的“主人”），更无法想象在企业面临危机时，进行大规模裁员。仅此一点，就大大制约了国有企业在与西方“列强”角逐世界市场过程中的竞争力。

媒体常有报道，美欧一些巨无霸企业或金融机构，动则裁员上万人，这在中国的任何企业包括华为，都是不可思议的。

华为30年的历史中，没有发生过大规模的裁员现象，假如真的有一天华为面临严重衰退，不得不成千上万地辞退员工，任正非或继任的领导者有西方公司那样的魄力吗？他们有这样的心理准备吗？其实，魄力与冒险精神，任正非和“接班人”们并不缺乏，问题是，我们民族的文化性格所决定的企业员工群体的文化品格，能像西方公司的员工们那么认同契约精神吗？还有，政府允许吗？

但这一天，迟早会到来的。为了推迟这一天的到来，华为才要持续地进行变革，持续地开展自我批评，以巩固和强化华为的企业文化。

华为文化的本质是“以奋斗者为本”，其具体体现之一则是“奋斗者有其股”。8万多员工集体持股，从根本上决定了华为的利益格局。站在股东的立场思考，如果制度的建立与优化有利于公司的成长，有利于每一位股东，为什么我要抵制和反对呢？即使我被降职了，换岗了，降薪了，但有更优秀更年轻有为的人替股东们创造更多价值，我何乐而不为呢？何乐而不支持呢？

这就是华为人普遍的文化心理。如此看华为的 7 000 人“辞职门”事件，就不难明白，为什么一场地震式的激进变革，在华为却是风和日丽。

很简单，这是 6 686 位大大小小的老板、股东，在拥有 1.4% 股权的大股东任正非的率领下，所进行的一场心甘情愿的“自宫式”革命，革命的目的，就是要让华为更具活力和战斗性，更少惰怠和危机。

更进一步看，华为的 7 000 人“辞职门”，实际上是 7 000 股东为了自身利益所做出的自我奉献，他们每个人既是劳动者，又是“资本家”，根本不存在所谓的资方与劳方之争。因此，媒体记者们显然是找错靶子了。

变革的艺术：时机、节奏、成本与其他

变革架构师任正非

一切的理想主义者无不纠结：为什么播下的是龙种，诞生的却是跳蚤？或者诞生的是龙子，但却是不肖之子？正像许多企业家所困惑的：为什么别的企业的管理变革能够成功，比如联想与华为；自身企业的每一次变革要不中途夭折，要不成为灾难？

除了文化决定制度这个根本前提之外，变革的方法与手段也至

关重要。百日维新的改革派光绪皇帝，百天之内竟然出台 40 多部变革法令，撤掉几十位阁僚大员，闹得皇室上下人人自危；而所依赖的变革主体力量不过是一小撮激扬文字、手无寸铁的中下级幕僚，如康有为等人；不懂变革的优先顺序，不注意团结一切可以团结的力量，不善于妥协与平衡，缺乏忍耐力，亦缺乏决断力，尤其是听信书生之见，把本来可以引为变革支持者的后台人物慈禧作为对立面，导致变革成为少数“幼稚青年”加一位皇帝师傅在一起的“独角戏”，明里暗里的支持者与同情者全倒戈成了冷眼旁观者和反对者。维新百日以血祭而宣告失败，不是偶然的，纯粹地归结于守旧势力的强大也是片面的。

100 年后的 1978 年，邓小平所主导的国家变革，虽然顺应了人心思变的社会大势，但邓小平伟大的变革艺术却很值得一切的组织领袖（政治和商业领袖以及其他）认真研究和借鉴。解放并重新启用大批老干部，变革有了组织力量；发动思想解放运动，变革的舆论氛围形成了；制定开明的知识分子政策，变革的呐喊者阶层出现了；进行军队体制改革，变革的护航力量强大了；率先推动农村体制改革试点，变革最广大的底层基础稳定了……随之，循序渐进，摸着石头过河，进两步退一步，既猛踩油门，又在遇到转弯或沟坎时及时刹车……历时二十载，在邓小平过世的 1997 年，中国的改革开放已经在各个领域取得程度不同的成功。

中国的不少企业家堪称邓小平的“学生”，柳传志、张瑞敏、王石……可以列出一长串名字。他们共同的特征是：坚韧、忍耐、机警，用一位民营企业家的话说：“像老鼠一样，风大了躲进洞中；风过去了再出来……”同时，他们也都胸怀宽广，能团结各类人，也能够“藏污纳垢”——容忍别人的缺点与缺陷；但也都原则坚定，坚定到几乎冷酷；善于妥协，有底线的让步；有决断力，绝不优柔寡断；有自知之明——恪守单一价值观：在商言商，不染指商业之外的政治……

有意思的是，这些企业家创业时的年龄大都在 40 岁左右，真正面临企业之船驶入深水区的变革时，平均年龄在 50 岁左右。对于一个有一定规模的企业的领袖来说，也许，这个年龄段才意味着真正的成熟，至少在中国，这是一种代表性现象。

任正非在华为 20 多年变革史上的角色更像个架构师，从《华为基本法》，到 IPD 等六大体系变革，从市场部大辞职到 7 000 人的“辞职门”，循着每一次变革的脉络朝前梳理，你都会发现，每一次变革的前两年左右，他的零碎或系统的讲话中已经透出某些信息，越到变革临近“射门”阶段，他的观点越鲜明越清晰，在变革真正启动时，各层面的管理者差不多都有一定的思想准备了。但任正非的观点从来是形而上的思辨，或者原则性主张，很少涉及变革具体方案层面的意见与建议；他也许不是一个专业的“顶层设计家”，但他对组织和人性关系的直觉与悟性无疑是罕见的：一部《华为基本法》也许在任正非和华为的管理群体中早被抛到脑后了，但 20 年来的任何一次“中国式变革”，或“西方式”的变革（更多是混合型的），却从未脱开《华为基本法》的总体框架，这在中国企业的组织演进史上，无疑是罕见的现象；此外，组织在不同阶段的病症，他从来都感知于规模性发作之前。2009 年他就大声疾呼“让听得见炮声的人呼唤炮火”，2013 年则明确提出“简化管理”，针对“大组织病”的变革已成为华为今后长期的使命。

“鸡飞”与“狗跳”

变革的目的是激发活力。对于企业组织来说，最大的危机不是来自外部——市场的变化或竞争对手的强大；而是内耗、惰怠以及组织疲劳所衍生的停滞与僵化。因此，以变革的手段延缓组织机能的退化，是必需的。

然而，成功的变革实践无不是基于变革领袖们的深谋远虑之上的。无论是政治或商业变革，也都不是一个人或几个人的事情，它必须拥有强大的变革领导集团和谋士集团。一个坚强的领导集体在一群变革专业人士的精心规划下所启动的变革，成功的把握系数无疑要高出许多。

变革是一场系统工程，牵一发而动全身。变革者的根本意愿也是要对整个组织进行清洗（非政治意义上的“清洗”）和改造。但是，却要充分考虑变革的优先顺序，断不可多头出击，四面开花，一哄而上，结果要不就是鸡飞狗跳，到处树敌；要不就是平均发力，变革的资源包括发动者的精力受限，使变革以大张旗鼓始，以流血或流产而告终，光绪帝的百日维新就是一场变革失败的带血的镜鉴。

变革的动机就是要让“鸡”飞“狗”也跳，到处充满活力。但不可不慎察的是：“飞”与“跳”的内涵与指向。变革无疑要伤害到一部分人的既得利益，所以这部分利益的被剥夺者自然会跳起来，抵制或反对变革，如果“跳”或“飞”起来的是怨气与戾气，更甚者形成鸡狗结盟，联合狙击变革，变革失败的危险就大大增加了。相反，选择好变革的切入口，精心规划变革的优先顺序，先从一城一地发动进攻，再借力打力，逐项展开，成功的概率会大大增加。

华为的六大制度与流程变革是从IPD变革开始的，逐步推进到供应链、人力资源等领域，直到2007年才展开财务系统的变革。任正非在财务系统变革项目规划汇报会上说：“我从来不支持先从预算开始变革，我们的业务系统都是混乱的，怎么会有正确的预算。我们的预算还要努力往前走，把盐碱地洗干净，再让顾问带种子进来，我们才能种庄稼……”

即使是IPD变革，也不是一开始在整个研发体系全面推开，而是先从刚刚运作不久的无线产品项目组开始，涉及的人数不到100人。找到一个小切入口，先行实验，即使失败了，震荡也会最小化；而成功了，则会以“阶段性成果”激励参与变革的人群，并形成广泛的示范效应，这是华为开展变革的经验之一；经验之二，培训。在变革方案形成之后，进行大规模的，涉及研发、市场、供应链、财务等各体系中高管的全面培训，全公司三级以上管理者共3 700人，每场200人，持续4个多月，利用周末接受变革委员会组织的系统学习，学习完后还必须写心得体会，进行总结评比，并刊登在《管理优化》报上，从而以“大面积施灌”的方式让整个组织被变革“洗脑”，华为人称之为“清洗思想盐碱地”；经验之三，变革之初，暂时规避貌似成功同时又是公司核心业务的部门。比如固定网络部为公司研发出了C&C08程控交换机，是公司当时的拳头产品。但正因为如此，IPD变革先从无线产品开始，华为的无线产品线、北研所、上研所在全面推行变革时，阻力最小，成效也最显著。华为今天研发体系的中高层管理者以及公司高层的一大批高管来自无线部门，也与此有很大关系。

变革是要付出成本的

华为 7 000 人“辞职门”事件，在媒体解读成“地震式”变革时，公司内部的一派平静让许多局外人大跌眼镜。除了这 6 687 人都是公司股东这一根本因素之外，华为为这次貌似激进的变革也支付了巨额成本：为了让所有工龄超过 8 年的员工辞职再竞岗，华为采取“N+1”模式，N 即员工在华为工作的年限。比如，某人在华为的月工资是 1.2 万元，一年奖金是 12 万元，平摊到每个月是 1 万元奖金；假如他在华为工作了 10 年，得到的最终赔偿数额是 2.2 万元（工资 + 年奖金平摊）乘以“10+1”，即 24.2 万元。

仅此一项，华为这些年就要多支付 100 多亿元人民币。华为是认真计算了投入产出比的，有什么比让组织机制持续保持活力更为重要呢？

不包含以上支出，20 多年来，华为仅用于 IPD、ISC、IFS 等六大体系的变革成本就超过 400 亿元人民币，仅支付给 IBM 的咨询费就高达十数亿美元，华为是 IBM 咨询服务中全球最大的客户之一。参与主管过 IPD 变革的一位前华为中层干部说，公司似乎从来没设定变革要花多少钱，钱随事走，目的高于付出。

当然，这也和这些年来华为持续的良好增长有很大关系。ISC 变革阶段，正值 2002 年前后，公司业绩下滑，ISC 的变革规模就被简化和缩小了，因此，变革的效果并不如预期的理想。IPD 变革严格地讲，也未能达成最初的“顶层设计”，所谓完全打通端到端（客户到客户）的流程、破除部门墙等并没有从根本层面充分实现，以至于今天仍然要进行复盘式的研发体制变革，这都与公司在那个时期的经营状况不乐观有绝大关系。当然，关于ISC变革与预期差距较大的原因至今仍是有争议的话题，比如顾问的经验与能力等。

20年来，华为每年用于变革的预算基本保持在销售收入的1%~4%，均值在2%左右。

咨询不等于变革

华为为什么愿意在各种场合为IBM背书？很简单，是IBM教会了华为“爬树”，以一套西式的制度与流程将华为带向了全球化的轨道。但正如一位IBM顾问所言，咨询不等于变革，IBM并不是变革者，变革的主体也不是IBM，主体是华为。变革成败与否取决于公司的一把手，一把手的意愿和排除万难的决心才是根本。

任正非在华为变革中的第二重角色就是他的坚持力。Arleta Chen女士说，任正非认定了华为要全球化，就必须向美国学习，另外，他在“技术导向”还是“客户导向”的价值取向方面，选择和坚持“以客户为中心”。这两条他从不动摇，也不允许别人另搞一套。“除此之外，他很放权……”Arleta Chen和顾问们很少见到任正非参与变革方案的讨论，也很少见到他本人，变革的具体规划与执行过程任正非从不介入，“他总是站在岸边，看你怎么游泳，甚至连看都不看，他指出方向，最后要结果，所以他很洒脱……”华为高管如是评价任正非。

但很有意思的是，他又很关注某些细节。曾经在IPD变革中担任主管的李爱新，后来加入IBM从事管理咨询。据李爱新回忆：“老板经常见到我就问，顾问的钱付了没？有时审核部门的过程长了点，就向人家发火，嫌付得慢。任老板不是跟咨询公司做生意，是在为华为请老师……”有人抱怨付费太贵，任正非的回答是：“你真傻，你一小时付 680 美元，人家把 30 年的知识教给你，你打个折扣，别人教你 3 个月的，哪个划算？”

为了让 IPD 变革项目能够获得 IBM 总部的重视和支持，任正非断然决定，把华为采购的服务器和业务软件全部换成 IBM 的，而且大会小会发指示，而当时“IBM 的设备又贵又不好……”

华为对顾问的选择也是很严格的，首先由咨询方推荐顾问名单，华为进行选择，其中重要标准之一是，是否有过成功的经验。费敏曾经负责过 IPD 的变革，他的观点代表着华为领导层的清醒认知：“没有企业经验的顾问，最多是个师爷，师爷是学来的知识……”

华为人的求知欲和学习能力也是变革得以顺利实施的重要因素，员工面对变革时的特有心理是：我不会，你教我，但变革是我的事，再难再累我也要朝前走，“变革会使组织不舒服，使人不舒服，但我没有退路……”这一点成为华为人联结顾问们的一大纽带，顾问进到华为时，兜里并非有现成的宝典，但被华为人的求知欲所激发，从而形成了完全针对华为的有血有肉的方案。纸上谈兵，纸是 IBM 的，兵是华为的……“对咨询公司而言，咨询只需 1/10 的精力，变革要花 10 倍以上精力……”

孙亚芳总结道：变革关键是要自己转身，顾问给的只是框架和经验。方案设计在变革成功中占 30%~40%，推行占 60%~70%，大多数公司给顾问的钱花在方案设计环节……华为主要花在后面，郭平认为，推行才是变革的开始，“IPD 变革时，连怎么建模板、画表格填表格，怎么有效开会……都是顾问手把手地教我们……”

然而，在 IPD 变革之后，善于学习的华为人从一次经验中掌握了一整套的变革方法论，包括为什么变革，怎么变革，如何持续开展变革，以及如何落地等，华为也有了一支成熟的变革专家团队，等到 2006 年进行 IFS 变革时，尽管仍然聘请了 IBM 的顾问，但变革的方案设计、推广、执行的全过程主要是华为人自己主导，顾问真正回到了“咨询”的角色。

“见佛拜佛，见魔杀魔”

在华为，变革的阻力大吗？有人认为，早期主要是脑袋问题，发展到后来更多的是“屁股”问题。屁股决定立场。

让李爱新印象很深的画面是，在一次会议上，任正非拿出一把裁纸刀对孙亚芳说，“你嫌 IBM 的鞋夹脚，就把你的脚割了”。孙亚芳是 IPD 变革最坚定的拥护者和具体主导者，对孙亚芳尚且如此要求，“她的脚都能剁，我们要反对，恐怕脑袋都保不住……”李爱新从中感受到了任正非对变革的强大决心。

2013 年的某一次会议，在讨论 IT 变革的阻力时，任正非对负责 IT 部门的总裁邓飚说：给你一把刀，杀不了人就杀自己……可见变革在华为也并非易事，也可见领导层的决心与意志。同时也说明，变革历来的残酷规律是，必须有人为变革做出牺牲。

如何挥手中的刀？一位不愿具名的华为离职高管的体会是：两种挥法。一种人是“见佛杀佛，见魔杀魔”，干将型的，能够为变革“杀出一条血路”，变革成功了，此类干将成了牺牲品，“公司要善待这些人”；另一种人是“见佛拜佛，见魔杀魔”，虽然拥有尚方宝剑，但善于区分不同的阻力人群，属于观念型的，尽量解释和沟通；属于利益型的，多采取霹雳手段；该变通则变通，该铁腕则铁腕，“任老板两类人都喜欢，第二类人在老板眼里是领袖苗子，有原则有谋略……”

总体上看，华为历史上主持和参与过变革的主管、专家和普通员工，大多获得了与贡献和付出相对应的待遇，他们有的担任了公司高管，有些人持续多年从事变革管理……在 2014 年的“蓝血十杰”表彰会上，不少人荣获公司的最高管理奖。但当年参与 IPD 和 ISC 变革的主管和具体操刀的人员，大多离开了公司，更多的原因是，变革阶段性完工了，他们在原部门的职位也被人顶替了……

变革者是华为的“无名英雄”，他们所承担的压力、委屈、挫折和失败，一点不比市场和研发一线的员工轻，甚至更重，而且他们的贡献还很难彰显。在 IFS 变革的“阶段性成果”的一次总结会开始前，CFO 孟晚舟与在场的 200 多位变革参与者包括 IBM 的顾问们一一拥抱，孟晚舟和多数人都流泪了。变革之难、之苦，在此一刻尽现无疑……

给变革者以肯定和桂冠，是任何变革得以持续成功的重要因素。

自我批判先于并优于变革

“西点军校校长戴维 · 亨通中将在几年前的讲话中，提出 21 世纪军官成功的核心思维是批判思维。”任正非就此发挥道，“这一点与我们的管理哲学是相通的，批判性思维、创造性思维和用历史观来思维，正确地对华为的未来审时度势，是落在新一代华为人身上的重任。”

变革是要付出巨大成本的，包括显性成本与隐性成本，也包括稍有不慎的举措对组织所构成的长远危害。而自我批判却是一种伤害最少、代价最低、可以反复使用的修正性工具。不夸张地说，华为今天的成功，很大程度上归因于自我批判、创新与变革三者的交叉运用。

批判是一种渐进性武器，能有效保持“流水不腐”。经常地、定期地、有目的地、系统地开展组织机体的自我批判，成为华为的文化传统。但当批判也不能彻底清除组织的惰怠与腐败时，变革则会派上用场，发挥效能。

批判是变革的先导，也是组织病变的预警器。

变革离不开自我批判。批判与变革交叉运用，批判为变革鸣锣开道，两者缺一不可。一个长期“你好我好”的组织，突然之间休克了，需要大力变革了，其后果会如何？

还有，一个连自我批判的工具都不能或不敢放手应用的组织，要推动真刀实枪的制度变革，恐怕也难以成功。

“蓝血十杰”批判

冷冰冰的“外科大夫”们

首届“蓝血十杰”表彰大会结束不到半小时，任正非接受了国内 20 多家媒体的集体采访，开场白的第一句话是：我今天是来批判“蓝血十杰”的。可惜，这句话没有引起任何一家媒体的关注。

任正非无疑是冷静的、深邃的：不能以一种倾向掩盖另一种倾向。在推崇“蓝血十杰”基于事实和数字的理性主义精神的同时，万万不可忽视管理的目的是什么。

笔者在给华为员工讲课时，提示他们，《蓝血十杰》（中译本）这本长达 600 多页的教案级管理著作，应该分成前后两部分阅读，前 300 多页讲的是数字与理性管理的辉煌与胜利，后 300 多页则是对数字管理的误区和缺陷的批判。作者高度评价“十杰”的成就：十杰在 1945 年至 1990 年间，把彼得 · 德鲁克的所谓管理革命变成世界性的主流，通过传说和夸大，他们在数百万经理人心目中，变成了现代经理人的原型……“他们可以组织和经营庞大的公司，建立企业帝国，并且征服政府，简单地说，他们可以根据逻辑、理性和合理化，创造出一个完美的世界……”但与此同时，“他们盲目坚信，行之一时的东西可以行之久远”，他们企图“扮演上帝的角色，却忽略凡人的责任”，作者借用一家著名财经媒体的评论：“十杰”将系统分析工具宗教化了，“统计是量化方法的胜利，量化方法则是生机尽失与死亡的胜利”。

“十杰”是一批卓越的职业管理专家，但他们不是战场上打出来的将军和领袖，“头脑中缺乏韵律细胞”，因此，当他们以数据和流程拯救福特汽车公司从混乱走向强盛时，教条与完美哲学又被他们推向极端，管理过度化开始窒息公司活力，对成本的过度控制开始扼杀创新，一种束手束脚的企业文化又将福特汽车公司带向衰落。

“十杰”信奉的是“办公室的数字统治”，企图用沙盘与图表完全覆盖“战壕里的经验”，这让他们通过市场调研的数据推出了大获成功的产品，同时也为了完成头脑中的“蓝图”，他们中的“超级冒险家”利斯不惜进行数据造假，结果推出的产品完全背离客户需求，造成巨大损失。“十杰”之一的麦克纳玛拉在转任美国国防部长时，面对美国在越战节节败退的形势仍然对记者说：“所有的数据表明，我们胜券在握……”麦克纳玛拉在 1967 年被评为“当代美国最伟大的企业家”，媒体评价他“精通数字，沉迷事实，使他同时做得这么成功，也这么失败”……

“十杰”之首的桑顿离开福特汽车公司后，创立了利顿工业公司，8 年来先后进行了 25 次并购，是美国企业兼并的先驱人物，但由于公司“为成长而追求成长”，被资本市场完全左右，被“超出地心引力的野心”所驱使，最后以惨败而收场。

“十杰”在福特汽车公司构建了强大的财务控制体系，人数最多时达到 14 000 人，这使得这家 30 万人的巨型公司在成本控制、绩效管理方面有了相对可靠的监管平台，但同样由于过度和极端化，监管变成了目的，财务部门成为福特汽车公司至高无上的权枢中心。导致的结果是，偏离市场与客户，组织体系趋于僵化，竞争力下降。

“蓝血十杰”的深刻缺陷是：他们是批判主义者，但从不进行自我批判。一次又一次卓越的成功，使他们在心智上出现盲点，认为一种工具可以无往而不胜，因此，他们野心勃勃，人人无所畏惧，人人都是工作过度的“企业修道士”和妄想家，几乎每个人都走进了“自我封闭的城堡”，最后，多数人以悲剧而结束职业生涯。

“十杰”最后一位人物兰迪从福特汽车公司退休后，福特汽车公司在第一时间做了两件事，一是裁减一半财务人员，从 14 000 人减到 7 000 人，二是组织公司的中高层管理者参加研修一门课程：非理性管理。

几年之后，福特汽车公司再度复苏。

“十杰”谢幕前后，美国管理学界在反思：组织中的士气、纪律、领导力、创造力、品德和勇气如何量化？

管理，远不是线性思维所能覆盖的。组织中，必须永远保持两种以上的对冲思维和对冲力量。

回到华为。据胡厚崑介绍，华为在进行人力资源变革时，胡厚崑几次向任正非汇报，任正非都不表态，最后一次胡厚崑说：“老板，我们是中学为体，西学为用……”任正非释然：那我就放心了……

事实上，今天的华为，作为一个 18 万人的大企业所呈现出的某些“大企业病”，更多的病症是“西方病”，是流程和制度的僵化与教条主义，以及繁烦哲学所带来的对组织活力的抑制与危害……

变革的目的：“多打粮食”

任正非在“蓝血十杰”表彰大会上脱稿讲出的第一句话是：变革的目的是多打粮食！

过程与目的的关系、鸡与蛋的关系从来都是无解的悖论，但任何组织在它的每一阶段，都必须对此做出假定。所以，任正非说，假定是人类最伟大的思维方式。

华为的假定是：目的高于一切。评价变革好坏、成败的唯一标准是：是否促进了公司生产力的发展。IFS 变革历经 8 年，正是秉承了这样的原则和标准。

早在2004年，华为就启动了财务体系变革，但当时重点是解决回款和付款的准确性与及时性。那时候，任正非就提出：财务要与业务相结合，不结合创造不了价值。2009年在IFS变革座谈会上，又首次讲到，以规则的确定性应对结果的不确定性。

IFS变革就是在这样的指导思想下展开的。

财务体系变革很大程度上是对业务的变革，不可避免地要对业务的作业方式、业务主管的行为方式，甚至思维方式做出改变和调整，财务体系的触角将像蜘蛛网一般伸向业务一线的角角落落，一线会接受吗？会抵制吗？会影响公司的业务扩张吗？这样一些类似疑问曾经在IFS变革方案设计阶段，就被不断放大，并导致前期步履迟缓。但是，这样的质疑并非没有道理。

IPD变革本质上聚焦在研发领域，尽管研发是组织的心脏，IPD变革的目的是让心脏与大脑、骨骼、神经系统、内分泌系统全面融合，融合的交集点就是：客户。但它相对来说，还是在组织内部，变革的场景相对封闭和单纯，因此相比起IFS和LTC（市场体系）变革，要容易得多。后两者的变革面向全球市场，涉及170多个国家和地区代表处、产品线的几万人，销售规模几百亿美元。如何让成功的基因不断放大，同时让失败的风险和累积的问题最小化，实现扩张与控制的有效平衡，成为IFS变革团队的战略切入点。

“外来的和尚”仍然是IBM的咨询顾问，但“经书”的设计、整体方案的形成立足于华为自己的见解和华为成功实践的结合，同时糅进了IBM和爱立信等业界的经验。用IFS变革项目负责人之一李华的形象说法，叫作“类似于马克思主义中国化，走中国特色的道路，我们把西方经验华为化了”。这个“华为化”的变革“经文”，其宗旨是：控制是为了更好的扩张；目标是加速现金流入、准确确认收入，项目损益可见和经营风险可控，支持公司可持续、可赢利地增长。对财务部门来说，实现从纯粹的职能型财务组织向业务伙伴、价值整合者的转型。变革的切入点则是：基于一线最迫切的需求。变革之前，一线对客户的准确开票率只有 70%，账实严重不符，变革之后，达到 95% 以上。IFS 变革的试点代表处的反映是，以前我们签了合同，钱收不回来着急，财务体系变革帮我们解决了一大难题……

基于一线需求的变革，首先抓住一线的“痛点”，使得变革在推行过程中得到广泛呼应。而且，变革的团队是一个“混装旅”，来自销售、交付、研发、财务等多个体系，他们既愿意与一线密切互动，同时，也清楚一线的“痛点”、难点、需求在哪里。

华为在干部流动机制上的“旋转门”制度，不但为公司培养了各层面的综合型管理者，也是变革得以成功推行的组织保障。

变革的先导是顶层设计，IBM 在制度与流程的架构设计方面无疑是大师级水准。但也有人认为，IBM 过度推崇顶层设计和理论框架，过度突出专家智慧，“完全把一线作为执行者”，这对研发和供应链体系的变革、对发展早期的华为是可行的、有效的，但对 2006 年已经走向国际化的华为来说，这样一套方法论并不完全合适。

华为的顶层设计固然有理论蓝图，但这个蓝图必须“接地气”，与基层摸出来的“石头”进行适配，找契合点和对接点，变革方案紧密贴近一线的作业场景，因此，一线的指挥官和业务主管们从一开始，就以不同的方式直接和间接地成为 IFS 变革的参与者和实践者。

IFS 变革之初，任正非亲自写信给 IBM 总裁，邀请 IBM 承担华为的财务体系变革咨询工作。在与 IBM 的 CFO 交流时任正非说，感谢 IBM，IPD 变革将华为从小公司变成大公司，希望通过 IFS 变革，将华为打造成为一个有长久生命力的公司……

然而，一个显著区别是，IPD 变革时，华为坚定推行“削足适履”“穿一双美国鞋”的变革路线，在 IFS 变革时，“削足适履”的提法不再出现了。原因很简单：变化催生改变。

理念·制度·领导者

为什么一些管理优良的大公司会轰然倒下，或者无疾而终？这是一个近年来被管理学界反复议论的话题。这其实是个伪命题。衡量一家公司管理好坏的标准是什么？企业都垮掉了，或者不死不活，能够认为它的管理是好的吗？

理念是制度的源泉。任何有一定规模的企业都必须有一套行之有效的制度与流程体系，这是企业管理的基本逻辑。然而，比制度与流程更重要的是理念，即价值观。西方一些拥有百年历史的企业巨头，它们无疑在制度和流程体系上有深厚的积淀，却为什么百病丛生，运转不灵？原因很多，但根本上是理念的倒错，它们的成功无不是遵循着“客户第一”的普世理念，它们的衰落也无不是背离了这一铁律般的价值准则。

华为在制度与流程的建设上尽管花了很大力气，仍然不能堪称优良，但为什么在 30 年中很少走大的弯路，关键点是，华为领导层在思想层面始终拥有坚定和清醒的认知，这即是，以客户为中心，围绕客户显性与隐性需求进行创新与变革，进行有效的制度建设，其目的只有一个：多打粮食。

华为在理念层面，严格地讲并无任何创新，但理念如何落地到制度与流程层面，落实到管理的每一个环节，却离不开创新与变革。在许多企业，价值观是正确的，是倡导以客户为中心的，但制度往往无法兑现价值追求，价值观无法落地。原因无外乎以下几点：

一是只有实践行得通的制度才是有效的制度。华为每一次的制度变革无不体现着“顶层设计”与“摸着石头过河”的紧密结合，从实践中来，到实践中去，制度才是鲜活的，有血肉的，也才可能得到基层组织和员工的广泛支持与响应，才也能够真正“行得通”。

二是制度必须在理念的轨道上运行。如果一家企业的制度与流程体系侧重于控制，而不是激发活力与管控的平衡，尤其不是导向于面向客户的成功，那么，制度与理念的脱节会带来组织识别的紊乱，以及事实上的管理错位，导致各阶层管理者和员工无所适从。

三是强势的变革领袖和领导者集团。制度与流程的变革无不是权力和利益的重新分配与调整，在这一过程的每一环节，领导者如果不能充分展现决心、意志力，以及简明、有效的智慧与手腕，制度变革的效果一定会大打折扣，甚至夭折。

四是思想创新。世界如此多变，因此，企业越向前发展，就越需要思想，需要思想家和战略家。没有个人拥有能占卜未来的“水晶球”，但一群思想者一起面对未来进行开放式假定时，它的正确概率就要相对大很多。如果说，在华为发展的“上半场”，任正非的思想牵引力发挥了巨大作用，那么，在华为的“下半场”，既需要任正非继续展现思想力，更需要一批优秀的高级干部走上华为的思想舞台，从而确保华为在不断的制度演变历程中，不迷航，不走弯路。

未来如迷雾，弥散在我们周遭和前方的诸多不确定性，随时会将任何貌似伟大的组织拖入陷阱，因此，任何人和任何组织断不可有坚不可摧的危险幻觉。越是如此，思想的力量和卓越的领导者越重要。那种认为完美的制度可以取代人的想法，显然是不现实的。

从这一角度来讲，无论是 IBM、爱立信，还是谷歌，它们与华为面临的挑战是相同的。

| 外章 |

未来的冲击与中国机遇

（一）

1970年，一位美国未来学家阿尔文·托夫勒（Alvin Toffler）出版了一部专著《未来的冲击》；10年之后的1980年，托夫勒的另一部影响更为深远的著作《第三次浪潮》面世，由此发端的过去30多年，人类几乎以分毫不差的姿态和节奏演绎和印证着这位美国学者关于“未来”的预测：计算机革命，互联网，无围墙大学，日益解构化的组织，全球化……

1974年，30岁的任正非第一次接触计算机，聆听一位刚刚访问过美国的中国科学家吴几康所做的关于什么叫计算机、计算机未来的应用前景的学术报告，“两个小时，我一句话也没听懂……”但却改变了青年任正非一生的命运。

1979年，中国召开了党的十一届三中全会，禁锢的历史闸门终于打开了，10亿中国人从此走上了一条千军万马谋发展的不归路。欲望、激情、创造精神、冒险冲动，伴随着焦虑、痛苦、艰辛、汗水与泪水，以及无数人的牺牲，30多年，在改变大多数个人、家庭命运的同时，也再造了一个东方古国的重新崛起。

命运垂青中国。中国的改革开放与20世纪80年代的全球新技术革命踏在了相同的节拍上。美国一批战略家所倡导的“全球产业分工论”，给中国提供了巨大的发展机遇，美、欧、日等发达国家在觊觎13亿人口的大市场的同时，也纷纷将资本、设备、技术以及管理等向发展中国家尤其是中国转移，尽管这几十年，我们也付出了环保、资源掠夺性开发等巨大代价，但不能不承认，国家和民族毕竟走到了强盛的边沿，与发达国家相比，我们仍然有差距，也存在诸多深层次矛盾与问题，但中国的国际地位、经济实力、战略自信已非旧时可比。

30多年后的今天，人类又一次站在巨大转折的门槛上。如果说前30多年以计算机为核心的技术革命是建构在传统工业社会，甚至部分国家仍然是在农耕文明基础上的话，那么，新技术时代则有本质性的不同，这即是，无论是美、欧、日等西方发达国家，还是中国等次发达国家，以及非洲等发展中国家，整个人类都已经被深刻而广泛地卷入了全球化和信息化的浪潮中，而正是互联网在知识和技术的分享方式、人际交互模式、商品和资本的交易方式等方面的根本性改变，将整个世界变平了，从而给予不同民族和不同文化、不同制度背景下的个人与国家参与全球化进程的机会。

20世纪80年代，美国战略家关于“全球产业分工”的顶层设计，恰恰在最关键的地方忽视了“上帝有意留下的空白”，这即是，互联网发端于美国，又是互联网终结了西方国家在高端产业链的垄断地位。傲慢而过度乐观的部分西方战略人士，在30多年前绝对意想不到，以中国为代表的一些发展中国家，顺应和把握信息技术和全球化的潮头，孕育和成长出了华为、联想、海尔等一批世界级的高科技制造企业，以及腾讯、百度、阿里巴巴等互联网公司。

未来二三十年的人类会怎样？在有中国参与的世界各大思想论坛、技术论坛上，以达沃斯论坛为标志，美欧中以及其他国家的成千上万的政治家、战略家、企业家、科学家、学者在共同、持续、充分开放地勾画着人类的下一步，数千万个人尤其是年轻人，也在通过互联网关注和讨论着人类未来二三十年将会出现的“奇点”。

谷歌董事长施密特预言：互联网即将消失，物联网正在兴起。在德国，由总理默克尔主导和推动的工业 4.0 从 2013 年提出，不到三年时间，已上升为国家级战略，并得到德国科研机构和产业界的广泛认同。工业 4.0 的模式是从下往上走，目的在于提高德国工业的竞争力，在新一轮工业革命中占领先机。美国则是从上往下推进，以互联网为推手，实现工业生产系统的智能化（机器、数据、人），这种被称作“工业互联网”的新事物，被美国产业界认为是自工业革命和互联网之后的第三次产业革命，牵引和主导这场革命的是 GE（通用电气）、思科、英特尔等企业巨头，美国政府给予资助。

与之同时，材料技术正在出现爆炸性突破，硅时代即将结束，石墨烯时代开始；以基因研究为核心的生物技术也在形成“临界性”的革命。万物互联的信息技术、新材料、基因技术的全面融合，将使人类从几千年的传统社会步入下一个全新的、令人激动和恐惧的新时代。

“摩尔定律”代表着科技界和人类精英们的集体强迫律。当全球各地的一批战略“疯子”在仰望星空、臆想和设计未来社会的理论架构、思想架构、系统架构时，一批一批的科学家、工程师、企业家在资本和人才的驱动下，加速马力启动起逼近未来蓝图的战车……

阿尔文·托夫勒等卓越的未来学家处于今天的时代是幸运的，因为他们关于未来的预言，绝大部分在他们的有生之年可以被兑现……

（二）

一位叫福山的美国政治学家曾经断言：西方的民主制度、自由市场资本主义和生活方式，也许就是人类社会文化演进的终点……福山以一本《历史的终结与最后的人》得到了“15分钟的名声”；25年后，在他的新著《政治秩序的起源》中，他显然不再认为，西方体制是放之四海皆准的一剂良药，书中有大量的篇幅在反思美国民主制度和福利制度的缺陷，书的扉页引用美国历史上著名的政治家亚历山大·汉密尔顿的名言：“对于一个好政府来说，执行力是第一位的……不管一个政府基于怎样的法理基础，如果缺乏执行力，它都是坏政府。”

中国以30多年的叠加速度走完了西方国家耗时200年左右的工业化进程，这和这个国家在正确方向下的强大的执行力息息相关。毋庸讳言，在高速发展的同时也积累了诸多的社会与经济病变，但同样依赖执政党和国家的社会动员能力、自我批判传统与纠错机制，中国正在朝向市场化与法治化的轨道艰难而快速的转型。正如一位英国观察家所言，中共十八届三中与四中全会的两个《决定》，涉及改革面之广之深，出台如此之迅速，在西方的决策体制下是不可想象的。

企业是国家的核心竞争力之一，唯有企业个体、族体以及整个产业链的强大，才能铸造国家的强盛。当今中国在世界政治、经济、军事、外交等各个领域的话语权，正是奠基于千万家企业在30多年间为国家所积累起来的国民财富之上的。但其根本前提则是：改革释放了民族历史上最大的红利。

必须清醒地看到，虽然经过30多年的追赶，我们已经逼近下一个大时代变革的起跑线，但发展的内外部环境也发生了剧烈变化，传统的经济增长模式已不可持续，制造业在互联网等多种因素的冲击下普遍陷入困境，企业家群体的短期逐利行为成为潮流……某种程度上，对中国各行各业的企业来说，挑战远大于机遇。

未来二三十年的冲击显而易见。在中美欧三大竞争板块中，美欧的民主制度和福利主义显现出了“制度疲劳”，而中国的问题在于，上一个30多年的改革边际红利正在大幅度锐减，必须有新的、更具根本意义的变革，牵引企业、社会与各阶层的人群一起走出“国家的疲劳”。

“两个决定”（中共十八届三中全会、四中全会的《决定》）正逢其时，它们将会持续而全面地释放出国家的能量，如果进一步深层次的改革不发生“颠覆性错误”（习主席语），中国有可能在三大板块的竞争中率先突起。

经济领域的进一步市场化，会最大限度地激发社会各方面的潜在活力，最有效地在全球范围内调动和配置资本、人才、技术等各类资源，尤其会大幅提升企业家和创业群体的信心指数，正如凯恩斯所言，在经济前景并不明朗时，投资家和企业家们的“动物精神”，即乐观的情绪所催生的勇气或冒险精神，在相当意义上决定着经济景气摆脱低迷、步入再度繁荣的走向。

法治化的要旨之一是财产权和知识产权的保护，这也是美欧等发达国家诞生和缔造一批世界级伟大公司的基石所在。中华民族并不缺乏创新的基因，在前30多年的全球技术革命中，一批留学于美国的华裔科技人才是美国科研院所、大企业中的一股中坚力量，在硅谷创业和从事研发的中国人，这些年来，一直以骄人的成果向世人展现着中国人的创新能力。以法律的方式和有效的执行确保公民和法人的合法财产权不受侵犯，知识产权不被窃取和侵占，将会极大地驱动全社会的创新热情，并在更大范围内吸引更多的留学生、科学家、工程师以及企业家参与到中国与其他发达国家竞争未来制高点的队列中。

全球化是一场和平时代的“洼地竞赛”。30多年前，邓小平等伟大的改革思想家和战略家，在中国大地上开掘了一个巨大的“政策洼地”，中国人自身的创造激情被大规模地释放出来了，全世界的资本、技术、人才也纷纷涌入中国……30多年后的2014年，新一代的共和国领袖，以更具全球视野的智慧，和不亚于上一代改革家的气魄所进行的顶层设计，极有可能会在中国形成新的“洼地”，不过这一轮的“洼地”具有鲜明的指向：一切基于法治的框架之下。

（三）

中国以30多年的步伐完成了国家和企业的“原始积累”，但我们也付出和正在付出巨大的代价，低成本、低质量、低价格的经济增长模式所带来的环境污染、资源过度开发等后遗症，已成为经济与社会发展的长期之痛；上一个 30 多年我们所拥有的战略优势正在逐渐地丧失，甚至有可能转化为战略劣势。13 亿中国人必须与“狼吞虎咽”的发展模式告别。

未来二三十年，对中国来说，既是难得的机遇期，又可能是繁荣的终结。在这场以人工智能为核心标志的新技术浪潮中，国与国之间、企业与企业之间的竞争根本上是人才的竞争。“人口红利”的观点值得商榷。上一个30多年，我们充分利用我国丰富的人口资源，并对接全球产业大转移的机会窗口，创造了人类历史上最大的经济奇迹，但是，今天及以后，“人口大国”将不再是优势，二三十年内，人类财富创造与实现的方式会加速度走向自动化、信息化与智能化，传统的经济增长模式、消费模式、服务模式以及社会治理模式都将发生根本改变。因此，中国必须从“人口大国”向“人才大国”转型。

教育是“人才大国”之本。与其增加人口，不如增加教育投入。教育的投入，重在提高中、小学教师的地位与待遇。历史一再表明，任何国家的现代化之路，无不是根植于教育的现代化基础之上，无论是美欧各国，还是日本、新加坡、中国台湾等；我国改革开放伊始的高考制度改革，将被“文革”耽搁的百万青年人招进大学，从而奠定了共和国几十年各个领域的一大批栋梁之材；然而，在过去20 年的城市化和工业化进程中，几千万乡村青年男女背井离乡，为着改变个人与家庭的生存命运，同时也间接为国家的进步与繁荣做贡献，但隐形而巨大的代价是：中西部村镇大批的留守儿童、少年的教育遭到忽视。

重振中国的乡村教育，关乎着国家的未来。“培养一个孩子，消灭一个罪犯”，这是日本政府曾经倡导的教育观；同样，大批农村青少年能够普遍接受良好的知识与智力训练，以及公民素质训练，我们在新的技术革命的竞争中，才会有立于不败之地的坚实根基。当今中国，有不少的科学家、政治家、学者、企业家等都来自于乡村，或者曾经在农村有过历练。

当然，培养大批的职业劳动者，掌握现代技术本领的工人、种田能手、乡村医生等，是我国教育应该格外重视的基础环节；德国、日本、瑞士等国的职业教育，可以给我们提供许多有益的借鉴。中国社会最缺乏的是工匠精神，总是倡导“颠覆”的文化是无法将整个经济带出低成本、低质量、低价格的轨道的。

在普遍教育、职业教育的同时，也要因材施教，鼓励差异化发展，让优秀的人快跑。中美教育的一大差别是，中国在由农业社会向工业社会转型的过程中，提出和强化“工程师的摇篮”，而美国则注重领袖教育。面对未来的信息化与智能化时代，我们必须在各方面涌现出一批世界级的政治、商业、军事战略领袖，和一批具备国际水准的科技领袖、文化领袖……他们既是人类主义者，又是国家主义者。

教育应以教师为本。只有优秀的教师，才能培养出更优秀的人才。过去二三十年，国家和社会在学校的硬件设施投入方面下了大功夫，但对教师尤其是中西部乡村教师的待遇改善并不明显，与其他领域的知识劳动者相比，教师的整体收入普遍偏低。中西部教师的待遇如果能够做到与北京、上海看齐，相信一定会出现大批的“孔雀西北飞、西南飞”……当“灵魂工程师”们成为全社会最有地位的阶层时，中国的二次腾飞便有了更多的希望。

我国前 30 多年释放的改革红利更侧重于“政策红利”与“人口红利”，但未来的改革则有赖于“法治红利 + 市场红利”的全面释放，与之并重的则是“教育红利”。从这一层面看，我们与西方发达国家相比，发展的潜力与后劲极其巨大。命运也许再度垂青中国。

1990 年，托夫勒出版了他的第三部著作《权力的转移》。在看得见的未来几十年，美国仍然具备强大的优势，但绝对垄断的地位正在和进一步遭到削弱。中国在全球经济、技术领域的分量在逐渐加大，在遵循由美欧国家主导的经济、技术规则和秩序的同时，中国也成为新规则与新秩序修订、重建俱乐部的重要成员。权力并非出现大幅转移，但权力的分散与共享则是大势所趋……

鸣谢

本书出版之际，笔者特别鸣谢以下人士：华为公司殷志峰、苏宝华、曹轶、惠彩红、申胜利、左飞、陈丹华、张俊娟、龚宏斌、叶晓闻等，在长达近两年的过程中，与笔者一起完成了对华为136位中高层管理者（包括少数离职高管）的访谈。从确定访谈名单、讨论提纲到安排访谈、文字整理以及对访谈成果进行结构化，他们都付出了大量的时间和精力，使我从中获得了更多元、更丰富的各类关于华为的资讯。没有这10位先生（女士）的卓越贡献，此书不可能有今天的面貌。

当然，笔者也由衷地感谢接受访谈的诸位现（前）任华为人，他们虽然职位、年龄、个性迥异，但有一点非常相似：惊人的坦率和毫不避讳。这是大大出乎我意料的，也是我最感欣慰的方面。自然，这使得本书具有了相当的客观性，同时对今后关于华为的研究打下了坚实的事实基础。

遗憾的是，由于篇幅和取材的原因，绝大部分的访谈内容和多数访谈人在本书中并未涉及，只有留待在下一部书中或其他研究者的研究成果中去呈现了。

管理学家陈春花女士、新加坡国立大学的曾在本教授对促动笔者写作《下一个倒下的会不会是华为》起到了引路人的关键作用，没有他们二位良师的激励，笔者大概很难实现一次大跨幅的“人生换轨”。

笔者亦对蓝狮子的吴晓波先生致以谢忱！《下一个倒下的会不会是华为》从10年前酝酿到成书，都得到了吴先生的支持和帮助。蓝狮子的前（现）任编辑陶英琪、宣佳丽，中信出版社的前（现）任责任编辑沈家乐、李玫等，他（她）们对本书的出版付出了很多辛劳。在此一并致谢！

另一位吴晓波先生（浙江大学管理学院院长）对创新和变革的深刻见解对本书的一些观点启示颇深。吴先生堪称笔者的“良师益友”。

笔者要特别感谢我的妻子姚宝珍女士。正是她的不断激励，使笔者由于身体的原因在几次搁置或谋求“偷懒”口述并由他人执笔的情况下，每每重拾精神，战胜自我，终于有了前本、今本《下一个倒下的会不会是华为》的艰难面世。

本书全部手稿由海南大学学生朱蕊女士打字录入，她的理解力和认真细心给笔者留下了良好印象。

此版为本书的最终版，关于华为新的思考和研究将会在笔者与合作者的其他新著中呈现。

另外，本书写作中如有引述未作说明处，恭请原著者与出版社或本人联系，定当在再印时予以注明。

2017 年 4 月 16 日

于杭州西溪湿地